Johann Wolfgang von Goethe

Johann Wolfgang von Goethe

Gesammelte Gedichte

Lieder – Balladen – Sonette
Epigramme – Elegien - Xenien

EDITION LEMPERTZ

Impressum

Umschlagentwurf: Grafikbüro Schumacher, Königswin

Printed and bound in Czech Republic

ISBN: 3-933070-74-0

Johann Wolfgang von Goethe

Sein Leben – geboren am 28.8.1749 in Frankfurt am Main, gestorben am 22.3.1832 Weimar – ist von frühester Jugend bis ins höchste Alter von der Lyrik, der strophischen Dichtung geprägt. Neben seinen Dramen, Romanen schuf dieses lyrische Werk neue Maßstäbe. Bereits während seines Studiums in Leipzig schrieb J. W. von Goethe Gedichte, die eine souveräne Beherrschung der Techniken galanter Poesie zeigen. Während seiner Straßburger Zeit lernte er das Volkslied kennen und schreibt Eindruck schlicht-volksliedhafte Verse. In Goethes Lyrik der Sturm-und Drang-Zeit ist nichts von dichterischer Beschaulichkeit zu finden, da drängt die Leidenschaft. Liebe ist für ihn verstärktes Lebensgefühl, sie wird in ihrer Widersprüchlich-keit bejaht. 1772 wieder in Frankfurt, ist Goethe wegen seiner Arbeit am Reichskammergericht unglücklich und versucht auf Wanderungen einen Ausgleich zu finden. Seine Gedichte werden hymnischer. Zu den Höhepunkten seiner Sturm-und Drang-Lyrik gehört »Prometheus«, das Gedicht, das menschliches Selbstbewußtsein als oberste Gottheit ansieht.
1775 lädt Herzog Karl August den inzwischen durch seinen Werther berühmten Dichter nach Weimar ein. 1786 unternimmt Goethe eine Reise nach Italien. Eine neue Epoche beginnt in seinem Schaffen. Die »Venetianischen Epigramme« zeigen in disziplinierter klassischer Form, wie weltoffen Goethe die neuen Eindrücke aufnahm. 1790 entstehen die »Römischen Elegien« ein Zyklus von 20 Gedichten. Der Titel läßt elegische Trauer erwarten, doch schon August Wilhelm Schlegel schrieb: »Sie sind im Ton

meistens munterer, als man ihn selbst bei den alten Elegikern gewohnt ist«. In den neunziger Jahren wandte sich Goethe immer stärker klassischen Dichtungsformen zu.
Bei seinen Zeitgenossen fand er wegen seines »Heidentums« oft wenig Gegenliebe, das gilt vor allem für das gewagte Thema »Der Gott und die Bajadere«. Sehr beliebt war und ist heute noch »Der Zauberlehrling«, an alle adressiert, die Meister sein wollen, ohne das Werkzeug zu beherrschen. Schillers Tod traf Goethe schwer und es entstehen Dichtungen voller Symbolik, nicht immer leicht verständlich. Zu poetischen Ereignissen wurden die »Sonette« und der »West-östliche Divan«.

Die Zusammenstellung dieses Bandes verzichtet auf eine streng chronologische Folge. Selbstverständlich sind alle wichtigen Balladen, alle »großen Gedichte« aufgenommen. Doch dazwischengestreut sind Gelegenheitsgedichte, kurze Widmungen. Sie wirken spontan, besitzen eine »moderne Frische«, zeigen die Vielfalt des Dichterfürsten.

Bei Goethes Gedichten bestimmt statt der Gefühlsbeschreibung das eigene Erlebnis die Form des Gedichtes. »Das Gedicht legitimiert sich also nur noch durch seinen künstlerisch-ästhetischen Rang, der in der vollkommenen Übereinstimmung von Gehalt und Gestalt liegt. Diese individualistische Kunstauffassung, die die endgültige Absage an die Regelpoetik darstellt, gilt letztlich bis heute«.
(E. v. Borries)

Mignon

Kennst du das Land, wo die Zitronen blühn,
Im dunkeln Laub die Goldorangen glühn,
Ein sanfter Wind vom blauen Himmel weht,
Die Myrte still und hoch der Lorbeer steht,
Kennst du es wohl? – Dahin! Dahin
Möcht ich mit dir, o mein Geliebter, ziehn.

Kennst du das Haus? Auf Säulen ruht sein Dach,
Es glänzt der Saal, es schimmert das Gemach,
Und Marmorbilder stehn und sehn mich an:
Was hat man dir, du armes Kind, getan?
Kennst du es wohl? – Dahin! Dahin
Möcht ich mit dir, o mein Beschützer, ziehn.

Kennst du den Berg und seinen Wolkensteg
Das Maultier sucht im Nebel seinen Weg;
In Höhlen wohnt der Drachen alte Brut;
Es stürzt der Fels und über ihn die Flut,
Kennst du ihn wohl? – Dahin! Dahin
Geht unser Weg! O Vater, laß uns ziehn!

Das Veilchen

Ein Veilchen auf der Wiese stand
Gebückt in sich und unbekannt;
Es war ein herzigs Veilchen.
Da kam eine junge Schäferin,
Mit leichtem Schritt und muntern Sinn,
Daher, daher,
Die Wiese her, und sang.

Ach! denkt das Veilchen, wär ich nur
Die schönste Blume der Natur,
Ach, nur ein kleines Weilchen,
Bis mich das Liebchen abgepflückt
Und an dem Busen mattgedrückt!
Ach nur, ach nur
Ein Viertelstündchen lang!

Ach! aber ach! das Mädchen kam
Und nicht in acht das Veilchen nahm,
Zertrat das arme Veilchen.
Es sank und starb und freut' sich noch:
Und sterb ich denn, so sterb ich doch
Durch sie, durch sie,
Zu ihren Füßen doch.

Der Sänger

Was hör ich draußen vor dem Tor,
Was auf der Brücke schallen?
Laß den Gesang vor unserm Ohr
Im Saale widerhallen!
Der König sprach's, der Page lief;
Der Knabe kam, da König rief:
Laßt mir herein den Alten!
Gegrüßet seid mir, edle Herrn,
Gegrüßt ihr, schöne Damen!
Welch reicher Himmel! Stern bei Stern!
Wer kennet ihre Namen?
Im Saal voll Pracht und Herrlichkeit
Schließt, Augen, euch; hier ist nicht Zeit,
Sich staunend zu ergetzen.

Der Sänger drückt' die Augen ein
Und schlug in vollen Tönen;
Die Ritter schauten mutig drein,
Und in den Schoß die Schönen.
Der König, dem das Lied gefiel,
Ließ, ihn zu ehren für sein Spiel,
Eine goldene Kette holen.

Die goldne Kette gib mir nicht,
Die Kette gib den Rittern,
Vor deren kühnem Angesicht
Der Feinde Lanzen splittern;
Gib sie dem Kanzler, den du hast,
Und laß ihn noch die goldne Last
Zu andern Lasten tragen.

Ich singe, wie der Vogel singt,
Der in den Zweigen wohnet;
Das Lied, das aus der Kehle dringt,
Ist Lohn, der reichlich lohnet.
Doch darf ich bitten, bitt ich eins:
Laß mit den besten Becher Weins
In purem Golde reichen.

Er setzt' ihn an, er trank ihn aus:
O Trank voll süßer Labe!
O wohl dem hochbeglückten Haus,
Wo das ist kleine Gabe!
Ergeht's Euch wohl, so denkt an mich,
Und danket Gott so warm, als ich
Für diesen Trunk euch danke.

Der untreue Knabe

Es war ein Knabe frech genung,
War erst aus Frankreich kommen,
Der hatt ein armes Mädel jung
Gar oft in Arm genommen.
Und liebgekost und liebgeherzt,
Als Bräutigam herumgescherzt
Und endlich sie verlassen.

Das braune Mädel das erfuhr,
Vergingen ihr die Sinnen,
Sie lacht' und weint' und bet't' und schwur;
So fuhr die Seel von hinnen.
Die Stund, da sie verschieden war,
Wird bang dem Buben, graust sein Haar,
Es treibt ihn fort zu Pferde.

Er gab die Sporen kreuz und quer
Und ritt auf alle Seiten,
Herüber, hinüber, hin und her,
Kann keine Ruh erreiten;
Reit't sieben Tag und sieben Nacht;
Es blitzt und donnert, stürmt und kracht,
Die Fluten reißen über.

Und reit't in Blitz und Wetterschein
Gemäuerwerk entgegen,
Bind't 's Pferd hauß' an und kriecht hinein
Und duckt sich vor dem Regen.
Und wie er tappt und wie er fühlt,
Sich unter ihm die Erd erwühlt;
Er stürzt wohl hundert Klafter.

Und als er sich ermannt vom Schlag,
Sieht er drei Lichtlein schleichen.
Er rafft sich auf und krabbelt nach,
Die Lichtlein ferne weichen,
Irrführen ihn, die Quer und Läng,
Trepp auf, Trepp ab, durch enge Gäng,
Verfallne wüste Keller.

Auf einmal steht er hoch im Saal,
Sieht sitzen hundert Gäste,
Hohläugig grinsen allzumal
Und winken ihm zum Feste.
Er sieht sein Schätzel untenan,
Mit weißen Tüchern angetan,
Die wend't sich –

Erlkönig

Wer reitet so spät durch Nacht und Wind
Es ist der Vater mit seinem Kind;
Er hat den Knaben wohl in dem Arm,
Er faßt ihn sicher, er hält ihn warm.

Mein Sohn, was birgst du so bang dein Gesicht? –
Siehst, Vater, du den Erlkönig nicht?
Den Erlenkönig mit Kron und Schweif? –
Mein Sohn, es ist ein Nebelstreif –

»Du liebes Kind, komm, geh mit mir!
Gar schöne Spiele spiel ich mit dir;
Manch bunte Blumen sind an dem Strand,
Meine Mutter hat manch gülden Gewand.«

Mein Vater, mein Vater, und hörst du nicht,
Was Erlenkönig mir leise verspricht? –
Sei ruhig, bleibe ruhig, mein Kind;
In dürren Blättern säuselt der Wind. –

»Willst, feiner Knabe, du mit mir gehn?
Meine Töchter sollen dich warten schön;
Meine Töchter führen nächtlichen Reihn
Und wiegen und tanzen und singen dich ein.« –

Mein Vater, mein Vater, und siehst du nicht dort
Erlkönigs Töchter am düstern Ort? –
Mein Sohn, mein Sohn, ich seh es genau:
Es scheinen die alten Weiden so grau. –

»Ich liebe dich, mich reizt deine schöne Gestalt;
Und bist du nicht willig, so brauch ich Gewalt.« –
Mein Vater, mein Vater, jetzt faßt er mich an!
Erlkönig hat mir ein Leids getan! –

Dem Vater grauset's, er reitet geschwind,
Er hält in Armen das ächzende Kind,
Erreicht den Hof mit Mühe und Not;
In seinen Armen das Kind war tot.

Der Fischer

Das Wasser rauscht', das Wasser schwoll,
Ein Fischer saß daran,
Sah nach der Angel ruhevoll,
Kühl bis ans Herz hinan.

Und wie er sitzt und wie er lauscht,
Teilt sich die Flut empor:
Aus dem bewegten Wasser rauscht
Ein feuchtes Weib hervor.

Sie sang zu ihm, sie sprach zu ihm:
Was lockst du meine Brut
Mit Menschenwitz und Menschenlist
Hinauf in Todesglut?
Ach, wüßtest du, wie's Fischlein ist
So wohlig auf dem Grund,
Du stiegst herunter, wie du bist,
Und würdest erst gesund.

Labt sich die liebe Sonne nicht,
Der Mond sich nicht im Meer?
Kehrt wellenatmend ihr Gesicht
Nicht doppelt schöner her?
Lockt dich der tiefe Himmel nicht,
Das feuchtverklärte Blau?
Lockt dich dein eigen Angesicht
Nicht her in ewgen Tau?

Das Wasser rauscht', das Wasser schwoll,
Netzt' ihm den nackten Fuß;
Sein Herz wuchs ihm so sehnsuchtsvoll,
Wie bei der Liebsten Gruß.
Sie sprach zu ihm, sie sang zu ihm;
Da war's um ihn geschehn:
Halb zog sie ihn, halb sank er hin
Und ward nicht mehr gesehn.

Das Blümlein Wunderschön

Lied des gefangnen Grafen

Graf.
Ich kenn ein Blümlein Wunderschön
Und trage darnach Verlangen;
Ich möcht es gerne zu suchen gehn,
Allein ich bin gefangen.
Die Schmerzen sind mir nicht gering;
Denn als ich in der Freiheit ging,
Da hatt ich es in der Nähe.

Von diesem ringsum steilen Schloß
Laß ich die Augen schweifen
Und kann's vom hohen Turmgeschoß
Mit Blicken nicht ergreifen;
Und wer mir's vor die Augen brächt,
Es wäre Ritter oder Knecht,
Der sollte mein Trauter bleiben.

Rose.
Ich blühe schön und höre dies
Hier unter deinem Gitter.
Du meinest mich, die Rose, gewiß,
Du edler, armer Ritter!
Du hast gar einen hohen Sinn,
Es herrscht die Blumenkönigin
Gewiß auch in deinem Herzen.

Graf.
Dein Purpur ist aller Ehren wert
Im grünen Überkleide,
Darob das Mädchen dein begehrt,
Wie Gold und edel Geschmeide.

Dein Kranz erhöht das schönste Gesicht;
Allein du bist das Blümchen nicht,
Das ich im stillen verehre.

Lilie.
Das Röslein hat gar stolzen Brauch
Und strebet immer nach oben;
Doch wird ein liebes Liebchen auch
Der Lilie Zierde loben.
Wem 's Herze schlägt in treuer Brust
Und ist sich rein, wie ich, bewußt,
Der hält mich wohl am höchsten.

Graf.
Ich nenne mich zwar keusch und rein,
Und rein von bösen Fehlen;
Doch muß ich hier gefangen sein
Und muß mich einsam quälen.
Du bist mir zwar ein schönes Bild
Von mancher Jungfrau, rein und mild;
Doch weiß ich noch was Liebers.

Nelke.
Das mag wohl ich, die Nelke, sein
Hier in des Wächters Garten;
Wie würde sonst der Alte mein
Mit so viel Sorge warten?
Im schönen Kreis der Blätter Drang
Und Wohlgeruch das Leben lang
Und alle tausend Farben.

Graf.
Die Nelke soll man nicht verschmähn,
Sie ist des Gärtners Wonne:

Bald muß sie in dem Lichte stehn,
Bald schützt er sie vor Sonne,
Doch was den Grafen glücklich macht,
Es ist nicht ausgesuchte Pracht:
Es ist ein stilles Blümchen.

Veilchen.
Ich steh verborgen und gebückt
Und mag nicht gerne sprechen;
Doch will ich, weil sich's eben schickt,
Mein tiefes Schweigen brechen.
Wenn ich es bin, du guter Mann,
Wie schmerzt mich's, daß ich hinauf nicht kann
Dir alle Gerüche senden.

Graf.
Das gute Veilchen schätz ich sehr,
Es ist so gar bescheiden
Und duftet so schön; doch brauch ich mehr
In meinem herben Leiden.
Ich will es euch nur eingestehn:
Auf diesen dürren Felsenhöhn
Ist's Liebchen nicht zu finden.

Doch wandelt unten an dem Bach
Das treuste Weib der Erde
Und seufzet leise manches Ach,
Bis ich erlöset werde.
Wenn sie ein blaues Blümchen bricht
Und immer sagt: Vergiß mein nicht!
So fühl ich's in der Ferne.

Ja, in der Ferne fühlt sich die Macht,
Wenn zwei sich redlich lieben;

Drum bin ich in des Kerkers Nacht
Auch noch lebendig geblieben.
Und wenn mir fast das Herze bricht,
So ruf ich nur: Vergiß mein nicht!
Da komm ich wieder ins Leben.

Der König in Thule

Es war ein König in Thule,
Gar treu bis an das Grab,
Dem sterbend seine Buhle
Einen goldnen Becher gab.

Es ging ihm nichts darüber,
Er leert' ihn jeden Schmaus;
Die Augen gingen ihm über,
So oft er trank daraus.

Und als er kam zu sterben,
Zählt' er seine Städt im Reich,
Gönnt' alles seinem Erben,
Den Becher nicht zugleich.

Er saß beim Königsmahle,
Die Ritter um ihn her,
Auf hohem Vätersaale
Dort auf dem Schloß am Meer.

Dort stand der alte Zecher,
Trank letzte Lebensglut
Und warf den heilgen Becher
Hinunter in die Flut.

Er sah ihn stürzen, trinken
Und sinken tief ins Meer.
Die Augen täten ihm sinken,
Trank nie einen Tropfen mehr.

Ritter Kurts Brautfahrt

Mit des Bräutigams Behagen
Schwingt sich Ritter Kurt aufs Roß,
Zu der Trauung soll's ihn tragen
Auf der edlen Liebsten Schloß:

Als am öden Felsenorte
Drohend sich ein Gegner naht;
Ohne Zögern, ohne Worte
Schreiten sie zu rascher Tat.

Lange schwankt des Kampfes Welle,
Bis sich Kurt im Siege freut;
Er entfernt sich von der Stelle,
Überwinder und gebleut.

Aber was er bald gewahret
In des Busches Zitterschein!
Mit dem Säugling still gepaaret,
Schleicht ein Liebchen durch den Hain.

Und sie winkt ihn auf das Plätzchen:
Lieber Herr, nicht so geschwind!
Habt Ihr nichts an Euer Schätzchen,
Habt Ihr nichts für Euer Kind?

Ihn durchglühet süße Flamme,
Daß er nicht vorbei begehrt,
Und er findet nun die Amme,
Wie die Jungfrau, liebenswert.

Doch er hört die Diener blasen,
Denket nun der hohen Braut;
Und nun wird auf seinen Straßen
Jahresfest und Markt so laut,

Und er wählet in den Buden
Manches Pfand zu Lieb und Huld;
Aber, ach! da kommen Juden
Mit dem Schein vertagter Schuld.

Und nun halten die Gerichte
Den behenden Ritter auf,
O verteufelte Geschichte!
Heldenhafter Lebenslauf!

Soll ich heute mich gedulden?
Die Verlegenheit ist groß.
Widersacher, Weiber, Schulden,
Ach! kein Ritter wird sie los.

Hochzeitslied

Wir singen und sagen vom Grafen so gern,
Der hier in dem Schlosse gehauset,
Da, wo ihr den Enkel des seligen Herrn,
Den heute vermählten, beschmauset.
Nun hatte sich jener im heiligen Krieg

Zu Ehren gestritten durch mannigen Sieg,
Und als er zu Hause vom Rösselein stieg,
Da fand er sein Schlösselein oben,
Doch Diener und Habe zerstoben.

Da bist du nun, Gräflein, da bist du zu Haus,
Das Heimische findest du schlimmer!
Zum Fenster da ziehen die Winde hinaus,
Sie kommen durch alle die Zimmer.
Was wäre zu tun in der herbstlichen Nacht?
So hab ich doch manche noch schlimmer vollbracht,
Der Morgen hat alles wohl besser gemacht.
Drum rasch bei der mondlichen Helle
Ins Bett, in das Stroh, ins Gestelle!

Und als er im willigen Schlummer so lag,
Bewegt es sich unter dem Bette.
Die Ratte, die raschle, so lange sie mag!
Ja, wenn sie ein Bröselein hätte!
Doch siehe! da stehet ein winziger Wicht,
Ein Zwerglein so zierlich mit Ampelen-Licht,
Mit Redner-Gebärden und Sprecher-Gewicht
Zum Fuß des ermüdeten Grafen,
Der, schläft er nicht, möcht er doch schlafen.

Wir haben uns Feste hier oben erlaubt,
Seitdem du die Zimmer verlassen,
Und weil wir dich weit in der Ferne geglaubt,
So dachten wir eben zu prassen.
Und wenn du vergönnest und wenn dir nicht graut,
So schmausen die Zwerge behaglich und laut
Zu Ehren der reichen, der niedlichen Braut.
Der Graf im Behagen des Traumes:
Bedienet euch immer des Raumes!

Da kommen drei Reiter, sie reiten hervor,
Die unter dem Bette gehalten;
Dann folget ein singendes, klingendes Chor
Possierlicher kleiner Gestalten;
Und Wagen auf Wagen mit allem Gerät,
Daß einem so Hören als Sehen vergeht,
Wie's nur in den Schlössern der Könige steht;
Zuletzt auf vergoldetem Wagen
Die Braut und die Gäste getragen.

So rennet nun alles in vollem Galopp
Und kürt sich im Saale sein Plätzchen;
Zum Drehen und Walzen und lustigen Hopp
Erkieset sich jeder ein Schätzchen.
Da pfeift es und geigt es und klinget und klirrt,
Da ringelt's und schleift es und rauschet und wirrt,
Da pispert's und knistert's und flüstert's und schwirrt.
Das Gräflein, es blicket hinüber,
Es dünkt ihn, als läg er im Fieber.

Nun dappelt's und rappelt's und klappert's im Saal
Von Bänken und Stühlen und Tischen,
Da will nun ein jeder am festlichen Mahl
Sich neben dem Liebchen erfrischen;
Sie tragen die Würste, die Schinken so klein
Und Braten und Fisch und Geflügel herein;
Es kreiset beständig der köstliche Wein;
Das toset und koset so lange,
Verschwindet zulaut mit Gesange.

Und sollen wir singen, was weiter geschehn,
So schweige das Toben und Tosen.
Denn was er so artig im kleinen gesehn,
Erfuhr er, genoß er im großen.

Trompeten und klingender, singender Schall
Und Wagen und Reiter und bräutlicher Schwall,
Sie kommen und zeigen und neigen sich all,
Unzählige, selige Leute.
So ging es und geht es noch heute.

Der Schatzgräber

Arm am Beutel, krank am Herzen
Schleppt ich meine langen Tage.
Armut ist die größte Plage,
Reichtum ist das höchste Gut!

Und, zu enden meine Schmerzen,
Ging ich, einen Schatz zu graben.
Meine Seele sollst du haben!
Schrieb ich hin mit eignem Blut.

Und so zog ich Kreis' um Kreise,
Stellte wunderbare Flammen,
Kraut und Knochenwerk zusammen:
Die Beschwörung war vollbracht.

Und auf die gelernte Weise
Grub ich nach dem alten Schatze
Auf dem angezeigten Platze;
Schwarz und stürmisch war die Nacht.

Und ich sah ein Licht von weiten,
Und es kam gleich einem Sterne
Hinten aus der fernsten Ferne,
Eben als es zwölfe schlug.

Und da galt kein Vorbereiten;
Heller ward's mit einem Male
Von dem Glanz der vollen Schale,
Die ein schöner Knabe trug.

Holde Augen sah ich blinken
Unter dichtem Blumenkranze;
In des Trankes Himmelsglanze
Trat er in den Kreis herein.

Und er hieß mich freundlich trinken;
Und ich dacht: es kann der Knabe
Mit der schönen lichten Gabe
Wahrlich nicht der Böse sein.

Trinke Mut des reinen Lebens!
Dann verstehst du die Belehrung,
Kommst mit ängstlicher Beschwörung
Nicht zurück an diesen Ort.

Grabe hier nicht mehr vergebens!
Tages Arbeit, abends Gäste!
Saure Wochen, frohe Feste!
Sei dein künftig Zauberwort.

Die Spinnerin

Als ich still und ruhig spann,
Ohne nur zu stocken,
Trat ein schöner junger Mann
Nahe mir zum Rocken.

Lobte, was zu loben war,
Sollte das was schaden?
Mein dem Flachse gleiches Haar
Und den gleichen Faden.

Ruhig war er nicht dabei,
Ließ es nicht beim alten;
Und der Faden riß entzwei,
Den ich lang erhalten.

Und des Flachses Steingewicht
Gab noch viele Zahlen;
Aber, ach! ich konnte nicht
Mehr mit ihnen prahlen.

Als ich sie zum Weber trug,
Fühlt ich was sich regen,
Und mein armes Herze schlug
Mit geschwindern Schlägen.

Nun, beim heißen Sonnenstich,
Bring ich's auf die Bleiche,
Und mit Mühe bück ich mich
Nach dem nächsten Teiche.

Was ich in dem Kämmerlein
Still und fein gesponnen,
Kommt – wie kann es anders sein? –
Endlich an die Sonnen.

Vor Gericht

Von wem ich es habe, das sag ich euch nicht,
Das Kind in meinem Leib. –
Pfui! speit ihr aus: die Hure da! –
Bin doch ein ehrlich Weib.

Mit wem ich mich traute, das sag ich euch nicht,
Mein Schatz ist lieb und gut,
Trägt er eine goldene Kett am Hals,
Trägt er einen strohernen Hut.
Soll Spott und Hohn getragen sein,
Trag ich allein den Hohn.
Ich kenn ihn wohl, er kennt mich wohl,
Und Gott weiß auch davon.

Herr Pfarrer und Herr Amtmann Ihr,
Ich bitte, laßt mich in Ruh!
Es ist mein Kind, es bleibt mein Kind,
Ihr gebt mir ja nichts dazu.

Der Junggesell und der Mühlbach

Gesell.
Wo willst du, klares Bächlein, hin
So munter?
Du eilst mit frohem, leichtem Sinn
Hinunter.
Was suchst du eilig in dem Tal?
So höre doch und sprich einmal!

Bach.
Ich war ein Bächlein, Junggesell;
Sie haben
Mich so gefaßt, damit ich schnell
Im Graben
Zur Mühle dort hinunter soll,
Und immer bin ich rasch und voll.

Gesell.
Du eilest mit gelaßnem Mut
Zur Mühle
Und weißt nicht, was ich junges Blut
Hier fühle.
Es blickt die schöne Müllerin
Wohl freundlich manchmal nach dir hin?

Bach.
Sie öffnet früh beim Morgenlicht
Den Laden
Und kommt, ihr liebes Angesicht
Zu baden.
Ihr Busen ist so voll und weiß;
Es wird mir gleich zum Dampfen heiß.

Gesell.
Kann sie im Wasser Liebesglut
Entzünden,
Wie soll man Ruh mit Fleisch und Blut
Wohl finden?
Wenn man sie einmal nur gesehn,
Ach, immer muß man nach ihr gehn.

Bach.
Dann stürz ich auf die Räder mich
Mit Brausen,
Und alle Schaufeln drehen sich
Im Sausen.
Seitdem das schöne Mädchen schafft,
Hat auch das Wasser beßre Kraft.

Gesell.
Du Armer, fühlst du nicht den Schmerz,
Wie andre?
Sie lacht dich an und sagt im Scherz:
Nun wandre!
Sie hielte dich wohl selbst zurück
Mit einem süßen Liebesblick?

Bach.
Mir wird so schwer, so schwer, vom Ort
Zu fließen:
Ich krümme mich nur sachte fort
Durch Wiesen;
Und käm es erst auf mich nur an,
Der Weg wär bald zurückgetan.

Gesell.
Geselle meiner Liebesqual,
Ich scheide;
Du murmelst mir vielleicht einmal
Zur Freude.
Geh, sag ihr gleich und sag ihr oft,
Was still der Knabe wünscht und hofft.

Der Rattenfänger

Ich bin der wohlbekannte Sänger,
Der vielgereiste Rattenfänger,
Den diese altberühmte Stadt
Gewiß besonders nötig hat.

Und wären's Ratten noch so viele,
Und wären Wiesel mit im Spiele:
Von allen säubr' ich diesen Ort,
Sie müssen miteinander fort.

Dann ist der gutgelaunte Sänger
Mitunter auch ein Kinderfänger,
Der selbst die wildesten bezwingt,
Wenn er die goldnen Märchen singt.

Und wären Knaben noch so trutzig,
Und wären Mädchen noch so stutzig,
In meine Saiten greif ich ein,
Sie müssen alle hinterdrein.

Dann ist der vielgewandte Sänger
Gelegentlich ein Mädchenfänger;
In keinem Städtchen langt er an,
Wo er's nicht mancher angetan.

Und wären Mädchen noch so blöde,
Und wären Weiber noch so spröde,
Doch allen wird so liebebang
Bei Zaubersaiten und Gesang.

Die wandelnde Glocke

Es war ein Kind, das wollte nie
Zur Kirche sich bequemen,
Und Sonntags fand es stets ein Wie,
Den Weg ins Feld zu nehmen.

Die Mutter sprach: Die Glocke tönt,
Und so ist dirs befohlen,
Und hast du dich nicht hingewöhnt,
Sie kommt und wird dich holen.

Das Kind, es denkt: Die Glocke hängt
Da droben auf dem Stuhle.
Schon hats den Weg ins Feld gelenkt,
Als lief' es aus der Schule.

Die Glocke Glocke tönt nicht mehr
Die Mutter hat gefackelt.
Doch, welch ein Schrecken! hinterher!
Die Glocke kommt gewackelt.

Sie wackelt schnell, man glaubt es kaum;
Das arme Kind im Schrecken,
Es lauft, es kommt, als wie im Traum;
Die Glocke wird es decken.

Doch nimmt es richtig seinen Husch,
Und mit gewandter Schnelle
Eilt es durch Anger, Feld und Busch
Zur Kirche, zur Kapelle.

Und jeden Sonn- und Feiertag
Gedenkt es an den Schaden,
Läßt durch den ersten Glockenschlag,
Nicht in Person sich laden.

Gesang der Elfen

Um Mitternacht, wenn die Menschen erst schlafen,
Dann scheinet uns der Mond,
Dann leuchtet uns der Stern,
Wir wandlen und singen
Und tanzen erst gern.

Um Mitternacht, wenn die Menschen erst schlafen,
Auf Wiesen an den Erlen
Wir suchen unsern Raum
Und wandlen und singen
Und tanzen einen Traum.

Der Müllerin Verrat

Woher der Freund so früh und schnelle,
Da kaum der Tag im Osten graut
Hat er sich in der Waldkapelle,
So kalt und frisch es ist, erbaut?

Es starret ihm der Bach entgegen;
Mag er mit Willen barfuß gehn?
Was flucht er seinen Morgensegen
Durch die beschneiten wilden Höhn?

Ach, wohl! Er kommt vom warmen Bette,
Wo er sich andern Spaß versprach;
Und wenn er nicht den Mantel hätte,
Wie schrecklich wäre seine Schmach!

Es hat ihn jener Schalk betrogen
Und ihm den Bündel abgepackt;
Der arme Freund ist ausgezogen
Und fast wie Adam bloß und nackt.

Warum auch schlich er diese Wege
Nach einem solchen Äpfelpaar,
Das freilich schön im Mühlgehege
So wie im Paradiese war.

Er wird den Scherz nicht leicht erneuen,
Er drückte schnell sich aus dem Haus
Und bricht auf einmal nun im Freien
In bittre laute Klagen aus:

»Ich las in ihren Feuerblicken
Nicht eine Silbe von Verrat;
Sie schien mit mir sich zu entzücken,
Und sann auf solche schwarze Tat!

Konnt ich in ihren Armen träumen,
Wie meuchlerisch der Busen schlug?
Sie hieß den holden Amor säumen,
Und günstig war er uns genug.

Sich meiner Liebe zu erfreuen!
Der Nacht, die nie ein Ende nahm!
Und erst die Mutter anzuschreien,
Nun eben als der Morgen kam!

Da drang ein Dutzend Anverwandten
Herein, ein wahrer Menschenstrom;
Da kamen Vettern, guckten Tanten,
Es kam ein Bruder und ein Ohm.

Das war ein Toben, war ein Wüten!
Ein jeder schien ein andres Tier.
Sie forderten des Mädchens Blüten
Mit schrecklichem Geschrei von mir. –

Was dringt ihr alle wie von Sinnen
Auf den unschuldgen Jüngling ein
Denn solche Schätze zu gewinnen,
Da muß man viel behender sein.

Weiß Amor seinem schönen Spiele
Doch immer zeitig nachzugehn;
Er läßt fürwahr nicht in der Mühle
Die Blumen sechzehn Jahre stehn. –

Sie raubten nun das Kleiderbündel,
Und wollten auch den Mantel noch.
Wie nur so viel verflucht Gesindel
Im engen Hause sich verkroch!

Nun sprang ich auf und tobt und fluchte,
Gewiß, durch alle durchzugehn.
Ich sah noch einmal die Verruchte,
Und ach! sie war noch immer schön.

Sie alle wichen meinem Grimme;
Es flog noch manches wilde Wort;
Da macht ich mich mit Donnerstimme
Noch endlich aus der Höhle fort.

»Man soll euch Mädchen auf dem Lande,
Wie Mädchen aus den Städten, fliehn.
So lasset doch den Fraun von Stande
Die Lust, die Diener auszuziehn!

Doch seid ihr auch von den Geübten
Und kennt ihr keine zarte Pflicht,
So ändert immer die Geliebten,
Doch sie verraten müßt ihr nicht.«

So singt er in der Winterstunde,
Wo nicht ein armes Hälmchen grünt.
Ich lache seiner tiefen Wunde;
Denn wirklich ist sie wohlverdient.

So geh es jedem, der am Tage
Sein edles Liebchen frech betriegt
Und nachts, mit allzukühner Wage,
Zu Amors falscher Mühle kriecht.

Wirkung in die Ferne

Die Königin steht im hohen Saal,
Da brennen der Kerzen so viele;
Sie spricht zum Pagen: »Du läufst einmal
Und holst mir den Beutel zum Spiele.
Er liegt zur Hand
Auf meines Tisches Rand.«
Der Knabe, der eilt so behende,
War bald an Schlosses Ende.

Und neben der Königin schlürft zur Stund
Sorbet die schönste der Frauen.
Da brach ihr die Tasse so hart an dem Mund,
Es war ein Greuel zu schauen.
Verlegenheit! Scham!
Ums Prachtkleid ist's getan!
Sie eilt und fliegt so behende
Entgegen des Schlosses Ende.

Der Knabe zurück zu laufen kam
Entgegen der Schönen in Schmerzen.
Es wußt es niemand, doch beide zusamm,
Sie hegten einander im Herzen;
Und o des Glücks,
Des günstgen Geschicks!
Sie warfen mit Brust sich zu Brüsten
Und herzten und küßten nach Lüsten.

Doch endlich beide sich reißen los;
Sie eilt in ihre Gemächer,
Der Page drängt sich zur Königin groß
Durch alle die Degen und Fächer.

Die Fürstin entdeckt
Das Westchen befleckt:
Für sie war nichts unerreichbar,
Der Königin von Saba vergleichbar.

Und sie die Hofmeisterin rufen läßt:
»Wir kamen doch neulich zu Streite,
Und Ihr behauptetet steif und fest,
Nicht reiche der Geist in die Weite,
Die Gegenwart nur,
Die lasse wohl Spur,
Doch niemand wirk in die Ferne,
Sogar nicht die himmlischen Sterne.

Nun seht! Soeben ward mir zur Seit
Der geistige Süßtrank verschüttet,
Und gleich darauf hat er dort hinten so weit
Dem Knaben die Weste zerrüttet. –
Besorg dir sie neu!
Und weil ich mich freu,
Daß sie mir zum Beweise gegolten,
Ich zahl sie! sonst wirst du gescholten.«

Der getreue Eckart

O wären wir weiter, o wär ich zu Haus!
Sie kommen. Da kommt schon der nächtliche Graus;
Sie sinds, die unholdigen Schwestern.
Sie streifen heran und sie finden uns hier,
Sie trinken das mühsam geholte, das Bier,
Und lassen nur leer uns die Krüge.

So sprechen die Kinder und drücken sich schnell;
Da zeigt sich vor ihnen ein alter Gesell:
Nur stille, Kind! Kinderlein, stille!
Die Hulden, sie kommen von durstiger Jagd,
Und laßt ihr sie trinken, wie's jeder behagt,
Dann sind sie euch hold, die Unholden.

Gesagt so geschehn! und da naht sich der Graus
Und siehet so grau und so schattenhaft aus,
Doch schlürft es und schlampft es aufs beste.
Das Bier ist verschwunden, die Krüge sind leer;
Nun saust es und braust es, das wütige Heer,
Ins weite Getal und Gebirge.

Die Kinderlein ängstlich gen Hause so schnell,
Gesellt sich zu ihnen der fromme Gesell:
Ihr Püppchen, nur seid mir nicht traurig! –
Wir kriegen nun Schelten und Streich' bis aufs Blut.
Nein, keineswegs, alles geht herrlich und gut,
Nur schweiget und horchet wie Mäuslein.

Und der es euch anrät und der es befiehlt,
Er ist es, der gern mit den Kindelein spielt,
Der alte Getreue, der Eckart.
Vom Wundermann hat man euch immer erzählt;
Nur hat die Bestätigung jedem gefehlt,
Die habt ihr nun köstlich in Händen.

Sie kommen nach Hause, sie setzen den Krug
Ein jedes den Eltern bescheiden genug
Und harren der Schläg und der Schelten.
Doch siehe, man kostet: Ein herrliches Bier!
Man trinkt in die Runde schon dreimal und vier,
Und noch nimmt der Krug nicht ein Ende.

Das Wunder, es dauert zum morgenden Tag.
Doch fraget, wer immer zu fragen vermag:
Wie ist's mit den Krügen ergangen?
Die Mäuslein, sie lächeln, im stillen ergetzt;
Sie stammeln und stottern und schwatzen zuletzt,
Und gleich sind vertrocknet die Krüge.

Und wenn euch, ihr Kinder, mit treuem Gesicht
Ein Vater, ein Lehrer, ein Aldermann spricht,
So horchet und folget ihm pünktlich!
Und liegt auch das Zünglein in peinlicher Hut,
Verplaudern ist schädlich, Verschweigen ist gut;
Dann füllt sich das Bier in den Krügen.

Der Zauberlehrling

Hat der alte Hexenmeister
Sich doch einmal wegbegeben!
Und nun sollen seine Geister
Auch nach meinem Willen leben.
Seine Wort' und Werke
Merkt ich und den Brauch,
Und mit Geistesstärke
Tu ich Wunder auch.

Walle! walle
Manche Strecke,
Daß, zum Zwecke,
Wasser fließe
Und mit reichem, vollem Schwalle
Zu dem Bade sich ergieße.

Und nun komm, du alter Besen!
Nimm die schlechten Lumpenhüllen!
Bist schon lange Knecht gewesen;
Nun erfülle meinen Willen!
Auf zwei Beinen stehe,
Oben sei ein Kopf!
Eile nun und gehe
Mit dem Wassertopf!

Walle! walle
Manche Strecke,
Daß, zum Zwecke,
Wasser fließe
Und mit reichem, vollem Schwalle
Zu dem Bade sich ergieße.

Seht, er läuft zum Ufer nieder;
Wahrlich! ist schon an dem Flusse,
Und mit Blitzesschnelle wieder
Ist er hier mit raschem Gusse.
Schon zum zweiten Male!
Wie das Becken schwillt!
Wie sich jede Schale
Voll mit Wasser füllt!

Stehe! stehe!
Denn wir haben
Deiner Gaben
Vollgemessen! –
Ach, ich merk es! Wehe! wehe!
Hab ich doch das Wort vergessen!

Ach, das Wort, worauf am Ende
Er das wird, was er gewesen.
Ach, er läuft und bringt behende!
Wärst du doch der alte Besen!
Immer neue Güsse
Bringt er schnell herein,
Ach! und hundert Flüsse
Stürzen auf mich ein.

Nein, nicht länger
Kann ichs lassen;
Will ihn fassen.
Das ist Tücke!
Ach, nun wird mir immer bänger!
Welche Miene! welche Blicke!

O du Ausgeburt der Hölle!
Soll das ganze Haus ersaufen?
Seh ich über jede Schwelle
Doch schon Wasserströme laufen.
Ein verruchter Besen,
Der nicht hören will!
Stock, der du gewesen,
Steh doch wieder still!

Willst's am Ende
Gar nicht lassen?
Will dich fassen,
Will dich halten
Und das alte Holz behende
Mit dem scharfen Beile spalten.

Seht, da kommt er schleppend wieder!
Wie ich mich nun auf dich werfe,
Gleich, o Kobold, liegst du nieder;
Krachend trifft die glatte Schärfe.
Wahrlich, brav getroffen!
Seht, er ist entzwei!
Und nun kann ich hoffen,
Und ich atme frei!

Wehe! wehe!
Beide Teile
Stehn in Eile
Schon als Knechte
Völlig fertig in die Höhe!
Helft mir, ach! ihr hohen Mächte!

Und sie laufen! Naß und nässer
Wird's im Saal und auf den Stufen;
Welch entsetzliches Gewässer!
Herr und Meister! hör mich rufen! –
Ach, da kommt der Meister!
Herr, die Not ist groß!
Die ich rief, die Geister
Werd ich nun nicht los.

»In die Ecke,
Besen! Besen!
Seids gewesen.
Denn als Geister
Ruft euch nur, zu seinem Zwecke,
Erst hervor der alte Meister.«

Die erste Walpurgisnacht

Ein Druide.
Es lacht der Mai,
Der Wald ist frei
Von Eis und Reifgehänge.
Der Schnee ist fort,
Am grünen Ort
Erschallen Lustgesänge.
Ein reiner Schnee
Liegt auf der Höh;
Doch eilen wir nach oben,
Begehn den alten heilgen Brauch,
Allvater dort zu loben.
Die Flamme lodre durch den Rauch!
So wird das Herz erhoben.

Die Druiden.
Die Flamme lodre durch den Rauch!
Begeht den alten heilgen Brauch,
Allvater dort zu loben!
Hinauf! hinauf nach oben!

Einer aus dem Volke.
Könnt ihr so verwegen handeln?
Wollt ihr denn zum Tode wandeln?
Kennet ihr nicht die Gesetze
Unsrer harten Überwinder?
Rings gestellt sind ihre Netze
Auf die Heiden, auf die Sünder.
Ach, sie schlachten auf dem Walle
Unsre Weiber, unsre Kinder.
Und wir alle
Nahen uns gewissem Falle.

Chor der Weiber.
Auf des Lagers hohem Walle
Schlachten sie schon unsre Kinder.
Ach, die strengen Überwinder!
Und wir alle
Nahen uns gewissem Falle.

Ein Druide.
Wer Opfer heut
Zu bringen scheut,
Verdient erst seine Bande.
Der Wald ist frei!
Das Holz herbei,
Und schichtet es zum Brande!
Doch bleiben wir
Im Buschrevier
Am Tage noch im stillen,
Und Männer stellen wir zur Hut
Um eurer Sorgen willen.
Dann aber laßt mit frischem Mut
Uns unsre Pflicht erfüllen.

Chor der Wächter.
Verteilt euch, wackre Männer, hier
Durch dieses ganze Waldrevier
Und wachet hier im stillen,
Wenn sie die Pflicht erfüllen.

Ein Wächter.
Diese dumpfen Pfaffenchristen,
Laßt uns keck sie überlisten!
Mit dem Teufel, den sie fabeln,
Wollen wir sie selbst erschrecken.
Kommt! mit Zacken und mit Gabeln
Und mit Glut und Klapperstöcken

Lärmen wir bei nächtger Weile
Durch die engen Felsenstrecken.
Kauz und Eule
Heul' in unser Rundgeheule!

Ein Druide.
So weit gebracht,
Daß wir bei Nacht
Allvater heimlich singen!
Doch ist es Tag,
Sobald man mag
Ein reines Herz dir bringen.
Du kannst zwar heut
Und manche Zeit
Dem Feinde viel erlauben.
Die Flamme reinigt sich vom Rauch:
So reinge unsern Glauben!
Und raubt man uns den alten Brauch,
Dein Licht, wer will es rauben?

Ein christlicher Wächter.
Hilf, ach, hilf mir, Kriegsgeselle!
Ach, es kommt die ganze Hölle!
Sieh, wie die verhexten Leiber
Durch und durch von Flamme glühen!
Menschenwölf und Drachenweiber,
Die im Flug vorüberziehen!
Welch entsetzliches Getöse!
Laßt uns, laßt uns alle fliehen!
Oben flammt und saust der Böse,
Aus dem Boden
Dampfet rings ein Höllenbroden!

Chor der christlichen Wächter.
Schreckliche verhexte Leiber,
Menschenwölf und Drachenweiber!
Welch entsetzliches Getöse!
Sieh, da flammt, da zieht der Böse!
Aus dem Boden
Dampfet rings ein Höllenbroden!

Chor der Druiden.
Die Flamme reinigt sich vom Rauch:
So reinge unsern Glauben!
Und raubt man uns den alten Brauch,
Dein Licht, wer kann es rauben!

Die Braut von Korinth

Nach Korinthus von Athen gezogen
Kam ein Jüngling, dort noch unbekannt.
Einen Bürger hofft' er sich gewogen;
Beide Väter waren gastverwandt,
Hatten frühe schon
Töchterchen und Sohn
Braut und Bräutigam voraus genannt.

Aber wird er auch willkommen scheinen,
Wenn er teuer nicht die Gunst erkauft?
Er ist noch ein Heide mit den Seinen,
Und sie sind schon Christen und getauft.
Keimt ein Glaube neu,
Wird oft Lieb und Treu
Wie ein böses Unkraut ausgerauft.

Und schon lag das ganze Haus im stillen,
Vater, Töchter, nur die Mutter wacht;
Sie empfingt den Gast mit bestem Willen,
Gleich ins Prunkgemach wird er gebracht.
Wein und Essen prangt,
Eh er es verlangt:
So versorgend wünscht sie gute Nacht.

Aber bei dem wohlbestellten Essen
Wird die Lust der Speise nicht erregt;
Müdigkeit läßt Speis und Trank vergessen,
Daß er angekleidet sich aufs Bette legt;
Und er schlummert fast,
Als ein seltner Gast
Sich zur offnen Tür herein bewegt.

Denn er sieht, bei seiner Lampe Schimmer
Tritt, mit weißem Schleier und Gewand,
Sittsam still ein Mädchen in das Zimmer,
Um die Stirn ein schwarz- und goldnes Band.
Wie sie ihn erblickt,
Hebt sie, die erschrickt,
Mit Erstaunen eine weiße Hand.

Bin ich, rief sie aus, so fremd im Hause,
Daß ich von dem Gaste nichts vernahm?
Ach, so hält man mich in meiner Klause!
Und nun überfällt mich hier die Scham.
Ruhe nur so fort
Auf dem Lager dort,
Und ich gehe schnell, so wie ich kam.

Bleibe, schönes Mädchen! ruft der Knabe,
Rafft von seinem Lager sich geschwind:
Hier ist Ceres', hier ist Bacchus' Gabe,
Und du bringst den Amor, liebes Kind!
Bist vor Schrecken blaß!
Liebe, komm und laß,
Laß uns sehn, wie froh die Götter sind.

Ferne bleib, o Jüngling! bleibe stehen;
Ich gehöre nicht den Freuden an.
Schon der letzte Schritt ist, ach! geschehen
Durch der guten Mutter kranken Wahn,
Die genesend schwur:
Jugend und Natur
Sei dem Himmel künftig untertan.

Und der alten Götter bunt Gewimmel
Hat sogleich das stille Haus geleert.
Unsichtbar wird einer nur im Himmel,
Und ein Heiland wird am Kreuz verehrt;
Opfer fallen hier,
Weder Lamm noch Stier,
Aber Menschenopfer unerhört.

Und er fragt und wäget alle Worte,
Deren keines seinem Geist entgeht.
Ist es möglich, daß am stillen Orte
Die geliebte Braut hier vor mir steht?
Sei die Meine nur!
Unsrer Väter Schwur
Hat vom Himmel Segen uns erfleht.

Mich erhältst du nicht, du gute Seele!
Meiner zweiten Schwester gönnt man dich.
Wenn ich mich in stiller Klause quäle,
Ach! in ihren Armen denk an mich,
Die an dich nur denkt,
Die sich liebend kränkt;
In die Erde bald verbirgt sie sich.

Nein! bei dieser Flamme seis geschworen,
Gütig zeigt sie Hymen uns voraus;
Bist der Freude nicht und mir verloren,
Kommst mit mir in meines Vaters Haus.
Liebchen, bleibe hier!
Feiere gleich mit mir
Unerwartet unsern Hochzeitsschmaus.

Und schon wechseln sie der Treue Zeichen;
Golden reicht sie ihm die Kette dar,
Und er will ihr eine Schale reichen,
Silbern, künstlich, wie nicht eine war.
Die ist nicht für mich;
Doch, ich bitte dich,
Eine Locke gib von deinem Haar.

Eben schlug die dumpfe Geisterstunde,
Und nun schien es ihr erst wohl zu sein.
Gierig schlürfte sie mit blassem Munde
Nun den dunkel blutgefärbten Wein.
Doch vom Weizenbrot,
Das er freundlich bot,
Nahm sie nicht den kleinsten Bissen ein.

Und dem Jüngling reichte sie die Schale,
Der, wie sie, nun hastig lüstern trank.
Liebe fordert er beim stillen Mahle;
Ach, sein armes Herz war liebekrank.
Doch sie widersteht,
Wie er immer fleht,
Bis er weinend auf das Bette sank.

Und sie kommt und wirft sich zu ihm nieder:
Ach, wie ungern seh ich dich gequält;
Aber, ach! berührst du meine Glieder,
Fühlst du schaudernd, was ich dir verhehlt.
Wie der Schnee so weiß,
Aber kalt wie Eis
Ist das Liebchen, das du dir erwählt.

Heftig faßt er sie mit starken Armen,
Von der Liebe Jugendkraft durchmannt:
Hoffe doch, bei mir noch zu erwarmen,
Wärst du selbst mir aus dem Grab gesandt!
Wechselhauch und Kuß!
Liebesüberfluß!
Brennst du nicht und fühlest mich entbrannt?

Liebe schließet fester sie zusammen,
Tränen mischen sich in ihre Lust;
Gierig saugt sie seines Mundes Flammen,
Eins ist nur im andern sich bewußt.
Seine Liebeswut
Wärmt ihr starres Blut;
Doch es schlägt kein Herz in ihrer Brust.

Unterdessen schleichet auf dem Gange
Häuslich spät die Mutter noch vorbei,
Horchet an der Tür und horchet lange,
Welch ein sonderbarer Ton es sei:
Klag- und Wonnelaut
Bräutigams und Braut
Und des Liebestammelns Raserei.

Unbeweglich bleibt sie an der Türe,
Weil sie erst sich überzeugen muß,
Und sie hört die höchsten Liebesschwüre,
Lieb'- und Schmeichelworte mit Verdruß –
Still! der Hahn erwacht! –
Aber morgen Nacht
Bist du wieder da? – und Kuß auf Kuß.

Länger hält die Mutter nicht das Zürnen,
Öffnet das bekannte Schloß geschwind:
Gibt es hier im Hause solche Dirnen,
Die dem Fremden gleich zu Willen sind? –
So zur Tür hinein.
Bei der Lampe Schein
Sieht sie – Gott! sie sieht ihr eigen Kind.

Und der Jüngling will im ersten Schrecken
Mit des Mädchens eignem Schleierflor,
Mit dem Teppich die Geliebte decken;
Doch sie windet gleich sich selbst hervor.
Wie mit Geists Gewalt
Hebet die Gestalt
Lang und langsam sich im Bett empor.

Mutter! Mutter! spricht sie hohle Worte,
So mißgönnt Ihr mir die schöne Nacht!
Ihr vertreibt mich von dem warmen Orte.
Bin ich zur Verzweiflung nur erwacht?
Ists Euch nicht genug,
Daß ins Leichentuch,
Daß Ihr früh mich in das Grab gebracht?

Aber aus der schwerbedeckten Enge
Treibet mich ein eigenes Gericht.
Eurer Priester summende Gesänge
Und ihr Segen haben kein Gewicht;
Salz und Wasser kühlt
Nicht, wo Jugend fühlt;
Ach! die Erde kühlt die Liebe nicht.

Dieser Jüngling war mir erst versprochen,
Als noch Venus' heitrer Tempel stand.
Mutter, habt Ihr doch das Wort gebrochen,
Weil ein fremd, ein falsch Gelübd Euch band!
Doch kein Gott erhört,
Wenn die Mutter schwört,
Zu versagen ihrer Tochter Hand.

Aus dem Grabe werd ich ausgetrieben,
Noch zu suchen das vermißte Gut,
Noch den schon verlornen Mann zu lieben
Und zu saugen seines Herzens Blut.
Ists um den geschehn,
Muß nach andern gehn,
Und das junge Volk erliegt der Wut.

Schöner Jüngling! kannst nicht länger leben;
Du versiechest nun an diesem Ort.
Meine Kette hab ich dir gegeben;
Deine Locke nehm ich mit mir fort.
Sieh sie an genau!
Morgen bist du grau,
Und nur braun erscheinst du wieder dort.

Höre, Mutter, nun die letzte Bitte:
Einen Scheiterhaufen schichte du;
Öffne meine bange kleine Hütte,
Bring in Flammen Liebende zur Ruh;
Wenn der Funke sprüht,
Wenn die Asche glüht,
Eilen wir den alten Göttern zu.

Der Gott und die Bajadere

Indische Legende

Mahadöh, der Herr der Erde,
Kommt herab zum sechsten Mal,
Daß er unsersgleichen werde,
Mitzufühlen Freud und Qal.
Er bequemt sich, hier zu wohnen,
Läßt sich alles selbst geschehn.
Soll er strafen oder schonen,
Muß er Menschen menschlich sehn.
Und hat er die Stadt sich als Wandrer betrachtet,
Die Großen belauert, auf Kleine geachtet,
Verläßt er sie abends, um weiter zu gehn.

Als er nun hinausgegangen,
Wo die letzten Häuser sind,
Sieht er, mit gemalten Wangen,
Ein verlornes schönes Kind:
Grüß dich, Jungfrau! – Dank der Ehre!
Wart, ich komme gleich hinaus –
Und wer bist du? – Bajadere,
Und dies ist der Liebe Haus.
Sie rührt sich, die Zimbeln zum Tanze zu schlagen;
Sie weiß sich so lieblich im Kreise zu tragen,
Sie neigt sich und biegt sich und reicht ihm den Strauß.

Schmeichelnd zieht sie ihn zur Schwelle,
Lebhaft ihn ins Haus hinein.
Schöner Fremdling, lampenhelle
Soll sogleich die Hütte sein.
Bist du müd, ich will dich laben,
Lindern deiner Füße Schmerz.
Was du willst, das sollst du haben,
Ruhe, Freuden oder Scherz.
Sie lindert geschäftig geheuchelte Leiden.
Der Göttliche lächelt; er siehet mit Freuden
Durch tiefes Verderben ein menschliches Herz.

Und er fordert Sklavendienste;
Immer heitrer wird sie nur,
Und des Mädchens frühe Künste
Werden nach und nach Natur.
Und so stellet auf die Blüte
Bald und bald die Frucht sich ein;
Ist Gehorsam im Gemüte,
Wird nicht fern die Liebe sein.
Aber, sie schärfer und schärfer zu prüfen,
Wählet der Kenner der Höhen und Tiefen
Lust und Entsetzen und grimmige Pein.

Und er küßt die bunten Wangen,
Und sie fühlt der Liebe Qual,
Und das Mädchen steht gefangen,
Und sie weint zum erstenmal;
Sinkt zu seinen Füßen nieder,
Nicht um Wollust noch Gewinst,
Ach! und die gelenken Glieder,
Sie versagen allen Dienst.
Und so zu des Lagers vergnüglicher Feier
Bereiten den dunkeln behaglichen Schleier
Die nächtlichen Stunden, das schöne Gespinst.

Spät entschlummert unter Scherzen,
Früh erwacht nach kurzer Rast,
Findet sie an ihrem Herzen
Tot den vielgeliebten Gast.
Schreiend stürzt sie auf ihn nieder,.
Aber nicht erweckt sie ihn;
Und man trägt die starren Glieder
Bald zur Flammengrube hin.
Sie höret die Priester, die Totengesänge,
Sie raset und rennet und teilet die Menge.
Wer bist du? was drängt zu der Grube dich hin?

Bei der Bahre stürzt sie nieder,
Ihr Geschrei durchdringt die Luft:
Meinen Gatten will ich wieder!
Und ich such ihn in der Gruft.
Soll zu Asche mir zerfallen
Dieser Glieder Götterpracht?
Mein! er war es, mein vor allen!
Ach, nur eine süße Nacht!

Es singen die Priester: Wir tragen die Alten,
Nach langem Ermatten und spätem Erkalten,
Wir tragen die Jugend, noch eh sies gedacht.

Höre deiner Priester Lehre:
Dieser war dein Gatte nicht.
Lebst du doch als Bajadere,
Und so hast du keine Pflicht.
Nur dem Körper folgt der Schatten
In das stille Totenreich;
Nur die Gattin folgt dem Gatten:
Das ist Pflicht und Ruhm zugleich.
Ertöne, Trompete, zu heiliger Klage!
O nehmet, ihr Götter! die Zierde der Tage,
O nehmet den Jüngling in Flammen zu euch!

So das Chor, das ohn Erbarmen
Mehret ihres Herzens Not;
Und mit ausgestreckten Armen
Springt sie in den heißen Tod.
Doch der Götterjüngling hebet
Aus der Flamme sich empor,
Und in seinen Armen schwebet
Die Geliebte mit hervor.
Es freut sich die Gottheit der reuigen Sünder;
Unsterbliche heben verlorene Kinder
Mit feurigen Armen zum Himmel empor.

Der Totentanz

Der Türmer, der schaut zu mitten der Nacht
Hinab auf die Gräber in Lage.
Der Mond, der hat alles ins Helle gebracht,
Der Kirchhof, er liegt wie am Tage.
Da regt sich ein Grab und ein anderes dann:
Sie kommen hervor, ein Weib da, ein Mann,
In weißen und schleppenden Hemden.

Das reckt nun, es will sich ergötzen sogleich,
Die Knöchel zur Runde, zum Kranze,
So arm und so jung und so alt und so reich;
Doch hindern die Schleppen am Tanze.
Und weil hier die Scham nun nicht weiter gebeut,
Sie schütteln sich alle, da liegen zerstreut
Die Hemdelein über den Hügeln.

Nun hebt sich der Schenkel, nun wackelt das Bein,
Gebärden da gibt es vertrackte;
Dann klippert's und klappert's mitunter hinein,
Als schlüg man die Hölzlein zum Takte.
Das kommt nun dem Türmer so lächerlich vor;
Da raunt ihm der Schalk, der Versucher, ins Ohr:
Geh! hole dir einen der Laken.

Getan wie gedacht! und er flüchtet sich schnell
Nun hinter geheiligte Türen.
Der Mond, und noch immer er scheinet so hell
Zum Tanz, den sie schauderlich führen.
Doch endlich verlieret sich dieser und der,
Schleicht eins nach dem andern gekleidet einher,
Und husch! ist es unter dem Rasen.

Nur einer, der trippelt und stolpert zuletzt
Und tappet und grapst an den Grüften;
Doch hat kein Geselle so schwer ihn verletzt,
Er wittert das Tuch in den Lüften.
Er rüttelt die Turmtür, sie schlägt ihn zurück,
Geziert und gesegnet, dem Türmer zum Glück,
Sie blinkt von metallenen Kreuzen.

Das Hemd muß er haben, da rastet er nicht,
Da gilt auch kein langes Besinnen;
Den gotischen Zierat ergreift nun der Wicht
Und klettert von Zinne zu Zinnen.

Nun ist's um den armen, den Türmer getan!
Es ruckt sich von Schnörkel zu Schnörkel hinan,
Langbeinigen Spinnen vergleichbar.

Der Türmer erbleichet, der Türmer erbebt,
Gern gäb er ihn wieder, den Laken.
Da häkelt – jetzt hat er am längsten gelebt –
Den Zipfel ein eiserner Zacken.
Schon trübet der Mond sich verschwindenden Scheins,
Die Glocke, sie donnert ein mächtiges Eins,
Und unten zerschellt das Gerippe.

Wandrer und Pächterin

Er.
Kannst du, schöne Pächtrin ohnegleichen,
Unter dieser breiten Schattenlinde,
Wo ich Wandrer kurze Ruhe finde,
Labung mir für Durst und Hunger reichen?

Sie.
Willst du, Vielgereister, hier dich laben:
Sauren Rahm und Brot und reife Früchte,
Nur die ganz natürlichsten Gerichte,
Kannst du reichlich an der Quelle haben.

Er.
Ist mir doch, ich müßte schon dich kennen,
Unvergeßne Zierde holder Stunden!
Ähnlichkeiten hab ich oft gefunden;
Diese muß ich doch ein Wunder nennen.

Sie.
Ohne Wunder findet sich bei Wandrern
Oft ein sehr erklärliches Erstaunen.
Ja, die Blonde gleichet oft der Braunen;
Eine reizet eben wie die andern.

Er.
Heute nicht, fürwahr, zum erstenmale,
Hat mir's diese Bildung abgewonnen!
Damals war sie Sonne aller Sonnen
In dem festlich aufgeschmückten Saale.

Sie.
Freut es dich, so kann es wohl geschehen,
Daß man deinen Märchenscherz vollende:
Purpurseide floß von ihrer Lende,
Da du sie zum erstenmal gesehen.

Er.
Nein, fürwahr, das hast du nicht gedichtet!
Konnten Geister dir es offenbaren?
Von Juwelen hast du auch erfahren
Und von Perlen, die ihr Blick vernichtet.

Sie.
Dieses eine ward mir wohl vertrauet:
Daß die Schöne, schamhaft, zu gestehen,
Und in Hoffnung, wieder dich zu sehen,
Manche Schlösser in die Luft erbauet.

Er.
Trieben mich umher doch alle Winde!
Sucht ich Ehr und Geld auf jede Weise!
Doch gesegnet, wenn am Schluß der Reise
Ich das edle Bildnis wieder finde!

Sie.
Nicht ein Bildnis, wirklich siehst du jene
Hohe Tochter des verdrängten Blutes;
Nun im Pachte des verlaßnen Gutes
Mit dem Bruder freuet sich Helene.

Er.

Aber diese herrlichen Gefilde,
Kann sie der Besitzer selbst vermeiden?
Reiche Felder, breite Wies' und Weiden,
Mächtge Quellen, süße Himmelsmilde.

Sie.

Ist er doch in alle Welt entlaufen!
Wir Geschwister haben viel erworben;
Wenn der Gute, wie man sagt, gestorben,
Wollen wir das Hinterlaßne kaufen.

Er.

Wohl zu kaufen ist es, meine Schöne!
Vom Besitzer hört ich die Bedinge;
Doch der Preis ist keineswegs geringe,
Denn das letzte Wort, es ist: Helene!

Sie.

Konnt uns Glück und Höhe nicht vereinen!
Hat die Liebe diesen Weg genommen?
Doch ich seh den wackren Bruder kommen;
Wenn er's hören wird, was kann er meinen?

Zueignung

Der Morgen kam; es scheuchten seine Tritte
Den leisen Schlaf, der mich gelind umfing,
Daß ich, erwacht, aus meiner stillen Hütte
Den Berg hinauf mit frischer Seele ging;
Ich freute mich bei einem jeden Schritte
Der neuen Blume, die voll Tropfen hing;
Der junge Tag erhob sich mit Entzücken,
Und alles war erquickt, mich zu erquicken.

Und wie ich stieg, zog von dem Fluß der Wiesen
Ein Nebel sich in Streifen sacht hervor.
Er wich und wechselte mich zu umfließen,
Und wuchs geflügelt mir ums Haupt empor:
Des schönen Blicks sollt ich nicht mehr genießen,
Die Gegend deckte mir ein trüber Flor;
Bald sah ich mich von Wolken wie umgossen
Und mit mir selbst in Dämmrung eingeschlossen.

Auf einmal schien die Sonne durchzudringen,
Im Nebel ließ sich eine Klarheit sehn;
Hier sank er leise sich hinabzuschwingen,
Hier teilt' er steigend sich um Wald und Höhn.
Wie hofft ich, ihr den ersten Gruß zu bringen!
Sie hofft ich nach der Trübe doppelt schön.
Der luftge Kampf war lange nicht vollendet,
Ein Glanz umgab mich, und ich stand geblendet.

Bald machte mich, die Augen aufzuschlagen,
Ein innrer Trieb des Herzens wieder kühn;
Ich konnt es nur mit schnellen Blicken wagen,
Denn alles schien zu brennen und zu glühn.
Da schwebte, mit den Wolken hergetragen,
Ein göttlich Weib vor meinen Augen hin,
Kein schöner Bild sah ich in meinem Leben;
Sie sah mich an und blieb verweilend schweben.

Kennst du mich nicht? sprach sie mit einem Munde,
Dem aller Lieb und Treue Ton entfloß:
Erkennst du mich, die ich in manche Wunde
Des Lebens dir den reinsten Balsam goß?
Du kennst mich wohl, an die zu ewgem Bunde
Dein strebend Herz sich fest und fester schloß.
Sah ich dich nicht mit heißen Herzenstränen
Als Knabe schon nach mir dich eifrig sehnen?

Ja! rief ich aus, indem ich selig nieder
Zur Erde sank, lang hab ich dich gefühlt;
Du gabst mir Ruh, wenn durch die jungen Glieder
Die Leidenschaft sich rastlos durchgewühlt:
Du hast mir, wie mit himmlischem Gefieder,
Am heißen Tag die Stirne sanft gekühlt;
Du schenktest mir der Erde beste Gaben,
Und jedes Glück will ich durch dich nur haben!

Dich nenn ich nicht. Zwar hör ich dich von vielen
Gar oft genannt, und jeder heißt dich sein,
Ein jedes Auge glaubt auf dich zu zielen,
Fast jedem Auge wird dein Strahl zur Pein.
Ach, da ich irrte, hatt ich viel Gespielen,
Da ich dich kenne, bin ich fast allein;
Ich muß mein Glück nur mit mir selbst genießen,
Dein holdes Licht verdecken und verschließen.

Sie lächelte, sie sprach: Du siehst, wie klug,
Wie nötig war's, euch wenig zu enthüllen!
Kaum bist du sicher vor dem gröbsten Trug,
Kaum bist du Herr vom ersten Kinderwillen,
So glaubst du dich schon Übermensch genug,
Versäumst die Pflicht des Mannes zu erfüllen!
Wie viel bist du von andern unterschieden?
Erkenne dich, leb mit der Welt in Frieden!

Verzeih mir, rief ich aus, ich meint es gut;
Soll ich umsonst die Augen offen haben?
Ein froher Wille lebt in meinem Blut;
Ich kenne ganz den Wert von deinen Gaben!
Für andre wächst in mir das edle Gut,
Ich kann und will das Pfund nicht mehr vergraben!
Warum sucht ich den Weg so sehnsuchtsvoll,
Wenn ich ihn nicht den Brüdern zeigen soll?

Und wie ich sprach, sah mich das hohe Wesen
Mit einem Blick mitleidger Nachsicht an;
Ich konnte mich in ihrem Auge lesen,
Was ich verfehlt und was ich recht getan.
Sie lächelte, da war ich schon genesen,
Zu neuen Freuden stieg mein Geist heran;
Ich konnte nun mit innigem Vertrauen
Mich zu ihr nahn und ihre Nähe schauen.

Da reckte sie die Hand aus in die Streifen
Der leichten Wolken und des Dufts umher;
Wie sie ihn faßte, ließ er sich ergreifen,
Er ließ sich ziehn, es war kein Nebel mehr.
Mein Auge konnt im Tale wieder schweifen,
Gen Himmel blickt ich, er war hell und hehr.
Nur sah ich sie den reinsten Schleier halten,
Er floß um sie und schwoll in tausend Falten.

Ich kenne dich, ich kenne deine Schwächen,
Ich weiß, was Gutes in dir lebt und glimmt!
– So sagte sie, ich hör sie ewig sprechen, –
Empfange hier, was ich dir lang bestimmt!
Dem Glücklichen kann es an nichts gebrechen,
Der dies Geschenk mit stiller Seele nimmt:
Aus Morgenduft gewebt und Sonnenklarheit,
Der Dichtung Schleier aus der Hand der Wahrheit.

Und wenn es dir und deinen Freunden schwüle
Am Mittag wird, so wirf ihn in die Luft!
Sogleich umsäuselt Abendwindes Kühle,
Umhaucht euch Blumen-Würzgeruch und Duft.
Es schweigt das Wehen banger Erdgefühle,
Zum Wolkenbette wandelt sich die Gruft,
Besänftiget wird jede Lebenswelle,
Der Tag wird lieblich, und die Nacht wird helle.

So kommt denn, Freunde, wenn auf euren Wegen
Des Lebens Bürde schwer und schwerer drückt,
Wenn eure Bahn ein frischerneuter Segen
Mit Blumen ziert, mit goldnen Früchten schmückt,
Wir gehn vereint dem nächsten Tag entgegen!
So leben wir, so wandeln wir beglückt.
Und dann auch soll, wenn Enkel um uns trauern,
Zu ihrer Lust noch unsre Liebe dauern.

An den Mond

Füllest wieder Busch und Tal
Still mit Nebelglanz,
Lösest endlich auch einmal
Meine Seele ganz;

Breitest über mein Gefild
Lindernd deinen Blick,
Wie des Freundes Auge mild
Über mein Geschick.

Jeden Nachklang fühlt mein Herz
Froh – und trüber Zeit,
Wandle zwischen Freud und Schmerz
In der Einsamkeit.

Fließe, fließe, lieber Fluß!
Nimmer werd ich froh;
So verrauschte Scherz und Kuß
Und die Treue so.

Ich besaß es doch einmal,
Was so köstlich ist!
Daß man doch zu seiner Qal
Nimmer es vergißt!

Rausche, Fluß, das Tal entlang,
Ohne Rast und Ruh,
Rausche, flüstre meinem Sang
Melodien zu,

Wenn du in der Winternacht
Wütend überschwillst,
Oder um die Frühlingspracht
Junger Knospen quillst.

Selig, wer sich vor der Welt
Ohne Haß verschließt,
Einen Freund am Busen hält
Und mit dem genießt,

Was, von Menschen nicht gewußt,
Oder nicht bedacht,
Durch das Labyrinth der Brust
Wandelt in der Nacht.

Heidenröslein

Sah ein Knab ein Röslein stehn,
Röslein auf der Heiden,
War so jung und morgenschön,
Lief er schnell, es nah zu sehn,
Sah's mit vielen Freuden.
Röslein, Röslein, Röslein rot,
Röslein auf der Heiden.

Knabe sprach: Ich breche dich,
Röslein auf der Heiden!
Röslein sprach: Ich steche dich,
Daß du ewig denkst an mich,
Und ich will's nicht leiden.
Röslein, Röslein, Röslein rot,
Röslein auf der Heiden.

Und der wilde Knabe brach
's Röslein auf der Heiden;
Röslein wehrte sich und stach,
Half ihm auch kein Weh und Ach,
Mußt es eben leiden.
Röslein, Röslein, Röslein rot,
Röslein auf der Heiden.

Christel

Hab oft einen dumpfen düstern Sinn,
Ein gar so schweres Blut!
Wenn ich bei meiner Christel bin,
Ist alles wieder gut.
Ich seh sie dort, ich seh sie hier
Und weiß nicht auf der Welt,
Und wie und wo und wann sie mir,
Warum sie mir gefällt.

Das schwarze Schelmenaug dadrein,
Die schwarze Braue drauf,
Seh ich ein einzigmal hinein,
Die Seele geht mir auf.
Ist eine, die so lieben Mund,
Liebrunde Wänglein hat?
Ach, und es ist noch etwas rund,
Da sieht kein Aug sich satt!

Und wenn ich sie dann fassen darf
Im luftgen deutschen Tanz,
Das geht herum, das geht so scharf,
Da fühl ich mich so ganz!
Und wenn's ihr taumlig wird und warm,
Da wieg ich sie sogleich

An meiner Brust, in meinem Arm;
's ist mir ein Königreich!

Und wenn sie liebend nach mir blickt
Und alles rund vergißt,
Und dann an meine Brust gedrückt
Und weidlich eins geküßt,
Das läuft mir durch das Rückenmark
Bis in die große Zeh;
Ich bin so schwach, ich bin so stark,
Mir ist so wohl, so weh!

Da möcht ich mehr und immer mehr,
Der Tag wird mir nicht lang;
Wenn ich die Nacht auch bei ihr wär,
Davor wär mir nicht bang.
Ich denk, ich halte sie einmal
Und büße meine Lust;
Und endigt sich nicht meine Qual,
Sterb ich an ihrer Brust!

An die Günstigen

Dichter lieben nicht zu schweigen,
Wollen sich der Menge zeigen;
Lob und Tadel muß ja sein!
Niemand beichtet gern in Prosa,
Doch vertraun wir oft sub Rosa
In der Musen stillem Hain.

Was ich irrte, was ich strebte,
Was ich litt und was ich lebte,
Sind hier Blumen nur im Strauß

Und das Alter wie die Jugend,
Und der Fehler wie die Tugend
Nimmt sich gut in Liedern aus.

Die Spröde

An dem reinsten Frühlingsmorgen
Ging die Schäferin und sang,
Jung und schön und ohne Sorgen,
Daß es durch die Felder klang,
So la la! le ralla.

Thyrsis bot ihr für ein Mäulchen
Zwei, drei Schäfchen gleich am Ort.
Schalkhaft blickte sie ein Weilchen;
Doch sie sang und lachte fort,
So la la! le ralla.

Und ein andrer bot ihr Bänder,
Und der dritte bot sein Herz;
Doch sie trieb mit Herz und Bändern
So wie mit den Lämmern Scherz,
Nur la la! le ralla.

Der Musensohn

Durch Feld und Wald zu schweifen,
Mein Liedchen wegzupfeifen,
So geht's von Ort zu Ort!
Und nach dem Takte reget,
Und nach dem Maß beweget
Sich alles an mir fort.

Ich kann sie kaum erwarten,
Die erste Blum im Garten,
Die erste Blüt am Baum.
Sie grüßen meine Lieder,
Und kommt der Winter wieder,
Sing ich noch jenen Traum.

Ich sing ihn in der Weite,
Auf Eises Läng und Breite,
Da blüht der Winter schön!
Auch diese Blüte schwindet,
Und neue Freude findet
Sich auf bebauten Höhn.

Denn wie ich bei der Linde
Das junge Völkchen finde,
Sogleich erreg ich sie.
Der stumpfe Bursche bläht sich,
Das steife Mädchen dreht sich
Nach meiner Melodie.
Ihr gebt den Sohlen Flügel
Und treibt durch Tal und Hügel
Den Liebling weit von Haus.
Ihr lieben holden Musen,
Wann ruh ich ihr am Busen
Auch endlich wieder aus?

Gefunden

Ich ging im Walde
So für mich hin,
Und nichts zu suchen,
Das war mein Sinn.

Im Schatten sah ich
Ein Blümchen stehn,
Wie Sterne leuchtend,
Wie Äuglein schön.

Ich wollt es brechen,
Da sagt' es fein:
Soll ich zum Welken
Gebrochen sein?

Ich grub's mit allen
Den Würzlein aus,
Zum Garten trug ich's
Am hübschen Haus.

Und pflanzt es wieder
Am stillen Ort;
Nun zweigt es immer
Und blüht so fort.

Gleich und gleich

Ein Blumenglöckchen
Vom Boden hervor
War früh gesprosset
In lieblichem Flor;
Da kam ein Bienchen
Und naschte fein: –
Die müssen wohl beide
Füreinander sein.

Wechsellied zum Tanz

Die Gleichgültigen.
Komm mit, o Schöne, komm mit mir zum Tanze!
Tanzen gehöret zum festlichen Tag.
Bist du mein Schatz nicht, so kannst du es werden,
Wirst du es nimmer, so tanzen wir doch.
Komm mit, o Schöne, komm mit mir zum Tanze!
Tanzen verherrlicht den festlichen Tag.

Die Zärtlichen.
Ohne dich, Liebste, was wären die Feste?
Ohne dich, Süße, was wäre der Tanz?
Wärst du mein Schatz nicht, so möcht ich nicht tanzen;
Bleibst du es immer, ist Leben ein Fest.
Ohne dich, Liebste, was wären die Feste?
Ohne dich, Süße, was wäre der Tanz?

Die Gleichgültigen.
Laß sie nur lieben, und laß du uns tanzen!
Schmachtende Liebe vermeidet den Tanz.
Schlingen wir fröhlich den drehenden Reihen,
Schleichen die andern zum dämmernden Wald.
Laß sie nur lieben, und laß du uns tanzen!
Schmachtende Liebe vermeidet den Tanz.

Die Zärtlichen.
Laß sie sich drehen, und laß du uns wandeln!
Wandeln der Liebe ist himmlischer Tanz.
Amor, der nahe, er höret sie spotten,
Rächet sich einmal und rächet sich bald.
Laß sie sich drehen, und laß du uns wandeln!
Wandeln der Liebe ist himmlischer Tanz.

Selbstbetrug

Der Vorhang schwebet hin und her
Bei meiner Nachbarin;
Gewiß, sie lauschet überquer,
Ob ich zu Hause bin,

Und ob der eifersüchtge Groll,
Den ich am Tag gehegt,
Sich, wie er nun auf immer soll,
Im tiefen Herzen regt.

Doch leider hat das schöne Kind
Dergleichen nicht gefühlt.
Ich seh, es ist der Abendwind,
Der mit dem Vorhang spielt.

Liebhaber in allen Gestalten

Ich wollt, ich wär ein Fisch,
So hurtig und frisch;
Und kämst du zu angeln,
Ich würde nicht mangeln.
Ich wollt, ich wär ein Fisch,
So hurtig und frisch.

Ich wollt, ich wär ein Pferd,
Da wär ich dir wert.
Oh, wär ich ein Wagen,
Bequem dich zu tragen.
Ich wollt, ich wär ein Pferd,
Da wär ich dir wert.

Ich wollt, ich wäre Gold,
Dir immer im Sold;
Und tätst du was kaufen,
Käm ich wieder gelaufen.
Ich wollt, ich wäre Gold,
Dir immer im Sold.

Ich wollt, ich wär treu,
Mein Liebchen stets neu;
Ich wollt mich verheißen,
Wollt nimmer verreisen.
Ich wollt, ich wär treu,
Mein Liebchen stets neu.

Ich wollt, ich wär alt
Und runzlig und kalt;
Tätst du mir's versagen,

Da könnt mich's nicht plagen.
Ich wollt, ich wär alt
Und runzlig und kalt.

Wär ich Affe sogleich
Voll neckender Streich;
Hätt was dich verdrossen,
So macht ich dir Possen.
Wär ich Affe sogleich
Voll neckender Streich.

Wär ich gut wie ein Schaf,
Wie der Löwe so brav;
Hätt Augen wie's Lüchschen
Und Listen wie's Füchschen.
Wär ich gut wie ein Schaf,
Wie der Löwe so brav.

Was alles ich wär,
Das gönnt ich dir sehr;
Mit fürstlichen Gaben,
Du solltest mich haben.
Was alles ich wär,
Das gönnt ich dir sehr.

Doch bin ich, wie ich bin,
Und nimm mich nur hin!
Willst du beßre besitzen,
So laß dir sie schnitzen.
Ich bin nun wie ich bin;
So nimm mich nur hin!

Der Goldschmiedsgesell

Es ist doch meine Nachbarin
Ein allerliebstes Mädchen!
Wie früh ich in der Werkstatt bin,
Blick ich nach ihrem Lädchen.

Zu Ring und Kette poch ich dann
Die feinen goldnen Drähtchen.
Ach, denk ich, wann, und wieder, wann
Ist solch ein Ring für Käthchen?

Und tut sie erst die Schaltern auf,
Da kommt das ganze Städtchen
Und feilscht und wirbt mit hellem Hauf
Ums Allerlei im Lädchen.

Ich feile; wohl zerfeil ich dann
Auch manches goldne Drähtchen.
Der Meister brummt, der harte Mann!
Er merkt, es war das Lädchen.

Und flugs, wie nur der Handel still,
Gleich greift sie nach dem Rädchen.
Ich weiß wohl, was sie spinnen will:
Es hofft das liebe Mädchen.

Das kleine Füßchen tritt und tritt;
Da denk ich mir das Wädchen,
Das Strumpfband denk ich auch wohl mit,
Ich schenkt's dem lieben Mädchen.

Und nach den Lippen führt der Schatz
Das allerfeinste Fädchen.
Oh, wär ich doch an seinem Platz,
Wie küßt ich mir das Mädchen!

Antworten
bei einem gesellschaftlichen Fragespiel

Die Dame.
Was ein weiblich Herz erfreue
In der klein und großen Welt?
Ganz gewiß ist es das Neue,
Dessen Blüte stets gefällt;
Doch viel werter ist die Treue,
Die auch in der Früchte Zeit
Noch mit Blüten uns erfreut.

Der junge Herr.
Paris war in Wald und Höhlen
Mit den Nymphen wohl bekannt,
Bis ihm Zeus, um ihn zu quälen,
Drei der Himmlischen gesandt;
Und es fühlte wohl im Wählen,
In der alt' und neuen Zeit,
Niemand mehr Verlegenheit.

Der Erfahrne.
Geh den Weibern zart entgegen:
Du gewinnst sie, auf mein Wort;
Und wer rasch ist und verwegen,
Kommt vielleicht noch besser fort;
Doch wem wenig dran gelegen
Scheinet, ob er reizt und rührt,
Der beleidigt, der verführt.

Der Zufriedne.
Vielfach ist der Menschen Streben,
Ihre Unruh, ihr Verdruß;
Auch ist manches Gut gegeben,
Mancher liebliche Genuß;
Doch das größte Glück im Leben
Und der reichlichste Gewinn
Ist ein guter leichter Sinn.

Der lustige Rat.
Wer der Menschen töricht Treiben
Täglich sieht und täglich schilt
Und, wenn andre Narren bleiben,
Selbst für einen Narren gilt,
Der trägt schwerer, als zur Mühle
Irgend ein beladen Tier.
Und, wie ich im Busen fühle,
Wahrlich! so ergeht es mir.

Verschiedene Empfindungen an einem Platze

Das Mädchen.
Ich hab ihn gesehen!
Wie ist mir geschehen?
O himmlischer Blick!
Er kommt mir entgegen;
Ich weiche verlegen,
Ich schwanke zurück.
Ich irre, ich träume!
Ihr Felsen, ihr Bäume,
Verbergt meine Freude,
Verberget mein Glück!

Der Jüngling.
Hier muß ich sie finden!
Ich sah sie verschwinden,
Ihr folgte mein Blick.
Sie kam mir entgegen,
Dann trat sie verlegen
Und schamrot zurück.
Ist's Hoffnung? sind's Träume?
Ihr Felsen, ihr Bäume,
Entdeckt mir die Liebste,
Entdeckt mir mein Glück!

Der Schmachtende.
Hier klag ich verborgen
Dem tauenden Morgen
Mein einsam Geschick.
Verkannt von der Menge,
Wie zieh ich ins Enge
Mich stille zurück!
O zärtliche Seele,
Oh, schweige, verhehle
Die ewigen Leiden,
Verhehle dein Glück!

Der Jäger.
Es lohnet mich heute
Mit doppelter Beute
Ein gutes Geschick:
Der redliche Diener
Bringt Hasen und Hühner
Beladen zurück.
Hier find ich gefangen
Auch Vögel noch hangen!
Es lebe der Jäger,
Es lebe sein Glück!

Wer kauft Liebesgötter?

Von allen schönen Waren,
Zum Markte hergefahren,
Wird keine mehr behagen,
Als die wir euch getragen

Aus fremden Ländern bringen.
Oh, höret, was wir singen,
Und seht die schönen Vögel!
Sie stehen zum Verkauf.

Zuerst beseht den großen,
Den lustigen, den losen!
Er hüpfet leicht und munter
Von Baum und Busch herunter;

Gleich ist er wieder droben.
Wir wollen ihn nicht loben.
Oh, seht den muntern Vogel!
Er steht hier zum Verkauf!

Betrachtet nun den kleinen,
Er will bedächtig scheinen;
Und doch ist er der lose,
So gut als wie der große.

Er zeiget meist im stillen
Den allerbesten Willen.
Der lose kleine Vogel,
Er steht hier zum Verkauf.

Wir wollen sie nicht loben,
Sie stehn zu allen Proben.
Sie lieben sich das Neue;
Doch über ihre Treue

Verlangt nicht Brief und Siegel;
Sie haben alle Flügel.
Wie artig sind die Vögel,
Wie reizend ist der Kauf!

Die schöne Nacht

Nun verlaß ich diese Hütte,
Meiner Liebsten Aufenthalt,
Wandle mit verhülltem Schritte
Durch den öden, finstern Wald;
Luna bricht durch Busch und Eichen,
Zephyr meldet ihren Lauf,
Und die Birken streun mit Neigen
Ihr den süßten Weihrauch auf.
Wie ergötz ich mich im Kühlen
Dieser schönen Sommernacht!
Oh, wie still ist hier zu fühlen,
Was die Seele glücklich macht!
Läßt sich kaum die Wonne fassen;
Und doch wollt ich, Himmel, dir
Tausend solcher Nächte lassen,
Gäb mein Mädchen eine mir.

Lebendiges Angedenken

Der Liebsten Band und Schleife rauben,
Halb mag sie zürnen, halb erlauben,
Euch ist es viel, ich will es glauben
Und gönn euch solchen Selbstbetrug:
Ein Schleier, Halstuch, Strumpfband, Ringe
Sind wahrlich keine kleinen Dinge;
Allein mir sind sie nicht genug.

Lebendgen Teil von ihrem Leben,
Ihn hat nach leisem Widerstreben
Die Allerliebste mir gegeben,
Und jene Herrlichkeit wird nichts.
Wie lach ich all der Trödelware!
Sie schenkte mir die schönen Haare,
Den Schmuck des schönsten Angesichts.

Soll ich dich gleich, Geliebte, missen,
Wirst du mir doch nicht ganz entrissen:
Zu schaun, zu tändeln und zu küssen
Bleibt die Reliquie von dir. –
Gleich ist des Haars und mein Geschicke;
Sonst buhlten wir mit einem Glücke
Um sie, jetzt sind wir fern von ihr.
Fest waren wir an sie gehangen;
Wir streichelten die runden Wangen,
Uns lockt' und zog ein süß Verlangen,
Wir gleiteten zur vollern Brust.
O Nebenbuhler, frei von Neide,
Du süß Geschenk, du schöne Beute,
Erinnre mich an Glück und Lust!

Glück der Entfernung

Trink, o Jüngling! heilges Glücke
Taglang aus der Liebsten Blicke,
Abends gaukl' ihr Bild dich ein.
Kein Verliebter hab es besser;
Doch das Glück bleibt immer größer,
Fern von der Geliebten sein.

Ewge Kräfte, Zeit und Ferne,
Heimlich wie die Kraft der Sterne,
Wiegen dieses Blut zur Ruh.
Mein Gefühl wird stets erweichter;
Doch mein Herz wird täglich leichter,
Und mein Glück nimmt immer zu.

Nirgends kann ich sie vergessen;
Und doch kann ich ruhig essen,
Heiter ist mein Geist und frei;
Und unmerkliche Betörung
Macht die Liebe zur Verehrung,
Die Begier zur Schwärmerei.

Aufgezogen durch die Sonne,
Schwimmt im Hauch ätherscher Wonne
So das leichtste Wölkchen nie,
Wie mein Herz in Ruh und Freude.
Frei von Furcht, zu groß zum Neide,
Lieb ich, ewig lieb ich sie!

Brautnacht

Im Schlafgemach, entfernt vom Feste,
Sitzt Amor dir getreu und bebt,
Daß nicht die List mutwillger Gäste
Des Brautbetts Frieden untergräbt.
Es blinkt mit mystisch heilgem Schimmer
Vor ihm der Flammen blasses Gold;
Ein Weihrauchswirbel füllt das Zimmer,
Damit ihr recht genießen sollt.

Wie schlägt dein Herz beim Schlag der Stunde,
Der deiner Gäste Lärm verjagt;
Wie glühst du nach dem schönen Munde,
Der bald verstummt und nichts versagt!
Du eilst, um alles zu vollenden,
Mit ihr ins Heiligtum hinein;
Das Feuer in des Wächters Händen
Wird, wie ein Nachtlicht, still und klein.

Wie bebt vor deiner Küsse Menge
Ihr Busen und ihr voll Gesicht!
Zum Zittern wird nun ihre Strenge,
Denn deine Kühnheit wird zur Pflicht.
Schnell hilft dir Amor sie entkleiden
Und ist nicht halb so schnell als du;
Dann hält er schalkhaft und bescheiden
Sich fest die beiden Augen zu.

Schadenfreude

In des Papillons Gestalt
Flattr' ich nach den letzten Zügen
Zu den vielgeliebten Stellen,
Zeugen himmlischer Vergnügen,
Über Wiesen, an die Quellen,
Um den Hügel, durch den Wald.

Ich belausch ein zärtlich Paar;
Von des schönen Mädchens Haupte
Aus den Kränzen schau ich nieder;
Alles, was der Tod mir raubte,
Seh ich hier im Bilde wieder,
Bin so glücklich, wie ich war.

Sie umarmt ihn lächelnd stumm,
Und sein Mund genießt der Stunde,
Die ihm gütge Götter senden,
Hüpft vom Busen zu dem Munde,
Von dem Munde zu den Händen,
Und ich hüpf um ihn herum.

Und sie sieht mich Schmetterling.
Zitternd vor des Freunds Verlangen,
Springt sie auf, da flieg ich ferne.
Liebster, komm, ihn einzufangen!
Komm! ich hätt es gar zu gerne,
Gern das kleine bunte Ding.

An die Erwählte

Hand in Hand! und Lipp auf Lippe!
Liebes Mädchen, bleibe treu!
Lebe wohl! und manche Klippe
Fährt dein Liebster noch vorbei;
Aber wenn er einst den Hafen
Nach dem Sturme wieder grüßt,
Mögen ihn die Götter strafen,
Wenn er ohne dich genießt.

Frisch gewagt ist schon gewonnen,
Halb ist schon mein Werk vollbracht!
Sterne leuchten mir wie Sonnen,
Nur dem Feigen ist es Nacht.
Wär ich müßig dir zur Seite,
Drückte noch der Kummer mich;
Doch in aller dieser Weite
Wirk ich rasch und nur für dich.

Schon ist mir das Tal gefunden,
Wo wir einst zusammengehn
Und den Strom in Abendstunden
Sanft hinuntergleiten sehn.
Diese Pappeln auf den Wiesen,
Diese Buchen in dem Hain!
Ach! und hinter allen diesen
Wird doch auch ein Hüttchen sein!

Nachgefühl

Wenn die Reben wieder blühen,
Rühret sich der Wein im Fasse;
Wenn die Rosen wieder glühen,
Weiß ich nicht, wie mir geschieht.

Tränen rinnen von den Wangen,
Was ich tue, was ich lasse;
Nur ein unbestimmt Verlangen
Fühl ich, das die Brust durchglüht.

Und zuletzt muß ich mir sagen,
Wenn ich mich bedenk und fasse,
Daß in solchen schönen Tagen
Doris einst für mich geglüht.

Nähe der Geliebten

Ich denke dein, wenn mir der Sonne Schimmer
Vom Meere strahlt;
Ich denke dein, wenn sich des Mondes Flimmer
In Quellen malt.

Ich sehe dich, wenn auf dem fernen Wege
Der Staub sich hebt;
In tiefer Nacht, wenn auf dem schmalen Stege
Der Wanderer bebt.

Ich höre dich, wenn dort mit dumpfem Rauschen
Die Welle steigt.
Im stillen Haine geh ich oft zu lauschen,
Wenn alles schweigt.
Ich bin bei dir; du seist auch noch so ferne,

Du bist mir nah!
Die Sonne sinkt, bald leuchten mir die Sterne.
Oh, wärst du da!

Gegenwart

Alles kündet dich an!
Erscheinet die herrliche Sonne,
Folgst du, so hoff ich es, bald.

Trittst du im Garten hervor,
So bist du die Rose der Rosen,
Lilie der Lilien zugleich.

Wenn du im Tanze dich regst,
So regen sich alle Gestirne
Mit dir und um dich umher.

Nacht! und so wär es denn Nacht!
Nun überscheinst du des Mondes
Lieblichen, ladenden Glanz.

Ladend und lieblich bist du,
Und Blumen, Mond und Gestirne
Huldigen, Sonne, nur dir.

Sonne, so sei du auch mir
Die Schöpferin herrlicher Tage!
Leben und Ewigkeit ist's.

An die Entfernte

So hab ich wirklich dich verloren?
Bist du, o Schöne, mir entflohn?
Noch klingt in den gewohnten Ohren
Ein jedes Wort, ein jeder Ton.

So wie des Wandrers Blick am Morgen
Vergebens in die Lüfte dringt,
Wenn, in dem blauen Raum verborgen,
Hoch über ihm die Lerche singt:

So dringet ängstlich hin und wieder
Durch Feld und Busch und Wald mein Blick;
Dich rufen alle meine Lieder;
Oh, komm, Geliebte, mir zurück!

Die Freuden

Es flattert um die Quelle
Die wechselnde Libelle,
Mich freut sie lange schon;
Bald dunkel und bald helle,
Wie der Chamäleon,
Bald rot, bald blau,
Bald blau, bald grün;
O daß ich in der Nähe
Doch ihre Farben sähe!
Sie schwirrt und schwebet, rastet nie!
Doch still, sie setzt sich an die Weiden.
Da hab ich sie! Da hab ich sie!
Und nun betracht ich sie genau,
Und seh ein traurig dunkles Blau –
So geht es dir, Zergliedrer deiner Freuden!

Abschied

Zu lieblich ist's, ein Wort zu brechen,
Zu schwer die wohlerkannte Pflicht,
Und leider kann man nichts versprechen,
Was unserm Herzen widerspricht.

Du übst die alten Zauberlieder,
Du lockst ihn, der kaum ruhig war,
Zum Schaukelkahn der süßen Torheit wieder,
Erneust, verdoppelst die Gefahr.

Was suchst du mir dich zu verstecken!
Sei offen, flieh nicht meinen Blick!
Früh oder spät mußt ich's entdecken,
Und hier hast du dein Wort zurück.

Was ich gesollt, hab ich vollendet;
Durch mich sei dir von nun an nichts verwehrt;
Allein, verzeih dem Freund, der sich nun von dir wendet
Und still in sich zurücke kehrt.

Wechsel

Auf Kieseln im Bache da lieg ich, wie helle!
Verbreite die Arme der kommenden Welle,
Und buhlerisch drückt sie die sehnende Brust;
Dann führt sie der Leichtsinn im Strome danieder;
Es naht sich die zweite, sie streichelt mich wieder:
So fühl ich die Freuden der wechselnden Lust.

Und doch, und so traurig, verschleifst du vergebens
Die köstlichen Stunden des eilenden Lebens,
Weil dich das geliebteste Mädchen vergißt!

Oh, ruf sie zurücke, die vorigen Zeiten!
Es küßt sich so süße die Lippe der Zweiten,
Als kaum sich die Lippe der Ersten geküßt.

Beherzigung

Ach, was soll der Mensch verlangen?
Ist es besser, ruhig bleiben?
Klammernd fest sich anzuhangen?
Ist es besser, sich zu treiben?

Soll er sich ein Häuschen bauen?
Soll er unter Zelten leben?
Soll er auf die Felsen trauen?
Selbst die festen Felsen beben.

Eines schickt sich nicht für alle!
Sehe jeder, wie er's treibe,
Sehe jeder, wo er bleibe,
Und wer steht, daß er nicht falle!

Meeres Stille

Tiefe Stille herrscht im Wasser,
Ohne Regung ruht das Meer,
Und bekümmert sieht der Schiffer
Glatte Fläche ringsumher.
Keine Luft von keiner Seite!
Todestille fürchterlich!
In der ungeheuren Weite
Reget keine Welle sich.

Glückliche Fahrt

Die Nebel zerreißen,
Der Himmel ist helle,
Und Äolus löset
Das ängstliche Band.
Es säuseln die Winde,
Es rührt sich der Schiffer.
Geschwinde! Geschwinde!
Es teilt sich die Welle,
Es naht sich die Ferne,
Schon seh ich das Land!

Erinnerung

Willst du immer weiter schweifen?
Sieh, das Gute liegt so nah.
Lerne nur das Glück ergreifen,
Denn das Glück ist immer da.

An Annetten

Es nannten ihre Bücher
Die Alten sonst nach Göttern,
Nach Musen und nach Freunden,
Doch keiner nach der Liebsten.
Warum sollt' ich, Annette,
Die Du mir Gottheit, Muse
Und Freund mir bist und alles,
Dies Buch nicht auch nach Deinem
Geliebten Namen nennen?

Willkommen und Abschied

Es schlug mein Herz, geschwind zu Pferde!
Es war getan, fast eh gedacht;
Der Abend wiegte schon die Erde,
Und an den Bergen hing die Nacht;
Schon stand im Nebelkleid die Eiche,
Ein aufgetürmter Riese, da,
Wo Finsternis aus dem Gesträuche
Mit hundert schwarzen Augen sah.

Der Mond von einem Wolkenhügel
Sah kläglich aus dem Duft hervor;
Die Winde schwangen leise Flügel,
Umsausten schauerlich mein Ohr;
Die Nacht schuf tausend Ungeheuer,
Doch frisch und fröhlich war mein Mut:
In meinen Adern, welches Feuer!
In meinem Herzen, welche Glut!

Dich sah ich, und die milde Freude
Floß von dem süßen Blick auf mich;
Ganz war mein Herz an deiner Seite
Und jeder Atemzug für dich.
Ein rosenfarbnes Frühlingswetter
Umgab das liebliche Gesicht,
Und Zärtlichkeit für mich – ihr Götter!
Ich hofft es, ich verdient es nicht!

Doch ach, schon mit der Morgensonne
Verengt der Abschied mir das Herz:
In deinen Küssen, welche Wonne!
In deinem Auge, welcher Schmerz!

Ich ging, du standst und sahst zur Erden
Und sahst mir nach mit nassem Blick;
Und doch, welch Glück, geliebt zu werden!
Und lieben, Götter, welch ein Glück!

Neue Liebe, neues Leben

Herz, mein Herz, was soll das geben?
Was bedränget dich so sehr?
Welch ein fremdes, neues Leben!
Ich erkenne dich nicht mehr.

Weg ist alles, was du liebtest,
Weg, warum du dich betrübtest,
Weg dein Fleiß und deine Ruh –
Ach, wie kamst du nur dazu?

Fesselt dich die Jugendblüte,
Diese liebliche Gestalt,
Dieser Blick voll Treu und Güte,
Mit unendlicher Gewalt?
Will ich rasch mich ihr entziehen,
Mich ermannen, ihr entfliehen,
Führet mich im Augenblick,
Ach, mein Weg zu ihr zurück.

Und an diesem Zauberfädchen,
Das sich nicht zerreißen läßt,
Hält das liebe, lose Mädchen
Mich so wider Willen fest;
Muß in ihrem Zauberkreise
Leben nun auf ihre Weise.
Die Verändrung, ach, wie groß!
Liebe! Liebe! laß mich los!

An Belinden

Warum ziehst du mich unwiderstehlich,
Ach, in jene Pracht?
War ich guter Junge nicht so selig
In der öden Nacht?

Heimlich in mein Zimmerchen verschlossen,
Lag im Mondenschein,
Ganz von seinem Schauerlicht umflossen,
Und ich dämmert ein;

Träumte da von vollen goldnen Stunden
Ungemischter Lust,
Hatte schon dein liebes Bild empfunden
Tief in meiner Brust.

Bin ich's noch, den du bei so viel Lichtern
An dem Spieltisch hältst?
Oft so unerträglichen Gesichtern
Gegenüber stellst?

Reizender ist mir des Frühlings Blüte
Nun nicht auf der Flur;
Wo du, Engel, bist, ist Lieb und Güte.
Wo du bist, Natur.

An Luna

Schwester von dem ersten Licht,
Bild der Zärtlichkeit in Trauer!
Nebel schwimmt mit Silberschauer
Um dein reizendes Gesicht;
Deines leisen Fußes Lauf
Weckt aus tagverschloßnen Höhlen
Traurig abgeschiedne Seelen,
Mich und nächtge Vögel auf.

Forschend übersieht dein Blick
Eine großgemeßne Weite.
Hebe mich an deine Seite,
Gib der Schwärmerei dies Glück!
Und in wollustvoller Ruh
Säh der weitverschlagne Ritter
Durch das gläserne Gegitter
Seines Mädchens Nächten zu.

Des Beschauens holdes Glück
Mildert solcher Ferne Qualen;
Und ich sammle deine Strahlen,
Und ich schärfe meinen Blick.
Hell und heller wird es schon
Um die unverhüllten Glieder,
Und nun zieht sie mich hernieder,
Wie dich einst Endymion.

Mailied

Wie herrlich leuchtet
Mir die Natur!
Wie glänzt die Sonne!
Wie lacht die Flur!

Es dringen Blüten
Aus jedem Zweig
Und tausend Stimmen
Aus dem Gesträuch,

Und Freud und Wonne
Aus jeder Brust,
O Erd, o Sonne,
O Glück, o Lust!

O Lieb, o Liebe!
So golden schön,
Wie Morgenwolken
Auf jenen Höhn!

Du segnest herrlich
Das frische Feld,
Im Blütendampfe
Die volle Welt.

O Mädchen, Mädchen,
Wie lieb ich dich!
Wie blinkt dein Auge!
Wie liebst du mich!

So liebt die Lerche
Gesang und Luft,
Und Morgenblumen
Den Himmelsduft,

Wie ich dich liebe
Mit warmem Blut,
Die du mir Jugend
Und Freud und Mut

Zu neuen Liedern
Und Tänzen gibst.
Sei ewig glücklich,
Wie du mich liebst!

Mit einem gemalten Band

Kleine Blumen, kleine Blätter
Streuen mir mit leichter Hand
Gute junge Frühlingsgötter
Tädelnd auf ein luftig Band.

Zephyr, nimm's auf deine Flügel,
Schling's um meiner Liebsten Kleid!
Und so tritt sie vor den Spiegel
All in ihrer Munterkeit,

Sieht mit Rosen sich umgeben,
Selbst wie eine Rose jung.
Einen Blick, geliebtes Leben!
Und ich bin belohnt genung.

Fühle, was dies Herz empfindet,
Reiche frei mir deine Hand,
Und das Band, das uns verbindet,
Sei kein schwaches Rosenband!

Mit einem goldnen Halskettchen

Dir darf dies Blatt ein Kettchen bringen,
Das, ganz zur Biegsamkeit gewöhnt,
Sich mit viel hundert kleinen Schlingen
Um deinen Hals zu schmiegen sehnt.

Gewähr dem Närrchen die Begierde,
Sie ist voll Unschuld, ist nicht kühn –
Am Tag ist's eine kleine Zierde,
Am Abend wirfst du's wieder hin.

Doch bringt dir einer jene Kette,
Die schwerer drückt und ernster faßt
Verdenk ich dir es nicht, Lisette,
Wenn du ein klein Bedenken hast.

Erster Verlust

Ach, wer bringt die schönen Tage,
Jene Tage der ersten Liebe,
Ach, wer bringt nur eine Stunde
Jener holden Zeit zurück!

Einsam nähr ich meine Wunde,
Und mit stets erneuter Klage
Traur' ich ums verlorne Glück.

Ach, wer bringt die schönen Tage,
Jene holde Zeit zurück!

An Lottchen

Mitten im Getümmel mancher Freuden,
Mancher Sorgen, mancher Herzensnot
Denk ich dein, o Lottchen, denken dein die beiden,
Wie beim stillen Abendrot
Du die Hand uns freundlich reichtest,
Da du uns auf reich bebauter Flur,
In dem Schoße herrlicher Natur,
Manche leicht verhüllte Spur
Einer lieben Seele zeigtest.
Wohl ist mir's, daß ich dich nicht verkannt,
Daß ich gleich dich in der ersten Stunde,
Ganz den Herzensausdruck in dem Munde,
Dich ein wahres, gutes Kind genannt.

Still und eng und ruhig auferzogen
Wirft man uns auf einmal in die Welt;
Uns umspülen hunderttausend Wogen,
Alles reizt uns, mancherlei gefällt,
Mancherlei verdrießt uns, und von Stund zu Stunden
Schwankt das leichtunruhige Gefühl;
Wir empfinden, und was wir empfunden,
Spült hinweg das bunte Weltgewühl.

Wohl, ich weiß es, da durchschleicht uns innen
Manche Hoffnung, mancher Schmerz.
Lottchen, wer kennt unsre Sinnen?
Lottchen, wer kennt unser Herz?
Ach, es möchte gern gekannt sein, überfließen
In das Mitempfinden einer Kreatur
Und vertrauend zwiefach neu genießen
Alles Leid und Freude der Natur.

Und da sucht das Aug oft so vergebens
Rings umher und findet alles zu;
So vertaumelt sich der schönste Teil des Lebens
Ohne Sturm und ohne Ruh;
Und zu deinem ewgen Unbehagen
Stößt dich heute, was dich gestern zog.
Kannst du zu der Welt nur Neigung tragen,
Die so oft dich trog

Und bei deinem Weh, bei deinem Glücke
Blieb in eigenwillger, starrer Ruh?
Sieh, da tritt der Geist in sich zurücke,
Und das Herz – es schließt sich zu.

So fand ich dich und ging dir frei entgegen.
Oh, sie ist wert, zu sein geliebt!
Rief ich, erflehte dir des Himmels reinsten Segen,
Den er dir nun in deiner Freundin gibt.

Auf dem See

Und frische Nahrung, neues Blut
Saug ich aus freier Welt;
Wie ist Natur so hold und gut,
Die mich am Busen hält!

Die Welle wieget unsern Kahn
Im Rudertakt hinauf.
Und Berge, wolkig himmelan,
Begegnen unserm Lauf.

Aug, mein Aug, was sinkst du nieder?
Goldne Träume, kommt ihr wieder?
Weg, du Traum! so gold du bist;
Hier auch Lieb und Leben ist.

Auf der Welle blinken
Tausend schwebende Sterne;
Weiche Nebel trinken
Rings die türmende Ferne;

Morgenwind umflügelt
Die beschattete Bucht,
Und im See bespiegelt
Sich die reifende Frucht.

Glück und Traum

Du hast uns oft im Traum gesehen
Zusammen zum Altare gehen,
Und dich als Frau und mich als Mann.
Oft nahm ich wachend deinem Munde
In einer unbewachten Stunde,
So viel man Küsse nehmen kann.

Das reinste Glück, das wir empfunden,
Die Wollust mancher reichen Stunden
Floh, wie die Zeit, mit dem Genuß.
Was hilft es mir, daß ich genieße?
Wie Träume fliehn die wärmsten Küsse,
Und alle Freude wie ein Kuß.

Vom Berge

Wenn ich, liebe Lili, dich nicht liebte,
Welche Wonne gäb mir dieser Blick!
Und doch, wenn ich, Lili, dich nicht liebte,
Fänd ich hier und fänd ich dort mein Glück.

Blumengruß

Der Strauß den ich gepflücket,
Grüße dich viel tausendmal!
Ich habe mich oft gebücket,
Ach, wohl ein tausendmal,
Und ihn ans Herz gedrücket
Viel hunderttausendmal!

Mailied

Zwischen Weizen und Korn,
Zwischen Hecken und Dorn,
Zwischen Bäumen und Gras,
Wo geht 's Liebchen
Sag mir das!

Fand mein Holdchen
Nicht daheim;
Muß das Goldchen
Draußen sein.
Grünt und blühet
Schön der Mai;
Liebchen ziehet
Froh und frei.

An dem Felsen beim Fluß,
Wo sie reichte den Kuß,
Jenen ersten im Gras,
Seh ich etwas!
Ist sie das?

Frühzeitiger Frühling

Tage der Wonne,
Kommt ihr so bald?
Schenkt mir die Sonne,
Hügel und Wald?

Reichlicher fließen
Bächlein zumal.
Sind es die Wiesen,
Ist es das Tal?

Blauliche Frische!
Himmel und Höh!
Goldene Fische
Wimmeln im See.

Buntes Gefieder
Rauschet im Hain;
Himmlische Lieder
Schallen darein.

Unter des Grünen
Blühender Kraft
Naschen die Bienen
Summend am Saft.

Leise Bewegung
Bebt in der Luft,
Reizende Regung,
Schläfernder Duft.

Mächtiger rühret
Bald sich ein Hauch,
Doch er verlieret
Gleich sich im Strauch.

Aber zum Busen
Kehrt er zurück;
Helfet, ihr Musen,
Tragen das Glück!

Saget, seit gestern
Wie mir geschah?
Liebliche Schwestern,
Liebchen ist da!

Rastlose Liebe

Dem Schnee, dem Regen,
Dem Wind entgegen,
Im Dampf der Klüfte,
Durch Nebeldüfte,
Immer zu! Immer zu!
Ohne Rast und Ruh!

Lieber durch Leiden
Möcht ich mich schlagen,
Als so viel Freuden
Des Lebens ertragen.

Alle das Neigen
Von Herzen zu Herzen,
Ach, wie so eigen
Schaffet das Schmerzen!

Wie soll ich fliehen?
Wälderwärts ziehen?
Alles vergebens!
Krone des Lebens,
Glück ohne Ruh,
Liebe, bist du!

Schäfers Klagelied

Da droben auf jenem Berge,
Da steh ich tausendmal,
An meinem Stabe gebogen,
Und schaue hinab in das Tal.

Dann folg ich der weidenden Herde
Mein Hündchen bewahret mir sie;
Ich bin herunter gekommen
Und weiß doch selber nicht wie.

Da stehet von schönen Blumen
Die ganze Wiese so voll;
Ich breche sie, ohne zu wissen,
Wem ich sie geben soll.

Und Regen, Sturm und Gewitter
Verpaß ich unter dem Baum.
Die Türe dort bleibet verschlossen;
Doch alles ist leider ein Traum.

Es stehet ein Regenbogen
Wohl über jenem Haus!
Sie aber ist weggezogen,
Und weit in das Land hinaus.

Hinaus in das Land und weiter,
Vielleicht gar über die See.
Vorüber, ihr Schafe, vorüber!
Dem Schäfer ist gar so weh.

Novemberlied

Dem Schützen, doch dem alten nicht,
Zu dem die Sonne flieht,
Der uns ihr fernes Angesicht
Mit Wolken überzieht;

Dem Knaben sei dies Lied geweiht,
Der zwischen Rosen spielt,
Uns höret und zur rechten Zeit
Nach schönen Herzen zielt.

Durch ihn hat uns des Winters Nacht,
So häßlich sonst und rauh,
Gar manchen werten Freund gebracht
Und manche liebe Frau.

Von nun an soll sein schönes Bild
Am Sternenhimmel stehn,
Und er soll ewig hold und mild
Uns auf- und untergehn.

Trost in Tränen

Wie kommt's, daß du so traurig bist,
Da alles froh erscheint ?
Man sieht dir's an den Augen an,
Gewiß, du hast geweint.

Und hab ich einsam auch geweint,
So ist's mein eigner Schmerz,
Und Tränen fließen gar so süß,
Erleichtern mir das Herz.

Die frohen Freunde laden dich,
Oh, komm an unsre Brust!
Und was du auch verloren hast,
Vertraue den Verlust.

Ihr lärmt und rauscht und ahnet nicht,
Was mich, den Armen, quält.
Ach nein, verloren hab ich's nicht,
So sehr es mir auch fehlt.

So raffe denn dich eilig auf!
Du bist ein junges Blut.
In deinen Jahren hat man Kraft
Und zum Erwerben Mut.

Ach nein, erwerben kann ich's nicht,
Es steht mir gar zu fern.
Es weilt so hoch, es blinkt so schön,
Wie droben jener Stern.

Die Sterne, die begehrt man nicht,
Man freut sich ihrer Pracht,
Und mit Entzücken blickt man auf
In jeder heitern Nacht.

Und mit Entzücken blick ich auf
So manchen lieben Tag;
Verweinen laßt die Nächte mich,
So lang ich weinen mag.

Nachtgesang

O gib vom weichen Pfühle,
Träumend, ein halb Gehör!
Bei meinem Saitenspiele
Schlafe! was willst du mehr?

Bei meinem Saitenspiele
Segnet der Sterne Heer
Die ewigen Gefühle;
Schlafe! was willst du mehr?

Die ewigen Gefühle
Heben mich, hoch und hehr,
Aus irdischem Gewühle;
Schlafe! was willst du mehr?

Vom irdischen Gewühle
Trennst du mich nur zu sehr,
Bannst mich in diese Kühle;
Schlafe! was willst du mehr?

Bannst mich in diese Kühle,
Gibst nur im Traum Gehör.
Ach, auf dem weichen Pfühle
Schlafe! was willst du mehr?

Sehnsucht

Was zieht mir das Herz so?
Was zieht mich hinaus?
Und windet und schraubt mich
Aus Zimmer und Haus?
Wie dort sich die Wolken
Um Felsen verziehn!
Da möcht ich hinüber,
Da möcht ich wohl hin!

Nun wiegt sich der Raben
Geselliger Flug;
Ich mische mich drunter
Und folge dem Zug.
Und Berg und Gemäuer
Umfittigen wir;
Sie weilet da drunten,
Ich spähe nach ihr.

Da kommt sie und wandelt;
Ich eile so bald,
Ein singender Vogel,
Zum buschichten Wald.
Sie weilet und horchet
Und lächelt mit sich:
»Er singet so lieblich
Und singt es an mich.«

Die scheidende Sonne
Verguldet die Höhn;
Die sinnende Schöne,
Sie läßt es geschehn.
Sie wandelt am Bache
Die Wiesen entlang
Und finster und finstrer
Umschlingt sich der Gang.

Auf einmal erschein ich
Ein blinkender Stern.
»Was glänzet da droben,
So nah und so fern?«
Und hast du mit Staunen
Das Leuchten erblickt:
Ich lieg dir zu Füßen,
Da bin ich beglückt!

An Mignon

Über Tal und Fluß getragen,
Ziehet rein der Sonne Wagen.
Ach, sie regt in ihrem Lauf,
So wie deine, meine Schmerzen
Tief im Herzen
Immer morgens wieder auf.

Kaum will mir die Nacht noch frommen,
Denn die Träume selber kommen
Nun in trauriger Gestalt;
Und ich fühle diese Schmerzen
Still im Herzen
Heimlich bildende Gewalt.

Schon seit manchen schönen Jahren
Seh ich unten Schiffe fahren,
Jedes kommt an seinen Ort;
Aber, ach, die steten Schmerzen,
Fest im Herzen,
Schwimmen nicht im Strome fort.

Schön in Kleidern muß ich kommen,
Aus dem Schrank sind sie genommen,
Weil es heute Festtag ist;
Niemand ahnet, daß von Schmerzen
Herz im Herzen
Grimmig mir zerrissen ist.

Heimlich muß ich immer weinen,
Aber freundlich kann ich scheinen
Und sogar gesund und rot;
Wären tödlich diese Schmerzen
Meinem Herzen,
Ach, schon lange wär ich tot.

Geistesgruß

Hoch auf dem alten Turme steht
Des Helden edler Geist,
Der, wie das Schiff vorübergeht,
Es wohl zu fahren heißt.

Sieh, diese Senne war so stark,
Dies Herz so fest und wild,
Die Knochen voll von Rittermark,
Der Becher angefüllt;

Mein halbes Leben stürmt ich fort,
Verdehnt die Hälft in Ruh,
Und du, du Menschen-Schifflein dort,
Fahr immer, immer zu!

Nachtlied

Über allen Gipfeln
Ist Ruh;
In allen Wipfeln
Spürest du
Kaum einen Hauch;
Die Vögelein schweigen im Walde.
Warte nur, balde
Ruhest du auch.

Jägers Abendlied

Im Felde schleich' ich still und wild,
Gespannt mein Feuerrohr,
Da schwebt so licht dein liebes Bild,
Dein süßes Bild mir vor.

Du wandelst jetzt wohl still und mild
Durchs Feld und liebe Tal,
Und ach, mein schnell verrauschend Bild,
Stellt sich dir's nicht einmal?

Des Menschen, der die Welt durchstreift,
Voll Unmut und Verdruß,
Nach Osten und nach Westen schweift,
Weil er dich lassen muß.

Mir ist es, denk' ich nur an dich,
Als in den Mond zu sehn;
Ein stiller Friede kommt auf mich,
Weiß nicht, was mir geschehn.

An ein goldnes Herz, das er am Halse trug

Angedenken du verklungner Freude,
Das ich immer noch am Halse trage,
Hältst du länger als das Seelenband uns beide?
Verlängerst du der Liebe kurze Tage?

Flieh ich, Lili, vor dir! Muß noch an deinem Bande
Durch fremde Lande,
Durch ferne Täler und Wälder wallen!
Ach, Lilis Herz konnte so bald nicht
Von meinem Herzen fallen.

Wie ein Vogel, der den Faden bricht
Und zum Walde kehrt,
Er schleppt des Gefängnisses Schmach,
Noch ein Stückchen des Fadens, nach;
Er ist der alte freigeborne Vogel nicht,
Er hat schon jemand angehört.

Menschengefühl

Ach, ihr Götter, große Götter,
In dem weiten Himmel droben,
Gäbet ihr uns auf der Erde
Festen Sinn und guten Mut –
O, wir ließen euch, ihr Guten,
Euren weiten Himmel droben.

Wonne der Wehmut

Trocknet nicht, trocknet nicht,
Tränen der ewigen Liebe!
Ach, nur dem halbgetrockneten Auge
Wie öde, wie tot die Welt ihm erscheint!
Trocknet nicht, trocknet nicht,
Tränen unglücklicher Liebe!

Wandrers Nachtlied

Der du von dem Himmel bist,
Alles Leid und Schmerzen stillest,
Den, der doppelt elend ist,
Doppelt mit Erquickung füllest,
Ach, ich bin des Treibens müde!
Was soll all der Schmerz und Lust?
Süßer Friede,
Komm, ach, komm in meine Brust!

Einschränkung

Ich weiß nicht, was mir hier gefällt,
In dieser engen, kleinen Welt
Mit holdem Zauberband mich hält.
Vergeß ich doch, vergeß ich gern,
Wie seltsam mich das Schicksal leitet;
Und, ach, ich fühle, nah und fern
Ist mir noch manches zubereitet.
Oh, wäre doch das rechte Maß getroffen!
Was bleibt mir nun, als, eingehüllt,
Von holder Lebenskraft erfüllt,
In stiller Gegenwart die Zukunft zu erhoffen!

Eigentum

Ich weiß, daß mir nichts angehört
Als der Gedanke, der ungestört
Aus meiner Seele will fließen,
Und jeder günstige Augenblick,
Den mich ein liebendes Geschick
Von Grund aus läßt genießen.

An Lina

Liebchen, kommen diese Lieder
Jemals wieder dir zur Hand,
Sitze beim Klaviere nieder,
Wo der Freund sonst bei dir stand.

Laß die Saiten rasch erklingen
Und dann sieh ins Buch hinein;
Nur nicht lesen! immer singen!
Und ein jedes Blatt ist dein.

Ach, wie traurig sieht in Lettern,
Schwarz auf weiß, das Lied mich an,
Das aus deinem Mund vergöttern,
Das ein Herz zerreißen kann!

Stirbt der Fuchs, so gilt der Balg

Nach Mittage saßen wir
Junges Volk im Kühlen;
Amor kam, und *stirbt der Fuchs*
Wollt er mit uns spielen.

Jeder meiner Freunde saß
Froh bei seinem Herzchen;
Amor blies die Fackel aus,
Sprach: Hier ist das Kerzchen!

Und die Fackel, wie sie glomm,
Ließ man eilig wandern;
Jeder drückte sie geschwind
In die Hand des andern.

Und mir reichte Dorilis
Sie mit Spott und Scherze;
Kaum berührt mein Finger sie,
Hell entflammt die Kerze,

Sengt mir Augen und Gesicht,
Setzt die Brust in Flammen,
Über meinem Haupte schlug
Fast die Glut zusammen.

Löschen wollt ich, patschte zu;
Doch es brennt beständig;
Statt zu sterben, ward der Fuchs
Recht bei mir lebendig.

Hoffnung

Schaff, das Tagwerk meiner Hände,
Hohes Glück, daß ich's vollende!
Laß, o laß mich nicht ermatten!
Nein, es sind nicht leere Träume:
Jetzt nur Stangen, diese Bäume
Geben einst noch Frucht und Schatten.

Sorge

Kehre nicht in diesem Kreise
Neu und immer neu zurück!
Laß, o laß mir meine Weise,
Gönn, o gönne mir mein Glück!

Soll ich fliehen? Soll ich's fassen?
Nun, gezweifelt ist genug.
Willst du mich nicht glücklich lassen,
Sorge, nun so mach mich klug!

Bergschloß

Da droben auf jenem Berge,
Da steht ein altes Schloß,
Wo hinter Toren und Türen
Sonst lauerten Ritter und Roß.
Verbrannt sind Türen und Tore,
Und überall ist es so still;
Das alte verfallne Gemäuer
Durchklettr' ich, wie ich nur will.

Hierneben lag ein Keller,
So voll von köstlichem Wein;
Nun steiget nicht mehr mit Krügen
Die Kellnerin heiter hinein.

Sie setzt den Gästen im Saale
Nicht mehr die Becher umher,
Sie füllt zum heiligen Mahle
Dem Pfaffen das Fläschchen nicht mehr.

Sie reicht dem lüsternen Knappen
Nicht mehr auf dem Gange den Trank,
Und nimmt für flüchtige Gabe
Nicht mehr den flüchtigen Dank.

Denn alle Balken und Decken,
Sie sind schon lange verbrannt
Und Trepp und Gang und Kapelle
In Schutt und Trümmer verwandt.

Doch als mit Zither und Flasche
Nach diesen felsigen Höhn
Ich an dem heitersten Tage
Mein Liebchen steigen gesehn,

Da drängte sich frohes Behagen
Hervor aus verödeter Ruh,
Da ging's wie in alten Tagen
Recht feierlich wieder zu;

Als wären für stattliche Gäste
Die weitesten Räume bereit,
Als käm ein Pärchen gegangen
Aus jener tüchtigen Zeit;

Als stünd in seiner Kapelle
Der würdige Pfaffe schon da
Und fragte: Wollt ihr einander?
Wir aber lächelten: Ja!

Und tief bewegten Gesänge
Des Herzens innigsten Grund,
Es zeugte, statt der Menge,
Der Echo schallender Mund.

Und als sich gegen den Abend
Im stillen alles verlor,
Da blickte die glühende Sonne
Zum schroffen Gipfel empor.

Und Knapp und Kellnerin glänzen
Als Herren weit und breit;
Sie nimmt sich zum Kredenzen
Und er zum Danke sich Zeit.

Zum neuen Jahr

Zwischen dem Alten,
Zwischen dem Neuen
Hier uns zu freuen,
Schenkt uns das Glück,
Und das Vergangne
Heißt mit Vertrauen
Vorwärts zu schauen,
Schauen zurück.

Stunden der Plage,
Leider, sie scheiden
Treue von Leiden,
Liebe von Lust;
Bessere Tage
Sammeln uns wieder.
Heitere Lieder
Stärken die Brust.

Leiden und Freuden.
Jener verschwundnen.
Sind die Verbundnen
Fröhlich gedenk.
O des Geschickes
Seltsamer Windung!
Alte Verbindung,
Neues Geschenk!
Dankt es dem regen
Wogenden Glücke!

Dankt dem Geschicke
Männiglich Gut;
Freut euch des Wechsels
Heiterer Triebe,
Offener Liebe,
Heimlicher Glut!

Andere schauen
Deckende Falten
Über dem Alten
Traurig und scheu;
Aber uns leuchtet
Freundliche Treue;
Sehet, das Neue
Findet uns neu.

So wie im Tanze
Bald sich verschwindet,
Wieder sich findet
Liebendes Paar:
So durch des Lebens
Wirrende Beugung
Führe die Neigung
Uns in das Jahr.

Stiftungslied

Was gehst du, schöne Nachbarin,
Im Garten so allein?
Und wenn du Haus und Felder pflegst,
Will ich dein Diener sein.

Mein Bruder schlich zur Kellnerin
Und ließ ihr keine Ruh;
Sie gab ihm einen frischen Trunk
Und einen Kuß dazu.

Mein Vetter ist ein kluger Wicht,
Er ist der Köchin hold;
Den Braten dreht er für und für
Um süßen Minnesold.

Die sechse, die verzehrten dann
Zusammen ein gutes Mahl,
Und singend kam ein viertes Paar
Gesprungen in den Saal.

Willkommen! und willkommen auch
Fürs wackre fünfte Paar,
Das voll Geschicht' und Neuigkeit
Und frischer Schwänke war.

Noch blieb für Rätsel, Witz und Geist
Und feine Spiele Platz;
Ein sechstes Pärchen kam heran –
Gefunden war der Schatz.

Doch eines fehlt' und fehlte sehr,
Was doch das Beste tut.
Ein zärtlich Pärchen schloß sich an,
Ein treues – nun war's gut.

Gesellig feiert fort und fort
Das ungestörte Mahl,
Und eins im andern freue sich
Der heilgen Doppelzahl.

Frühlingsorakel

Du prophetscher Vogel du,
Blütensänger, o Coucou!
Bitten eines jungen Paares
In der schönsten Zeit des Jahres
Höre, liebster Vogel du;
Kann es hoffen, ruf ihm zu
Dein Coucou, dein Coucou,
Immer mehr Coucou, Coucou.

Hörst du! ein verliebtes Paar
Sehnt sich herzlich zum Altar;
Und es ist bei seiner Jugend
Voller Treue, voller Tugend.
Ist die Stunde denn noch nicht voll?
Sag, wie lange es warten soll!
Horch! Coucou! Horch! Coucou!
Immer stille! Nichts hinzu.

Ist es doch nicht unsre Schuld!
Nur zwei Jahre noch Geduld!
Aber wenn wir uns genommen,
Werden Pa-pa-papas kommen?

Wisse, daß du uns erfreust,
Wenn du viele prophezeist.
Eins! Coucou! Zwei! Coucou!
Immer weiter Coucou, Coucou.

Haben wir wohl recht gezählt,
Wenig am Halbdutzend fehlt.
Wenn wir gute Worte geben,
Sagst du wohl, wie lang wir leben?

Freilich, wir gestehen dir's,
Gern zum längsten trieben wir's.
Cou Coucou, Cou Coucou,
Cou, Cou, Cou, Cou, Cou, Cou, Cou,
Cou, Cou.

Leben ist ein großes Fest,
Wenn sich's nicht berechnen läßt.
Sind wir nun zusammen blieben,
Bleibt denn auch das treue Lieben,
Könnte das zu Ende gehn,
Wär doch alles nicht mehr schön.
Cou, Coucou, Cou Coucou,
Cou, Cou, Cou, Cou, Cou, Cou, Cou,
Cou, Cou.

Bundeslied

In allen guten Stunden,
Erhöht von Lieb und Wein,
Soll dieses Lied verbunden
Von uns gesungen sein!
Uns hält der Gott zusammen,
Der uns hierher gebracht,
Erneuert unsre Flammen,
Er hat sie angefacht.

So glühet fröhlich heute,
Seid recht von Herzen eins!
Auf, trinkt erneuter Freude
Dies Glas des echten Weins!
Auf, in der holden Stunde
Stoßt an und küsset treu
Bei jedem neuen Bunde
Die alten wieder neu!

Wer lebt in unserm Kreise,
Und lebt nicht selig drin?
Genießt die freie Weise
Und treuen Brudersinn!

So bleibt durch alle Zeiten
Herz Herzen zugekehrt;
Von keinen Kleinigkeiten
Wird unser Bund gestört.

Uns hat ein Gott gesegnet
Mit freiem Lebensblick,
Und alles, was begegnet,
Erneuert unser Glück.

Durch Grillen nicht gedränget,
Verknickt sich keine Lust;
Durch Zieren nicht geenget,
Schlägt freier unsre Brust.

Mit jedem Schritt wird weiter
Die rasche Lebensbahn,
Und heiter, immer heiter
Steigt unser Blick hinan.
Uns wird es nimmer bange,
Wenn alles steigt und fällt,
Und bleiben lange, lange!
Auf ewig so gesellt.

Dauer im Wechsel

Hielte diesen frühen Segen,
Ach, nur eine Stunde fest!
Aber vollen Blütenregen
Schüttelt schon der laue West.
Soll ich mich des Grünen freuen,
Dem ich Schatten erst verdankt?
Bald wird Sturm auch das zerstreuen,
Wenn es falb im Herbst geschwankt.

Willst du nach den Früchten greifen,
Eilig nimm dein Teil davon!
Diese fangen an zu reifen,
Und die andern keimen schon;
Gleich, mit jedem Regengusse,
Ändert sich dein holdes Tal,
Ach, und in demselben Flusse
Schwimmst du nicht zum zweitenmal.

Du nun selbst! Was felsenfeste
Sich vor dir hervorgetan,
Mauern siehst du, siehst Paläste
Stets mit andern Augen an.
Weggeschwunden ist die Lippe,
Die im Kusse sonst genas,
Jener Fuß, der an der Klippe
Sich mit Gemsenfreche maß.

Jene Hand, die gern und milde
Sich bewegte, wohlzutun,
Das gegliederte Gebilde,
Alles ist ein andres nun.
Und was sich an jener Stelle
Nun mit deinem Namen nennt,
Kam herbei wie eine Welle,
Und so eilt's zum Element.

Laß den Anfang mit dem Ende
Sich in Eins zusammenziehn!
Schneller als die Gegenstände
Selber dich vorüberfliehn.
Danke, daß die Gunst der Musen
Unvergängliches verheißt:
Den Gehalt in deinem Busen
Und die Form in deinem Geist.

Tischlied

Mich ergreift, ich weiß nicht wie,
Himmlisches Behagen.
Will mich's etwa gar hinauf
Zu den Sternen tragen?

Doch ich bleibe lieber hier,
Kann ich redlich sagen,
Beim Gesang und Glase Wein
Auf den Tisch zu schlagen.

Wundert euch, ihr Freunde, nicht,
Wie ich mich gebärde;
Wirklich ist es allerliebst
Auf der lieben Erde.

Darum schwör ich feierlich
Und ohn alle Fährde,
Daß ich mich nicht freventlich
Wegbegeben werde.

Da wir aber allzumal
So beisammen weilen,
Dächt ich, klänge der Pokal
Zu des Dichters Zeilen.

Gute Freunde ziehen fort,
Wohl ein hundert Meilen,
Darum soll man hier am Ort
Anzustoßen eilen.

Lebe hoch, wer Leben schafft!
Das ist meine Lehre.
Unser König denn voran,
Ihm gebührt die Ehre.

Gegen inn- und äußern Feind
Setzt er sich zur Wehre;
Ans Erhalten denkt er zwar,
Mehr noch, wie er mehre.

Nun begrüß ich sie sogleich,
Sie, die einzig Eine.
Jeder denke ritterlich
Sich dabei die Seine.

Merket auch ein schönes Kind,
Wen ich eben meine,
Nun, so nicke sie mir zu:
Leb auch so der Meine!

Freunden gilt das dritte Glas,
Zweien oder dreien,
Die mit uns am guten Tag
Sich im stillen freuen.

Und der Nebel trübe Nacht
Leis und leicht zerstreuen.
Diesen sei ein Hoch gebracht,
Alten oder neuen.

Breiter wallet nun der Strom
Mit vermehrten Wellen.
Leben jetzt im hohen Ton
Redliche Gesellen!

Die sich mit gedrängter Kraft
Brav zusammen stellen
In des Glückes Sonnenschein
Und in schlimmen Fällen!

Wie wir nun zusammen sind,
Sind zusammen viele.
Wohl gelingen denn, wie uns,
Andern ihre Spiele!

Von der Quelle bis ans Meer
Mahlet manche Mühle,
Und das Wohl der ganzen Welt
Ist's, worauf ich ziele.

Die glücklichen Gatten

Nach diesem Frühlingsregen,
Den wir so warm erfleht,
Weibchen, o sieh den Segen,
Der unsre Flur durchweht.

Nur in der blauen Trübe
Verliert sich fern der Blick;
Hier wandelt noch die Liebe,
Hier hauset noch das Glück.

Das Pärchen weißer Tauben,
Du siehst, es fliegt dorthin,
Wo um besonnte Lauben
Gefüllte Veilchen blühn.

Dort banden wir zusammen
Den allerersten Strauß,
Dort schlugen unsre Flammen
Zuerst gewaltig aus.

Doch als uns vom Altare,
Nach dem beliebten Ja,
Mit manchem jungen Paare
Der Pfarrer eilen sah,

Da gingen andre Sonnen
Und andre Monden auf,
Da war die Welt gewonnen
Für unsern Lebenslauf.

Und hunderttausend Siegel
Bekräftigten den Bund,
Im Wäldchen auf dem Hügel,
Im Busch am Wiesengrund,

In Höhlen, im Gemäuer
Auf des Geklüftes Höh,
Und Amor trug das Feuer
Selbst in das Rohr am See.

Wir wandelten zufrieden,
Wir glaubten uns zu zwei;
Doch anders war's beschieden,
Und sieh! wir waren drei.

Und vier und fünf und sechse
Sie saßen um den Topf,
Und nun sind die Gewächse
Fast all uns übern Kopf.

Und dort in schöner Fläche
Das neugebaute Haus
Umschlingen Pappelbäche,
So freundlich sieht's heraus.

Wer schaffte wohl da drüben
Sich diesen frohen Sitz?
Ist es mit seiner Lieben
Nicht unser braver Fritz?

Und wo im Felsengrunde
Der eingeklemmte Fluß
Sich schäumend aus dem Schlunde
Auf Räder stürzen muß:

Man spricht von Müllerinnen
Und wie so schön sie sind;
Doch immer wird gewinnen
Dort hinten unser Kind.

Doch wo das Grün so dichte
Um Kirch und Rasen steht,
Da, wo die alte Fichte
Allein zum Himmel weht,

Da ruhet unsrer Toten
Frühzeitiges Geschick
Und leitet von dem Boden
Zum Himmel unsern Blick.

Es blitzen Waffenwogen
Den Hügel schwankend ab;
Das Heer, es kommt gezogen,
Das uns den Frieden gab.

Wer, mit der Ehrenbinde,
Bewegt sich stolz voraus?
Er gleichet unserm Kinde!
So kommt der Karl nach Haus.

Den liebsten aller Gäste
Bewirtet nun die Braut;
Sie wird am Friedensfeste
Dem Treuen angetraut;

Und zu den Feiertänzen
Drängt jeder sich herbei;
Da schmückest du mit Kränzen
Der jüngsten Kinder drei.

Bei Flöten und Schalmeien
Erneuert sich die Zeit,
Da wir uns einst im Reihen
Als junges Paar gefreut;

Und in des Jahres Laufe –
Die Wonne fühl ich schon! –
Begleiten wir zur Taufe
Den Enkel und den Sohn.

Gewohnt, getan

Ich habe geliebet, nun lieb ich erst recht!
Erst war ich der Diener, nun bin ich der Knecht.
Erst war ich der Diener von allen;
Nun fesselt mich diese charmante Person,
Sie tut mir auch alles zur Liebe, zum Lohn,
Sie kann nur allein mir gefallen.

Ich habe geglaubet, nun glaub ich erst recht!
Und geht es auch wunderlich, geht es auch schlecht,
Ich bleibe beim gläubigen Orden:
So düster es oft und so dunkel es war
In drängenden Nöten, in naher Gefahr,
Auf einmal ist's lichter geworden.

Ich habe gespeiset; nun speis ich erst gut!
Bei heiterem Sinne, mit fröhlichem Blut
Ist alles an Tafel vergessen.
Die Jugend verschlingt nur, dann sauset sie fort,
Ich liebe zu tafeln am lustigen Ort,
Ich kost und ich schmecke beim Essen.

Ich habe getrunken; nun trink ich erst gern!
Der Wein, er erhöht uns, er macht uns zum Herrn
Und löset die sklavischen Zungen.
Ja, schonet nur nicht das erquickende Naß:
Denn schwindet der älteste Wein aus dem Faß,
So altern dagegen die jungen.

Ich habe getanzt und dem Tanze gelobt!
Und wird auch kein Schleifer, kein Walzer getobt,
So drehn wir ein sittiges Tänzchen.
Und wer sich der Blumen recht viele verflicht,
Und hält auch die ein' und die andere nicht,
Ihm bleibet ein munteres Kränzchen.

Drum frisch nur aufs neue! Bedenke dich nicht;
Denn wer sich die Rosen, die blühenden, bricht,
Den kitzeln fürwahr nur die Dornen.
So heute wie gestern, es flimmert der Stern;
Nur halte von hängenden Köpfen dich fern
Und lebe dir immer von vornen.

Weltseele

Verteilet euch nach allen Regionen
Von diesem heilgen Schmaus!
Begeistert reißt euch durch die nächsten Zonen
Ins All und füllt es aus!

Schon schwebet ihr, in ungemeßnen Fernen,
Den selgen Göttertraum
Und leuchtet neu, gesellig, unter Sternen
Im lichtbesäten Raum.

Dann treibt ihr euch, gewaltige Kometen,
Ins Weit' und Weitr' hinan;
Das Labyrinth der Sonnen und Planeten
Durchschneidet eure Bahn.

Ihr greifet rasch nach ungeformten Erden
Und wirket schöpfrisch jung,
Daß sie belebt und stets belebter werden
Im abgemeßnen Schwung.

Und kreisend führt ihr in bewegten Lüften
Den wandelbaren Flor
Und schreibt dem Stein in allen seinen Grüften
Die festen Formen vor.

Nun alles sich mit göttlichem Erkühnen
Zu übertreffen strebt;
Das Wasser will, das unfruchtbare, grünen,
Und jedes Stäubchen lebt.

Und so verdrängt mit liebevollem Streiten
Der feuchten Qualme Nacht;
Nun glühen schon des Paradieses Weiten
In überbunter Pracht.

Wie regt sich bald, ein holdes Licht zu schauen,
Gestaltenreiche Schar,
Und ihr erstaunt, auf den beglückten Auen,
Nun als das erste Paar;

Und bald verlischt ein unbegrenztes Streben
Im selgen Wechselblick.
Und so empfangt mit Dank das schönste Leben
Vom All ins All zurück.

Generalbeichte

Lasset heut im edeln Kreis
Meine Warnung gelten!
Nehmt die ernste Stimmung wahr,
Denn sie kommt so selten.
Manches habt ihr vorgenommen,
Manches ist euch schlecht bekommen,
Und ich muß euch schelten.

Reue soll man doch einmal
In der Welt empfinden;
So bekennt, vertraut und fromm,
Eure größten Sünden!
Aus des Irrtums falschen Weiten
Sammelt euch und sucht beizeiten
Euch zurecht zu finden.

Ja, wir haben, sei's bekannt,
Wachend oft geträumet,
Nicht geleert das frische Glas,
Wenn der Wein geschäumet;
Manche rasche Schäferstunde,
Flüchtgen Kuß vom lieben Munde
Haben wir versäumet.

Still und maulfaul saßen wir,
Wenn Philister schwätzten,
Über göttlichen Gesang
Ihr Geklatsche schätzten,
Wegen glücklicher Momente,
Deren man sich rühmen könnte,
Uns zur Rede setzten.

Willst du Absolution
Deinen Treuen geben,
Wollen wir nach deinem Wink
Unabläßlich streben,
Uns vom Halben zu entwöhnen
Und im Ganzen, Guten, Schönen
Resolut zu leben;

Den Philistern allzumal
Wohlgemut zu schnippen,
Jenen Perlenschaum des Weins
Nicht nur flach zu nippen,
Nicht zu liebeln leis mit Augen,
Sondern fest uns anzusaugen
An geliebte Lippen.

Kophtisches Lied

Lasset Gelehrte sich zanken und streiten,
Streng und bedächtig die Lehrer auch sein!
Alle die Weisesten aller der Zeiten
Lächeln und winken und stimmen mit ein:
Töricht, auf Beßrung der Toren zu harren!
Kinder der Klugheit, o habet die Narren
Eben zum Narren auch, wie sich's gehört!

Merlin der Alte, im leuchtenden Grabe,
Wo ich als Jüngling gesprochen ihn habe,
Hat mich mit ähnlicher Antwort belehrt:
Töricht, auf Beßrung der Toren zu harren!
Kinder der Klugheit, o habet die Narren
Eben zum Narren auch, wie sich's gehört!

Und auf den Höhen der indischen Lüfte
Und in den Tiefen ägyptischer Grüfte
Hab ich das heilige Wort nur gehört:
Töricht, auf Beßrung der Toren zu harren!
Kinder der Klugheit, o habet die Narren
Eben zum Narren auch, wie sich's gehört!

Ein anderes

Geh! gehorche meinen Winken,
Nutze deine jungen Tage,
Lerne zeitig klüger sein.
Auf des Glückes großer Waage
Steht die Zunge selten ein;
Du mußt steigen oder sinken,

Du mußt herrschen und gewinnen,
Oder dienen und verlieren,
Leiden oder triumphieren,
Amboß oder Hammer sein.

Vanitas! vanitatum vanitas!

Ich hab mein Sach auf nichts gestellt,
Juchhe!
Drum ist's so wohl mir in der Welt;
Juchhe!
Und wer will mein Kamerade sein,
Der stoße mit an, der stimme mit ein
Bei dieser Neige Wein.

Ich stellt mein Sach auf Geld und Gut,
Juchhe!
Darübel verlor ich Freud und Mut;
O weh!

Die Münze rollte hier und dort,
Und hascht ich sie an einem Ort,
Am andern war sie fort.

Auf Weiber stellt ich nun mein Sach,
Juchhe!
Daher mir kam viel Ungemach;
O weh!
Die Falsche sucht' sich ein ander Teil,
Die Treue macht' mir Langeweil,
Die Beste war nicht feil.

Ich stellt mein Sach auf Reis' und Fahrt,
Juchhe!
Und ließ meine Vaterlandesart;
O weh!
Und mir behagt' es nirgends recht,
Die Kost war fremd, das Bett war schlecht,
Niemand verstand mich recht.

Ich stellt mein Sach auf Ruhm und Ehr,
Juchhe!
Und sieh! gleich hatt ein andrer mehr;
O weh!
Wie ich mich hatt hervorgetan,
Da sahen die Leute scheel mich an,
Hatte keinem recht getan.

Ich setzt mein Sach auf Kampf und Krieg,
Juchhe!
Und uns gelang so mancher Sieg;
Juchhe!
Wir zogen in Feindes Land hinein,
Dem Freunde sollt's nicht viel besser sein,
Und ich verlor ein Bein.

Nun hab ich mein Sach auf nichts gestellt,
Juchhe!
Und mein gehört die ganze Welt;
Juchhe!
Zu Ende geht nun Sang und Schmaus.
Nur trinkt mir alle Neigen aus;
Die letzte muß heraus!

Kriegsglück

Verwünschter weiß ich nichts im Krieg,
Als nicht blessiert zu sein.
Man geht getrost von Sieg zu Sieg
Gefahrgewohnt hinein;

Hat abgepackt und aufgepackt
Und weiter nichts ereilt,
Als daß man auf dem Marsch sich plackt,
Im Lager langeweilt.

Dann geht das Kantonieren an,
Dem Bauer eine Last,
Verdrießlich jedem Edelmann
Und Bürgern gar verhaßt.

Sei höflich, man bedient dich schlecht,
Den Grobian zur Not;
Und nimmt man selbst am Wirte Recht,
Ißt man Profosen-Brot.

Wenn endlich die Kanone brummt
Und knattert's klein Gewehr,
Trompet und Trab und Trommel summt,
Da geht's wohl lustig her;

Und wie nun das Gefecht befiehlt,
Man weichet, man erneut's,
Man retiriert, man avanciert –
Und immer ohne Kreuz.

Nun endlich pfeift Musketen-Blei
Und trifft, will's Gott, das Bein,
Und nun ist alle Not vorbei,

Man schleppt uns gleich hinein
Zum Städtchen, das der Sieger deckt,
Wohin man grimmig kam;
Die Frauen, die man erst erschreckt,
Sind liebenswürdig zahm.

Da tut sich Herz und Keller los,
Die Küche darf nicht ruhn;
Auf weicher Betten Flaumen-Schoß
Kann man sich gütlich tun.

Der kleine Flügelbube hupft,
Die Wirtin rastet nie,
Sogar das Hemdchen wird zerzupft,
Das nenn ich doch Scharpie!

Hat eine sich den Helden nun
Beinah herangepflegt,
So kann die Nachbarin nicht ruhn,
Die ihn gesellig hegt.

Ein Drittes kommt wohl emsiglich,
Am Ende fehlet keins,
Und in der Mitte sieht er sich
Des sämtlichen Vereins.

Der König hört von guter Hand,
Man sei voll Kampfeslust;
Da kömmt behende Kreuz und Band
Und zieret Rock und Brust.

Sagt, ob's für einen Martismann
Wohl etwas Beßres gibt!
Und unter Tränen scheidet man,
Geehrt so wie geliebt.

Offne Tafel

Viele Gäste wünsch ich heut
Mir zu meinem Tische!
Speisen sind genug bereit,
Vögel, Wild und Fische.

Eingeladen sind sie ja,
Haben's angenommen.
Hänschen, geh und sieh dich um!
Sieh mir, ob sie kommen!

Schöne Kinder hoff ich nun,
Die von gar nichts wissen,
Nicht, daß es was Hübsches sei,
Einen Freund zu küssen.

Eingeladen sind sie all,
Haben's angenommen.
Hänschen, geh und sieh dich um!
Sich mir, ob sie kommen!

Frauen denk ich auch zu sehn,
Die den Ehegatten,
Ward er immer brummiger.
Immer lieber hatten.

Eingeladen wurden sie,
Haben's angenommen.
Hänschen, geh und sieh dich um!
Sieh mir, ob sie kommen!

Junge Herrn berief ich auch,
Nicht im mindsten eitel,
Die sogar bescheiden sind
Mit gefülltem Beutel.

Diese bat ich sonderlich,
Habn's angenommen.
Hänschen, geh und sieh dich um!
Sieh mir, ob sie kommen!

Männer lud ich mit Respekt,
Die auf ihre Frauen
Ganz allein, nicht neben aus
Auf die schönste schauen.

Sie erwiderten den Gruß,
Haben's angenommen.
Hänschen, geh und sieh dich um!
Sieh mir, ob sie kommen!

Dichter lud ich auch herbei,
Unsre Lust zu mehren,
Die weit lieber ein fremdes Lied
Als ihr eignes hören.

Alle diese stimmen ein,
Haben's angenommen.
Hänschen, geh und sieh dich um!
Sieh mir, ob sie kommen!

Doch ich sehe niemand gehn,
Sehe niemand rennen.
Suppe kocht und siedet ein,
Braten will verbrennen.

Ach, wir haben's, fürcht ich nun,
Zu genau genommen!
Hänschen, sag, was meinst du wohl?
Es wird niemand kommen.

Hänschen, lauf und säume nicht,
Ruf mir neue Gäste!
Jeder komme, wie er ist,
Das ist wohl das Beste!

Schon ist's in der Stadt bekannt,
Wohl ist's aufgenommen.
Hänschen, mach die Türen auf:
Sieh nur, wie sie kommen!

Rechenschaft

Der Meister.
Frisch! der Wein soll reichlich fließen,
Nichts Verdrießlichs weh' uns an!
Sage, willst du mitgenießen,
Hast du deine Pflicht getan?

Einer.
Zwei recht gute junge Leute
Liebten sich nur gar zu sehr;
Gestern zärtlich, wütend heute,
Morgen wär es noch viel mehr;

Senkte Sie hier das Genicke,
Dort zerrauft' Er sich das Haar;
Alles bracht ich ins Geschicke,
Und sie sind ein glücklich Paar.

Chor.
Sollst uns nicht nach Weine lechzen!
Gleich das volle Glas heran!
Denn das Ächzen und das Krächzen
Hast du heut schon abgetan.

Einer.
Warum weinst du, junge Waise?
Gott! ich wünschte mir das Grab;
Denn mein Vormund, leise, leise,
Bringt mich an den Bettelstab.

Und ich kannte das Gelichter,
Zog den Schächer vor Gericht;
Streng und brav sind unsre Richter,
Und das Mädchen bettelt nicht.

Chor.
Sollst uns nicht nach Weine lechzen!
Gleich das volle Glas heran!
Denn das Ächzen und das Krächzen
Hast du heut schon abgetan.

Einer.
Einem armen kleinen Kegel,
Der sich nicht besonders regt,
Hat ein ungeheurer Flegel
Heute grob sich aufgelegt.

Und ich fühlte mich ein Mannsen,
Ich gedachte meiner Pflicht,
Und ich hieb dem langen Hansen
Gleich die Schmarre durchs Gesicht.

Chor.
Sollst uns nicht nach Weine lechzen!
Gleich das volle Glas heran!
Denn das Ächzen und das Krächzen
Hast du heut schon abgetan.

Einer.
Wenig hab ich nur zu sagen:
Denn ich habe nichts getan.
Ohne Sorgen, ohne Plagen
Nahm ich mich der Wirtschaft an;

Doch ich habe nichts vergessen,
Ich gedachte meiner Pflicht:
Alle wollten sie zu essen,
Und an Essen fehlt' es nicht.

Einer.
Einer wollte mich erneuen,
Mach es schlecht: Verzeih mir Gott!
Achselzucken, Kümmereien!
Und er hieß ein Patriot.

Ich verfluchte das Gewäsche,
Rannte meinen alten Lauf.
Narre! wenn es brennt, so lösche,
Hat's gebrannt, bau wieder auf!

Chor.
Sollst uns nicht nach Weine lechzen!
Gleich das volle Glas heran!
Denn das Ächzen und das Krächzen
Hast du heut schon abgetan.

Meister.
Jeder möge so verkünden,
Was ihm heute wohl gelang!
Das ist erst das rechte Zünden,
Daß entbrenne der Gesang.

Keinen Druckser hier zu leiden,
Sei ein ewiges Mandat!
Nur die Lumpe sind bescheiden,
Brave freuen sich der Tat.

Chor.
Keiner soll nach Weine lechzen!
Schnell das volle Glas heran!
Denn das Ächzen und das Krächzen
Haben wir nun abgetan.

Drei Stimmen.
Heiter trete jeder Sänger,
Hochwillkommen in den Saal:
Denn nur mit dem Grillenfänger
Halten wir's nicht liberal.

Fürchten hinter diesen Launen,
Diesem ausstaffierten Schmerz,
Diesen trüben Augenbraunen
Leerheit oder schlechtes Herz.

Chor.
Niemand soll nach Weine lechzen!
Doch kein Dichter soll heran,
Der das Ächzen und das Krächzen
Nicht zuvor hat abgetan!

Ergo bibamus!

Hier sind wir versammelt zu löblichem Tun,
Drum, Brüderchen! Ergo bibamus.
Die Gläser, sie klingen, Gespräche, sie ruhn,
Beherzigen Ergo bibamus.

Das heißt noch ein altes, ein tüchtiges Wort,
Es passet zum ersten und passet so fort,
Und schallet ein Echo vom festlichen Ort,
Ein herrliches Ergo bibamus.

Ich hatte mein freundliches Liebchen gesehn,
Da dacht ich mir: Ergo bibamus.
Und nahte mich traulich, da ließ sie mich stehn;
Ich half mir und dachte: Bibamus.

Und wenn sie versöhnet euch herzet und küßt,
Und wenn ihr das Herzen und Küssen vermißt,
So bleibet nur, bis ihr was Besseres wißt,
Beim tröstlichen Ergo bibamus.

Mich ruft mein Geschick von den Freunden hinweg;
Ihr Redlichen! Ergo bibamus.
Ich scheide von hinnen mit leichtem Gepäck;
Drum doppeltes Ergo bibamus.

Und was auch der Filz von dem Leibe sich schmorgt,
So bleibt für den Heitern doch immer gesorgt,
Weil immer dem Frohen der Fröhliche borgt;
Drum, Brüderchen! Ergo bibamus.

Was sollen wir sagen zum heutigen Tag!
Ich dächte nur: Ergo bibamus.
Er ist nun einmal von besonderem Schlag,
Drum immer aufs neue: Bibamus.

Er führet die Freude durchs offene Tor,
Es glänzen die Wolken, es teilt sich der Flor,
Da scheint uns ein Bildchen, ein göttliches, vor;
Wir klingen und singen: Bibamus.

Musen und Grazien in der Mark

Oh, wie ist die Stadt so wenig!
Laßt die Maurer künftig ruhn!
Unsre Bürger, unser König
Könnten wohl was Bessers tun.

Ball und Oper wird uns töten;
Liebchen, komm auf meine Flur,
Denn besonders die Poeten,
Die verderben die Natur.

Oh, wie freut es mich, mein Liebchen,
Daß du so natürlich bist;
Unsre Mädchen, unsre Bübchen
Spielen künftig auf dem Mist!

Und auf unsern Promenaden
Zeigt sich erst die Neigung stark;
Liebes Mädchen, laß uns waten,
Waten noch durch diesen Quark.

Dann im Sand uns zu verlieren,
Der uns keinen Weg versperrt!
Dich den Anger hin zu führen,
Wo der Dorn das Röckchen zerrt!

Zu dem Dörfchen laß uns schleichen
Mit dem spitzen Turme hier;
Welch ein Wirtshaus sondergleichen!
Trocknes Brot und saures Bier!

Sagt mir nichts von gutem Boden,
Nichts vom Magdeburger Land!
Unsre Samen, unsre Toten
Ruhen in dem leichten Sand.

Selbst die Wissenschaft verlieret
Nichts an ihrem raschen Lauf;
Denn bei uns, was vegetieret,
Alles keimt getrocknet auf.

Geht es nicht in unserm Hofe
Wie im Paradiese zu?
Statt der Dame, statt der Zofe
Macht die Henne glu! glu! glu!

Uns beschäftigt nicht der Pfauen,
Nur der Gänse Lebenslauf;
Meine Mutter zieht die grauen,
Meine Frau die weißen auf.

Laß den Witzling uns bestickeln!
Glücklich, wenn ein deutscher Mann
Seinem Freunde Vetter Micheln
Guten Abend bieten kann.

Wie ist der Gedanke labend:
Solch ein Edler bleibt uns nah!
Immer sagt man: gestern Abend
War doch Vetter Michel da!

Und in unsern Liedern keimet
Silb aus Silbe, Wort aus Wort.
Ob sich gleich auf Deutsch nichts reimet,
Reimt der Deutsche dennoch fort.

Ob es kräftig oder zierlich,
Geht uns so genau nicht an:
Wir sind bieder und natürlich,
Und das ist genug getan.

Epiphaniasfest

Die heilgen drei König mit ihrem Stern,
Sie essen, sie trinken, und bezahlen nicht gern;
Sie essen gern, sie trinken gern,
Sie essen, trinken, und bezahlen nicht gern.

Die heilgen drei König sind kommen allhier,
Es sind ihrer drei und sind nicht ihrer vier;
Und wenn zu dreien der vierte wär,
So wär ein heilger drei König mehr.

Ich erster bin der weiß und auch der schön,
Bei Tage solltet ihr erst mich sehn!
Doch, ach, mit allen Spezerein
Werd ich sein Tag kein Mädchen mir erfrein.

Ich aber bin der braun und bin der lang,
Bekannt bei Weibern wohl und bei Gesang.
Ich bringe Gold statt Spezerein,
Da werd ich überall willkommen sein.

Ich endlich bin der schwarz und bin der klein
Und mag auch wohl einmal recht lustig sein.
Ich esse gern, ich trinke gern,
Ich esse, trinke und bedanke mich gern.

Die heilgen drei König' sind wohlgesinnt,
Sie suchen die Mutter und das Kind;
Der Joseph fromm sitzt auch dabei,
Der Ochs und Esel liegen auf der Streu.

Wir bringen Myrrhen, wir bringen Gold,
Dem Weihrauch sind die Damen hold;
Und haben wir Wein von gutem Gewächs,
So trinken wir drei so gut als ihrer sechs.

Da wir nun hier schöne Herrn und Fraun,
Aber keine Ochsen und Esel schaun,
So sind wir nicht am rechten Ort
Und ziehen unseres Weges weiter fort.

Die Lustigen von Weimar

Donnerstag nach Belvedere,
Freitag geht's nach Jena fort:
Denn das ist, bei meiner Ehre,
Doch ein allerliebster Ort!

Samstag ist's, worauf wir zielen,
Sonntag rutscht man auf das Land;
Zwäzen, Burgau, Schneidemühlen
Sind uns alle wohlbekannt.

Montag reizet uns die Bühne;
Dienstag schleicht dann auch herbei,
Doch er bringt zu stiller Sühne
Ein Rapuschchen frank und frei.

Mittwoch fehlt es nicht an Rührung:
Denn es gibt ein gutes Stück;
Donnerstag lenkt die Verführung
Uns nach Belveder zurück.

Und so schlingt ununterbrochen
Immer sich der Freudenkreis
Durch die zweiundfunfzig Wochen,
Wenn man's recht zu führen weiß.

Spiel und Tanz, Gespräch, Theater,
Sie erfrischen unser Blut;
Laßt den Wienern ihren Prater;
Weimar, Jena, da ist's gut!

Schweizerlied

Uf'm Bergli
Bin i gesässe,
Ha de Vögle
Zugeschaut;

Hänt gesunge,
Hänt gesprunge,
Hänt's Nestli
Gebaut.

In ä Garte
Bin i gestande,
Ha de Imbli
Zugeschaut;

Hänt gebrummet,
Hänt gesummet,
Hänt Zelli
Gebaut.

Uf d' Wiese
Bin i gange,
Lugt 'i Summer-
Vögle a;

Hänt gesoge,
Hänt gefloge,
Gar z' schön hänt s'
Getan.

Und da kummt nu
Der Hansel,
Und da zeig i
Em froh,

Wie sie's mache,
Und mer lache
Und mache's
Au so.

Sizilianisches Lied

Ihr schwarzen Äugelein!
Wenn ihr nur winket,
Es fallen Häuser ein,
Es fallen Städte;
Und diese Leimenwand
Vor meinem Herzen –
Bedenk doch nur einmal –
Die sollt nicht fallen

Zigeunerlied

Im Nebelgeriesel, im tiefen Schnee,
Im wilden Wald, in der Winternacht,
Ich hörte der Wölfe Hungergeheul,
Ich hörte der Eulen Geschrei:
Wille wau wau wau!
Wille wo wo wo!
Wito hu!

Ich schoß einmal eine Katz am Zaun,
Der Anne, der Hex, ihre schwarze liebe Katz;
Da kamen des Nachts sieben Werwölf zu mir,
Waren sieben sieben Weiber vom Dorf.
Wille wau wau wau!
Wille wo wo wo!
Wito hu !

Ich kannte sie all, ich kannte sie wohl,
Die Anne, die Ursel, die Käth,
Die Liese, die Barbe, die Ev, die Beth;
Sie heulten im Kreise mich an.
Wille wau wau wau!
Wille wo wo wo!
Wito hu!

Da nannt ich sie alle bei Namen laut:
Was willst du, Anne? was willst du, Beth?
Da rüttelten sie sich, da schüttelten sie sich
Und liefen und heulten davon.
Wille wau wau wau!
Wille wo wo wo!
Wito hu!

Töne, Lied, aus weiter Ferne,
Säusle heimlich nächster Nähe,
So der Freude, so dem Wehe!
Blinken doch auch so die Sterne.
Alles Gute wirkt geschwinder;
Alte Kinder, junge Kinder
Hören's immer gerne.

Ballade

Herein, o du Guter! du Alter, herein!
Hier unten im Saale da sind wir allein,
Wir wollen die Pforte verschließen.
Die Mutter, sie betet, der Vater im Hain
Ist gangen, die Wölfe zu schießen.
O sing uns ein Märchen, o sing es uns oft,
Daß ich und der Bruder es lerne;
Wir haben schon längst einen Sänger gehofft –
Die Kinder, sie hören es gerne.

Im nächtlichen Schrecken, im feindlichen Graus
Verläßt er das hohe, das herrliche Haus,
Die Schätze, die hat er vergraben.
Der Graf nun so eilig zum Pförtchen hinaus,
Was mag er im Arme denn haben?
Was birget er unter dem Mantel geschwind?
Was trägt er so rasch in die Ferne?
Ein Töchterlein ist es, da schläft nun das Kind –

Die Kinder, sie hören es gerne.
Nun hellt sich der Morgen, die Welt ist so weit,
In Tälern und Wäldern die Wohnung bereit,
In Dörfern erquickt man den Sänger.
So schreitet und heischt er undenkliche Zeit,
Der Bart wächst ihm länger und länger;
Doch wächst in dem Arme das liebliche Kind,
Wie unter dem glücklichsten Sterne,
Geschützt in dem Mantel vor Regen und Wind –
Die Kinder, sie hören es gerne.

Und immer sind weiter die Jahre gerückt,
Der Mantel entfärbt sich, derr Mantel zerstückt,
Er könnte sie länger nicht fassen.
Der Vater, er schaut sie, wie ist er beglückt!
Er kann sich für Freude nicht lassen;
So schön und so edel erscheint sie zugleich,
Entsprossen aus tüchtigem Kerne,
Wie macht sie den Vater, den teuren, so reich! –
Die Kinder, sie hören es gerne.

Da reitet ein fürstlicher Ritter heran,
Sie recket die Hand aus, der Gabe zu nahn;
Almosen will er nicht geben.
Er fasset das Händchen so kräftiglich an:
Die will ich, so ruft er, aufs Leben!
Erkennst du, erwidert der Alte, den Schatz,
Erhebst du zur Fürstin sie gerne;
Sie sei dir verlobet auf grünendem Platz –
Die Kinder, sie hören es gerne.

Sie segnet der Priester am heiligen Ort,
Mit Lust und mit Unlust nun ziehet sie fort,
Sie möchte vom Vater nicht scheiden.
Der Alte, der wandelt nun hier und bald dort,

Er träget in Freuden sein Leiden.
So hab ich mir Jahre die Tochter gedacht,
Die Enkelein wohl in der Ferne;
Sie segn' ich bei Tage, sie segn' ich bei Nacht –
Die Kinder, sie hören es gerne.

Er segnet die Kinder; da poltert's am Tor,
Der Vater, da ist er! Sie springen hervor,
Sie können den Alten nicht bergen –
Was lockst du die Kinder! du Bettler! du Tor!
Ergreift ihn, ihr eisernen Schergen!
Zum tiefsten Verlies den Verwegenen fort!
Die Mutter vernimmt's in der Ferne,
Sie eilet, sie bittet mit schmeichelndem Wort –
Die Kinder, sie hören es gerne.

Die Schergen, sie lassen den Würdigen stehn,
Und Mutter und Kinder, sie bitten so schön;
Der fürstliche Stolze verheißet
Die grimmige Wut, ihn entrüstet das Flehn,
Bis endlich sein Schweigen zerreißet:
Du niedrige Brut! du vom Bettlergeschlecht!
Verfinsterung fürstlicher Sterne!
Ihr bringt mir Verderben! Geschieht mir doch recht –
Die Kinder, sie hören's nicht gerne.

Noch stehet der Alte mit herrlichem Blick,
Die eisernen Schergen, sie treten zurück,
Es wächst nur das Toben und Wüten.
Schon lange verflucht ich mein ehliches Glück,
Das sind nun die Früchte der Blüten!
Man leugnete stets, und man leugnet mit Recht,
Daß je sich der Adel erlerne:
Dic Bettlerin zeugte mir Bettlergeschlecht –
Die Kinder, sie hören's nicht gerne.

Und wenn euch der Gatte, der Vater verstößt,
Die heiligsten Bande verwegentlich löst,
So kommt zu dem Vater, dem Ahnen!
Der Bettler vermag, so ergraut und entblößt,
Euch herrliche Wege zu bahnen.
Die Burg, die ist meine! Du hast sie geraubt,
Mich trieb dein Geschlecht in die Ferne.
Wohl bin ich mit köstlichen Siegeln beglaubt! –
Die Kinder, sie hören es gerne.

Rechtmäßiger König, er kehret zurück,
Den Treuen verleiht er entwendetes Glück,
Ich löse die Siegel der Schätze –
So rufet der Alte mit freundlichem Blick –
Euch künd ich die milden Gesetze.
Erhole dich, Sohn! Es entwickelt sich gut,
Heut einen sich selige Sterne,
Die Fürstin, sie zeugte dir fürstliches Blut –
Die Kinder, sie hören es gerne.

Des Paria Gebet

Großer Brahma, Herr der Mächte!
Alles ist von deinem Samen,
Und so bist du der Gerechte!
Hast du denn allein die Brahmen,
Nur die Rajas und die Reichen,
Hast du sie allein geschaffen?
Oder bist auch du's, der Affen
Werden ließ und unseresgleichen?

Edel sind wir nicht zu nennen:
Denn das Schlechte, das gehört uns,
Und was andre tödlich kennen,
Das alleine, das vermehrt uns.
Mag dies für die Menschen gelten,
Mögen sie uns doch verachten;
Aber du, du sollst uns achten,
Denn du könntest alle schelten.

Also Herr, nach diesem Flehen,
Segne mich zu deinem Kinde;
Oder eines laß entstehen,
Das auch mich mit dir verbinde!
Denn du hast den Bajaderen
Eine Göttin selbst erhoben;
Auch wir andern, dich zu loben,
Wollen solch ein Wunder hören.

Legende

Wasser holen geht die reine
Schöne Frau des hohen Brahmen,
Des verehrten, fehlerlosen,
Ernstester Gerechtigkeit.
Täglich von dem heiligen Flusse
Holt sie köstlichstes Erquicken; –
Aber wo ist Krug und Eimer?
Sie bedarf derselben nicht.
Seligem Herzen, frommen Händen
Ballt sich die bewegte Welle
Herrlich zu kristallner Kugel;
Diese trägt sie, frohen Busens,

Reiner Sitte, holden Wandelns,
Vor den Gatten in das Haus.

Heute kommt die morgendliche
Im Gebet zu Ganges' Fluten,
Beugt sich zu der klaren Fläche –
Plötzlich überraschend spiegelt,
Aus des höchsten Himmels Breiten,
Über ihr vorübereilend,
Allerlieblichste Gestalt
Hehren Jünglings, den des Gottes
Uranfänglich schönes Denken
Aus dem ewgen Busen schuf;
Solchen schauend, fühlt ergriffen
Von verwirrenden Gefühlen
Sie das innere tiefste Leben,
Will verharren in dem Anschaun,
Weist es weg, da kehrt es wieder,
Und verworren strebt sie flutwärts,
Mit unsichrer Hand zu schöpfen;
Aber, ach! sie schöpft nicht mehr!
Denn des Wassers heilige Welle
Scheint zu fliehn, sich zu entfernen,
Sie erblickt nur hohler Wirbel
Grause Tiefen unter sich.

Arme sinken, Tritte straucheln,
Ist's denn auch der Pfad nach Hause?
Soll sie zaudern? soll sie fliehen?
Will sie denken, wo Gedanke,
Rat und Hilfe gleich versagt? –
Und so tritt sie vor den Gatten:
Er erblickt sie, Blick ist Urteil,
Hohen Sinns ergreift das Schwert er,
Schleppt sie zu dem Totenhügel,

Wo Verbrecher büßend bluten.
Wüßte sie zu widerstreben?
Wüßte sie sich zu entschuldgen,
Schuldig, keiner Schuld bewußt?

Und er kehrt mit blutigem Schwerte
Sinnend zu der stillen Wohnung;
Da entgegnet ihm der Sohn:
»Wessen Blut ist's? Vater! Vater!« –
Der Verbrecherin! – »Mitnichten!
Denn es starret nicht am Schwerte
Wie verbrecherische Tropfen;
Fließt wie aus der Wunde frisch.
Mutter, Mutter! tritt heraus her!
Ungerecht war nie der Vater,
Sage, was er jetzt verübt.« –
Schweige! Schweige! 's ist das ihre! –
»Wessen ist es?« – Schweige! Schweige! –
»Wäre meiner Mutter Blut!!!
Was geschehen? was verschuldet?
Her das Schwert! ergriffen hab ich's;
Deine Gattin magst du töten,
Aber meine Mutter nicht!
In die Flammen folgt die Gattin
Ihrem einzig Angetrauten,
Seiner einzig teuren Mutter
In das Schwert der treue Sohn.«

Halt, o halte! rief der Vater,
Noch ist Raum, enteil, enteile!
Füge Haupt dem Rumpfe wieder;
Du berührest mit dem Schwerte,
Und lebendig folgt sie dir.

Eilend, atemlos erblickt er
Staunend zweier Frauen Körper
Überkreuzt und so die Häupter;
Welch Entsetzen! welche Wahl!
Dann der Mutter Haupt erfaßt er,
Küßt es nicht, das tot erblaßte,
Auf des nächsten Rumpfes Lücke
Setzt er's eilig, mit dem Schwerte
Segnet er das fromme Werk.

Aufersteht ein Riesenbildnis;
Von der Mutter teuren Lippen,
Göttlich, unverändert, süßen,
Tönt das grausenvolle Wort:
Sohn, o Sohn! Welch Übereilen!
Deiner Mutter Leichnam dorten,
Neben ihm das freche Haupt
Der Verbrecherin, des Opfers
Waltender Gerechtigkeit!
Mich nun hast du ihrem Körper
Eingeimpft auf ewige Tage;
Weisen Wollens, wilden Handelns
Werd ich unter Göttern sein.
Ja, des Himmelsknaben Bildnis
Webt so schön vor Stirn und Auge;
Senkt sich's in das Herz herunter,
Regt es tolle Wutbegier.
Immer wird es wiederkehren,
Immer steigen, immer sinken,
Sich verdüstern, sich verklären,
So hat Brahma dies gewollt.
Er gebot ja buntem Fittich,
Klarem Antlitz, schlanken Gliedern,
Göttlich-einzigem Erscheinen,
Mich zu prüfen, zu verführen;

Denn von oben kommt Verführung,
Wenn's den Göttern so beliebt.
Und so soll ich, die Brahmane,
Mit dem Haupt im Himmel weilend,
Fühlen, Paria, dieser Erde
Niederziehende Gewalt.

Sohn, ich sende dich dem Vater!
Tröste! – Nicht ein traurig Büßen,
Stumpfes Harren, stolz Verdienen
Halt euch in der Wildnis fest;
Wandert aus durch alle Welten,
Wandelt hin durch alle Zeiten
Und verkündet auch Geringstem:
Daß ihn Brahma droben hört!

Ihm ist keiner der Geringste –
Wer sich mit gelähmten Gliedern,
Sich mit wild zerstörtem Geiste,
Düster, ohne Hilf und Rettung,
Sei er Brahme, sei er Paria,
Mit dem Blick nach oben kehrt,
Wird's empfinden, wird's erfahren:
Dort erglühen tausend Augen,
Ruhend lauschen tausend Ohren,
Denen nichts verborgen bleibt.

Heb ich mich zu seinem Throne,
Schaut er mich, die Grausenhafte,
Die er gräßlich umgeschaffen,
Muß er ewig mich bejammern,
Euch zu gute komme das.
Und ich werd ihn freundlich mahnen,
Und ich werd ihm wütend sagen,
Wie es mir der Sinn gebietet,

Wie es mir im Busen schwellet.
Was ich denke, was ich fühle –
Ein Geheimnis bleibe das.

Dank des Paria

Großer Brahma! nun erkenn ich,
Daß du Schöpfer bist der Welten!
Dich als meinen Herrscher nenn ich,
Denn du lässest alle gelten.

Und verschließest auch dem Letzten
Keines von den tausend Ohren;
Uns, die tief Herabgesetzten,
Alle hast du neu geboren.

Wendet euch zu dieser Frauen,
Die der Schmerz zur Göttin wandelt!
Nun beharr ich, anzuschauen
Den, der einzig wirkt und handelt.

An Werther

Noch einmal wagst du, vielbeweinter Schatten,
Hervor dich an das Tageslicht,
Begegnest mir auf neu beblümten Matten,
Und meinen Anblick scheust du nicht.
Es ist, als ob du lebtest in der Frühe,
Wo uns der Tau auf einem Feld erquickt
Und nach des Tages unwillkommner Mühe
Der Scheidesonne letzter Strahl entzückt;
Zum Bleiben ich, zum Scheiden du erkoren,
Gingst du voran – und hast nicht viel verloren.
Des Menschen Leben scheint ein herrlich Los:
Der Tag, wie lieblich, so die Nacht, wie groß!
Und wir, gepflanzt in Paradieses Wonne,
Genießen kaum der hocherlauchten Sonne,
Da kämpft sogleich verworrene Bestrebung
Bald mit uns selbst und bald mit der Umgebung;
Keins wird vom andern wünschenswert ergänzt,
Von außen düstert's, wenn es innen glänzt,
Ein glänzend Äußres deckt mein trüber Blick,
Da steht es nah – und man verkennt das Glück.

Nun glauben wir's zu kennen! Mit Gewalt
Ergreift uns Liebreiz weiblicher Gestalt:
Der Jüngling, froh wie in der Kindheit Flor,
Im Frühling tritt als Frühling selbst hervor,
Entzückt, erstaunt, wer dies ihm angetan?
Er schaut umher, die Welt gehört ihm an.
Ins Weite zieht ihn unbefangne Hast,
Nichts engt ihn ein, nicht Mauer, nicht Palast;
Wie Vögelschar an Wäldergipfeln streift,
So schwebt auch er, der um die Liebste schweift,
Er sucht vom Äther, den er gern verläßt,
Den treuen Blick, und dieser hält ihn fest.

Doch erst zu früh und dann zu spät gewarnt,
Fühlt er den Flug gehemmt, fühlt sich umgarnt;
Das Wiedersehn ist froh, das Scheiden schwer,
Das Wieder-Wiedersehn beglückt noch mehr,
Und Jahre sind im Augenblick ersetzt;
Doch tückisch harrt das Lebewohl zuletzt.

Du lächelst, Freund, gefühlvoll, wie sich ziemt:
Ein gräßlich Scheiden machte dich berühmt;
Wir feierten dein kläglich Mißgeschick,
Du ließest uns zu Wohl und Weh zurück;
Dann zog uns wieder ungewisse Bahn
Der Leidenschaften labyrinthisch an;
Und wir, verschlungen wiederholter Not,
Dem Scheiden endlich – Scheiden ist der Tod!
Wie klingt es rührend, wenn der Dichter singt,
Den Tod zu meiden, den das Scheiden bringt!
Verstrickt in solche Qualen, halbverschuldet,
Geb ihm ein Gott, zu sagen, was er duldet.

Elegie

Und wenn der Mensch in seiner Qual verstummt,
Gab mir ein Gott, zu sagen, was ich leide.

Was soll ich nun vom Wiedersehen hoffen,
Von dieses Tages noch geschloßner Blüte
Das Paradies, die Hölle steht dir offen;
Wie wankelsinnig regt sich's im Gemüte! –
Kein Zweifeln mehr! Sie tritt ans Himmelstor,
Zu ihren Armen hebt sie dich empor.

So warst du denn im Paradies empfangen,
Als wärst du wert des ewig schönen Lebens;
Dir blieb kein Wunsch, kein Hoffen, kein Verlangen,
Hier war das Ziel des innigsten Bestrebens,
Und in dem Anschaun dieses einzig Schönen
Versiegte gleich der Quell sehnsüchtiger Tränen.

Wie regte nicht der Tag die raschen Flügel,
Schien die Minuten vor sich her zu treiben!

Der Abendkuß, ein treu verbindlich Siegel:
So wird es auch der nächsten Sonne bleiben.
Die Stunden glichen sich in zartem Wandern
Wie Schwestern zwar, doch keine ganz den andern.

Der Kuß, der letzte, grausam süß, zerschneidend
Ein herrliches Geflecht verschlungner Minnen.
Nun eilt, nun stockt der Fuß, die Schwelle meidend,
Als trieb' ein Cherub flammend ihn von hinnen;
Das Auge starrt auf düstrem Pfad verdrossen,
Es blickt zurück, die Pforte steht verschlossen.

Und nun verschlossen in sich selbst, als hätte
Dies Herz sich nie geöffnet, selige Stunden
Mit jedem Stern des Himmels um die Wette
An ihrer Seite leuchtend nicht empfunden;
Und Mißmut, Reue, Vorwurf, Sorgenschwere
Belasten's nun in schwüler Atmosphäre.

Ist denn die Welt nicht übrig? Felsenwände,
Sind sie nicht mehr gekrönt von heiligen Schatten?
Die Ernte, reift sie nicht ? Ein grün Gelände,
Zieht sich's nicht hin am Fluß durch Busch und Matten?
Und wölbt sich nicht das überweltlich Große,
Gestaltenreiche, bald Gestaltenlose?

Wie leicht und zierlich, klar und zart gewoben,
Schwebt, Seraph gleich, aus ernster Wolken Chor,
Als glich' es ihr, am blauen Äther droben
Ein schlank Gebild aus lichtem Duft empor;
So sahst du sie in frohem Tanze walten,
Die Lieblichste der lieblichsten Gestalten.

Doch nur Momente darfst dich unterwinden,
Ein Luftgebild statt ihrer festzuhalten;
Ins Herz zurück! dort wirst du's besser finden,
Dort regt sie sich in wechselnden Gestalten;
Zu vielen bildet eine sich hinüber,
So tausendfach und immer, immer lieber.

Wie zum Empfang sie an den Pforten weilte
Und mich von dannauf stufenweis beglückte;
Selbst nach dem letzten Kuß mich noch ereilte,
Den latztesten mir auf die Lippen drückte:
So klar beweglich bleibt das Bild der Lieben
Mit Flammenschrift ins treue Herz geschrieben.

Ins Herz, das fest, wie zinnenhohe Mauer,
Sich ihr bewahrt und sie in sich bewahret,
Für sie sich freut an seiner eignen Dauer,
Nur weiß von sich, wenn sie sich offenbaret,
Sich freier fühlt in so geliebten Schranken
Und nur noch schlägt, für alles ihr zu danken.

War Fähigkeit, zu lieben, war Bedürfen
Von Gegenliebe weggelöscht, verschwunden;
Ist Hoffnungslust zu freudigen Entwürfen,
Entschlüssen, rascher Tat sogleich gefunden!
Wenn Liebe je den Liebenden begeistet,
Ward es an mir aufs lieblichste geleistet;

Und zwar durch sie! – Wie lag ein innres Bangen
Auf Geist und Körper, unwillkommner Schwere:
Von Schauerbildern rings der Blick umfangen
Im wüsten Raum beklommner Herzensleere;
Nun dämmert Hoffnung von bekannter Schwelle,
Sie selbst erscheint in milder Sonnenhelle.

Dem Frieden Gottes, welcher euch hienieden
Mehr als Vernunft beseliget – wir lesen's –
Vergleich ich wohl der Liebe heitern Frieden
In Gegenwart des allgeliebten Wesens;
Da ruht das Herz, und nichts vermag zu stören
Den tiefsten Sinn, den Sinn, ihr zu gehören.

In unsers Busens Reine wogt ein Streben,
Sich einem Höhern, Reinern, Unbekannten
Aus Dankbarkeit freiwillig hinzugeben,
Enträtselnd sich den ewig Ungenannten;
Wir heißen's: fromm sein! – Solcher seligen Höhe
Fühl ich mich teilhaft, wenn ich vor ihr stehe.

Vor ihrem Blick, wie vor der Sonne Walten,
Vor ihrem Atem, wie vor Frühlingslüften,
Zerschmilzt, so längst sich eisig starr gehalten,
Der Selbstsinn tief in winterlichen Grüften,
Kein Eigennutz, kein Eigenwille dauert,
Vor ihrem Kommen sind sie weggeschauert.

Es ist, als wenn sie sagte: »Stund um Stunde
Wird uns das Leben freundlich dargeboten,
Das Gestrige ließ uns geringe Kunde,
Das Morgende, zu wissen ist's verboten;
Und wenn ich je mich vor dem Abend scheute,
Die Sonne sank und sah noch, was mich freute.

Drum tu wie ich und schaue, froh verständig,
Dem Augenblick ins Auge! Kein Verschieben!
Begegn' ihm schnell, wohlwollend wie lebendig,
Im Handeln sei's zur Freude, sei's dem Lieben;
Nur wo du bist, sei alles, immer kindlich,
So bist du alles, bist unüberwindlich.«

Du hast gut reden, dacht ich; zum Geleite
Gab dir ein Gott die Gunst des Augenblickes,
Und jeder fühlt an deiner holden Seite
Sich augenblicks den Günstling des Geschickes;
Mich schreckt der Wink, von dir mich zu entfernen,
Was hilft es mir, so hohe Weisheit lernen!

Nun bin ich fern! Der jetzigen Minute,
Was ziemt denn der? Ich wüßt es nicht zu sagen;
Sie bietet mir zum Schönen manches Gute,
Das lastet nur, ich muß mich ihm entschlagen;
Mich treibt umher ein unbezwinglich Sehnen,
Da bleibt kein Rat als grenzenlose Tränen.

So quellt denn fort und fließet unaufhaltsam!
Doch nie geläng's, die innre Glut zu dämpfen!
Schon rast's und reißt's in meiner Brust gewaltsam;
Wo Tot und Leben grausend sich bekämpfen.
Wohl Kräuter gäb's, des Körpers Qual zu stillen;
Allein dem Geist fehlt's am Entschluß und Willen,

Fehlt's am Begriff: wie sollt er sie vermissen?
Er wiederholt ihr Bild zu tausend Malen.
Das zaudert bald, bald wird es weggerissen
Undeutlich jetzt und jetzt im reinsten Strahlen;
Wie könnte dies geringstem Troste frommen,
Die Ebb und Flut, das Gehen wie das Kommen!

Verlaßt mich hier, getreue Weggenossen!
Laßt mich allein am Fels, in Moor und Moos!
Nur immer zu! euch ist die Welt erschlossen
Die Erde weit, der Himmel hehr und groß;
Betrachtet, forscht, die Einzelheiten sammelt,
Naturgeheimnis werde nachgestammelt.

Mir ist das All, ich bin mir selbst verloren,
Der ich noch erst den Göttern Liebling war;
Sie prüften mich, verliehen mir Pandoren,
So reich an Gütern, reicher an Gefahr;
Sie drängten mich zum gabeseligen Munde,
Sie trennen mich und richten mich zugrunde.

Gespräch

Er.
Ich dacht, ich habe keinen Schmerz,
Und doch war mir so bang ums Herz,
Mir war's gebunden vor der Stirn
Und hohl im innersten Gehirn –
Bis endlich Trän auf Träne fließt,
Verhaltnes Lebewohl ergießt. –
Ihr Lebewohl war heitre Ruh,
Sie weint wohl jetzt und auch wie du.

Sie.
Ja, er ist fort, das muß nun sein!
Ihr Lieben, laßt mich nur allein;
Sollt ich euch seltsam scheinen,
Es wird nicht ewig währen!
Jetzt kann ich ihn nicht entbehren,
Und da muß ich weinen.

Er.

Zur Trauer bin ich nicht gestimmt,
Und Freude kann ich auch nicht haben:
Was sollen mir die reifen Gaben,
Die man von jedem Baume nimmt!
Der Tag ist mir zum Überdruß,
Langweilig ist's, wenn Nächte sich befeuern;
Mir bleibt der einzige Genuß,
Dein holdes Bild mir ewig zu erneuern,
Und fühltest du den Wunsch nach diesem Segen,
Du kämest mir auf halbem Weg entgegen.

Sie.

Du trauerst, daß ich nicht erscheine,
Vielleicht entfernt so treu nicht meine,
Sonst wär mein Geist im Bilde da.
Schmückt Iris wohl des Himmels Bläue?
Laß regnen, gleich erscheint die neue.
Du weinst! Schon bin ich wieder da.

Er.

Ja, du bist wohl an Iris zu vergleichen!
Ein liebenswürdig Wunderzeichen.
So schmiegsam herrlich, bunt in Harmonie
Und immer neu und immer gleich wie sie.

Ungeduld

Immer wieder in die Weite,
Über Länder an das Meer,
Phantasien in der Breite
Schwebt am Ufer hin und her!
Neu ist immer die Erfahrung:
Immer ist dem Herzen bang,
Schmerzen sind der Jugend Nahrung,
Tränen seliger Lobgesang.

Lust und Qual

Knabe saß ich, Fischerknabe,
Auf dem schwarzen Fels am Meer,
Und, bereitend falsche Gabe,
Sang ich lauschend rings umher.
Angel schwebte lockend nieder;
Gleich ein Fischlein streift und schnappt,
Schadenfrohe Schelmenlieder –
Und das Fischlein war ertappt.

Ach! am Ufer, durch die Fluren,
Ins Geklüfte tief zum Hain,
Folgt ich einer Sohle Spuren,
Und die Hirtin war allein.
Blicke sinken, Worte stocken! –
Wie ein Taschenmesser schnappt,
Faßte sie mich in die Locken,
Und das Bübchen war ertappt.

Weiß doch Gott, mit welchem Hirten
Sie aufs neue sich ergeht!
Muß ich in das Meer mich gürten,

Wie es sauset, wie es weht.
Wenn mich oft im Netze jammert
Das Gewimmel groß und klein,
Immer möcht ich noch umklammert
Noch von ihren Armen sein!

Immer und Überall

Dringe tief zu Berges Grüften,
Wolken folge hoch zu Lüften;
Muse ruft zu Bach und Tale
Tausend abertausend Male.

Sobald ein frisches Kelchlein blüht,
Es fordert neue Lieder;
Und wenn die Zeit verrauschend flieht,
Jahrszeiten kommen wieder.

März

Es ist ein Schnee gefallen,
Denn es ist noch nicht Zeit,
Daß von den Blümlein allen,
Daß von den Blümlein allen
Wir werden hoch erfreut.

Der Sonnenblick betrüget
Mit mildem, falschem Schein,
Die Schwalbe selber lüget,
Die Schwalbe selber lüget,
Warum? Sie kommt allein!

Sollt ich mich einzeln freuen,
Wenn auch der Frühling nah?
Doch kommen wir zu zweien,
Doch kommen wir zu zweien,
Gleich ist der Sommer da.

April

Augen, sagt mir, sagt, was sagt ihr?
Denn ihr sagt was gar zu Schönes,
Gar des lieblichsten Getönes;
Und in gleichem Sinne fragt ihr.

Doch ich glaub euch zu erfassen:
Hinter dieser Augen Klarheit
Ruht ein Herz in Lieb und Wahrheit
Jetzt sich selber überlassen,

Dem es wohl behagen müßte,
Unter so viel stumpfen, blinden
Endlich einen Blick zu finden,
Der es auch zu schätzen wüßte.

Und indem ich diese Chiffern
Mich versenke zu studieren,
Laßt euch ebenfalls verführen,
Meine Blicke zu entziffern!

Mai

Leichte Silberwolken schweben
Durch die erst erwärmten Lüfte,
Mild, von Schimmer sanft umgeben,
Blickt die Sonne durch die Düfte.
Leise wallt und drängt die Welle
Sich am reichen Ufer hin;
Und wie reingewaschen, helle,
Schwankend hin und her und hin,
Spiegelt sich das junge Grün.

Still ist Luft und Lüftchen stille;
Was bewegt mir das Gezweige
Schwüle Liebe dieser Fülle,
Von den Bäumen durchs Gesträuche.
Nun der Blick auf einmal helle,
Sieh! der Bübchen Flatterschar,
Das bewegt und regt so schnelle,
Wie der Morgen sie gebar,
Flügelhaft sich Paar und Paar.
Fangen an das Dach zu flechten; –
Wer bedürfte dieser Hütte?
Und wie Zimmrer, die gerechten,
Bank und Tischchen in der Mitte!
Und so bin ich noch verwundert,
Sonne sinkt, ich fühl es kaum;
Und nun führen aber hundert
Mir das Liebchen in den Raum, –
Tag und Abend, welch ein Traum!

Juni

Hinter jenem Berge wohnt
Sie, die meine Liebe lohnt.
Sage, Berg, was ist denn das?-
Ist mir doch, als wärst du Glas,

Und ich wär nicht weit davon;
Denn sie kommt, ich seh es schon,
Traurig, denn ich bin nicht da,
Lächelnd, ja, sie weiß es ja!

Nun stellt sich dazwischen
Ein kühles Tal mit leichten Büschen,
Bächen, Wiesen und dergleichen,
Mühlen und Rändern, den schönsten Zeichen,
Daß da gleich wird eine Fläche kommen,
Weite Felder unbeklommen.
Und so immer, immer heraus,
Bis mir an Garten und Haus!

Aber wie geschicht's?
Freut mich das alles nicht –
Freute mich des Gesichts
Und der zwei Äuglein Glanz,
Freute mich des leichten Gangs,
Und wie ich sie seh
Vom Zopf zur Zeh!

An Suleika

Dir mit Wohlgerch zu kosen,
Deine Freuden zu erhöhn,
Knospend müssen tausend Rosen
Erst in Gluten untergehn.

Um ein Fläschen zu besitzen,
Das den Ruch auf ewig hält,
Schlank wie deine Fingerspitzen,
Da bedarf es einer Welt;

Einer Welt von Lebenstrieben,
Die in ihrer Fülle Drang,
Ahndeten schon Bulbuls Lieben,
Seelerregenden Gesang.

Sollte jene Qual uns quälen,
Da sie unsre Lust vermehrt?
Hat nicht Myriaden Seelen
Timurs Herrschaft aufgezehrt?

Erst Empfindung, dann Gedanken,
Erst ins Weite, dann zu Schranken;
Aus dem Wilden, hold und mild,
Zeigt sich dir das wahre Bild.

Ganymed

Wie im Morgenglanze
Du rings mich anglühst,
Frühling, Geliebter!
Mit tausendfacher Liebeswonne
Sich an mein Herz drängt
Deiner ewigen Wärme
heilig Gefühl,
Unendliche Schöne!

Daß ich dich fassen möcht
In diesen Arm!

Ach, an deinem Busen
Lieg ich, schmachte,
Und deine Blumen, dein Gras
Drängen sich an mein Herz.
Du kühlest den brennenden
Durst meines Busens,
Lieblicher Morgenwind,
Ruft drein die Nachtigall
Liebend nach mir aus dem Nebeltal.

Ich komm, ich komme!
Wohin? Ach, wohin?

Hinauf! Hinauf strebt's.
Es schweben die Wolken
Abwärts, die Wolken
Neigen sich der sehnenden Liebe.
Mir! Mir!

In eurem Schoße
Aufwärts!
Umfangend umfangen!
Aufwärts an deinen Busen,
Alliebender Vater!

Das Göttliche

Edel sei der Mensch,
Hilfreich und gut!
Denn das allein
Unterscheidet ihn
Von allen Wesen,
Die wir kennen.

Heil den unbekannten
Höhern Wesen,
Die wir ahnen!
Ihnen gleiche der Mensch;
Sein Beispiel lehr uns
Jene glauben.

Denn unfühlend
Ist die Natur:
Es leuchtet die Sonne
Über Bös' und Gute,
Und dem Verbrecher
Glänzen, wie dem Besten,
Der Mond und die Sterne.

Wind und Ströme,
Donner und Hagel
Rauschen ihren Weg

Und ergreifen
Vorübereilend
Einen um den andern.

Auch so das Glück
Tappt unter die Menge,
Faßt bald des Knaben
Lockige Unschuld,
Bald auch den kahlen
Schuldigen Scheitel.

Nach ewigen, ehrnen,
Großen Gesetzen
Müssen wir alle
Unseres Daseins
Kreise vollenden.

Nur allein der Mensch
Vermag das Unmögliche;
Er unterscheidet,
Wählet und richtet;
Er kann dem Augenblick
Dauer verleihen.

Er allein darf
Den Guten lohnen,
Den Bösen strafen,
Heilen und retten,
Alles Irrende, Schweifende
Nützlich verbinden.

Und wir verehren
Die Unsterblichen,
Als wären sie Menschen,
Täten im großen,
Was der Beste im kleinen
Tut oder möchte.

Der edle Mensch
Sei hilfreich und gut!
Unermüdet schaff er
Das Nützliche, Rechte,
Sei uns ein Vorbild
Jener geahneten Wesen!

Königlich Gebet

Ha, ich bin Herr der Welt! mich lieben
Die Edlen, die mir dienen.
Ha, ich bin Herr der Welt! ich liebe
Die Edlen, denen ich gebiete.
O gib mir, Gott im Himmel! daß ich mich
Der Höh und Liebe nicht überhebe.

Liebebedürfnis

Wer vernimmt mich? ach, wem soll ich's klagen?
Wer's vernähme, würd er mich bedauern?
Ach, die Lippe, die so manche Freude
Sonst genossen hat und sonst gegeben,
Ist gespalten, und sie schmerzt erbärmlich.
Und sie ist nicht etwa wund geworden,
Weil die Liebste mich zu wild ergriffen,

Hold mich angebissen, daß sie fester
Sich des Freunds versichernd ihn genösse:
Nein, das zarte Lippchen ist gesprungen,
Weil nun über Reif und Frost die Winde
Spitz und scharf und lieblos mir begegnen.

Und nun soll mir Saft der edlen Traube,
Mit dem Saft der Bienen bei dem Feuer
Meines Herds vereinigt, Lindrung schaffen.
Ach, was will das helfen, mischt die Liebe
Nicht ein Tröpfchen ihres Balsams drunter?

Süße Sorgen

Weichet, Sorgen, von mir! – Doch ach! den sterblichen
Lässet die Sorge nicht los, eh ihn das Leben verläßt.
Soll es einmal denn sein; so kommt ihr, Sorgen der Liebe,
Treibt die Geschwister hinaus, nehmt und behauptet
mein Herz!

Anliegen

O schönes Mädchen du,
Du mit dem schwarzen Haar,
Die du ans Fenster trittst,
Auf dem Balkone stehst!
Und stehst du wohl umsonst?
O stündest du für mich
Und zögst die Klinke los,
Wie glücklich wär ich da!
Wie schnell spräng ich hinauf!

An seine Spröde

Siehst du die Pomeranze?
Noch hängt sie an dem Baume;
Schon ist der März verflossen,
Und neue Blüten kommen.
Ich trete zu dem Baume,
Und sage: Pomeranze,
Du reife Pomeranze,
Du süße Pomeranze,
Ich schüttle, fühl, ich schüttle,
O fall in meinen Schoß!

Die Musageten

Oft in tiefen Winternächten
Rief ich an die holden Musen:
Keine Morgenröte leuchtet,
Und es will kein Tag erscheinen;
Aber bringt zur rechten Stunde
Mir der Lampe fromm Geleuchte,

Daß es, statt Auror' und Phöbus,
Meinen stillen Fleiß belebe!
Doch sie ließen mich im Schlafe,
Dumpf und unerquicklich, liegen,
Und nach jedem späten Morgen
Folgten ungenutzte Tage.

Da sich nun der Frühling regte,
Sagt ich zu den Nachtigallen:
Liebe Nachtigallen, schlaget
Früh, o früh! vor meinem Fenster,
Weckt mich aus dem vollen Schlafe,
Der den Jüngling mächtig fesselt.
Doch die lieberfüllten Sänger
Dehnten nachts vor meinem Fenster
Ihre süßen Melodien,
Hielten wach die liebe Seele,
Regten zartes neues Sehnen
Aus dem neugerührten Busen.
Und so ging die Nacht vorüber,
Und Aurora fand mich schlafen,
Ja, mich weckte kaum die Sonne.

Endlich ist es Sommer worden,
Und beim ersten Morgenschimmer
Reizt mich aus dem holden Schlummer
Die geschäftig frühe Fliege.
Unbarmherzig kehn sie wieder,
Wenn auch oft der halb Erwachte
Ungeduldig sie verscheuchet,
Lockt die unverschämten Schwestern,
Und von meinen Augenlidern
Muß der holde Schlaf entweichen.
Rüstig spring ich von dem Lager,
Suche die geliebten Musen,

Finde sie im Buchenhaine,
Mich gefällig zu empfangen;
Und den leidigen Insekten
Dank ich manche goldne Stunde.
Seid mir doch, ihr Unbequemen,
Von dem Dichter hochgepriesen
Als die wahren Musageten.

Morgenklagen

O du loses, leidigliebes Mädchen,
Sag mir an, womit hab ich's verschuldet,

Daß du mich auf diese Folter spannest,
Daß du dein gegeben Wort gebrochen?

Drucktest doch so freundlich gestern abend
Mir die Hände, lispeltest so lieblich:
Ja, ich komme, komme gegen Morgen
Ganz gewiß, mein Freund, auf deine Stube.

Angelehnet ließ ich meine Türe,
Hatte wohl die Angeln erst geprüfet
Und mich recht gefreut, daß sie nicht knarrten.

Welche Nacht des Wartens ist vergangen!
Wacht ich doch und zählte jedes Viertel;
Schlief ich ein auf wenig Augenblicke,
War mein Herz beständig wach geblieben,
Weckte mich von meinem leisen Schlummer.

Ja, da segnet ich die Finsternisse,
Die so ruhig alles überdeckten,
Freute mich der allgemeinen Stille,

Horchte lauschend immer in die Stille,
Ob sich nicht ein Laut bewegen möchte.

»Hätte sie Gedanken, wie ich denke,
Hätte sie Gefühl, wie ich empfinde,
Würde sie den Morgen nicht erwarten,
Würde schon in dieser Stunde kommen.«

Hüpft' ein Kätzchen oben übern Boden,
Knisterte das Mäuschen in der Ecke,
Regte sich, ich weiß nicht was, im Hause,
Immer hofft ich, deinen Schritt zu hören,
Immer glaubt ich, deinen Tritt zu hören.

Und so lag ich lang und immer länger,
Und es fing der Tag schon an zu grauen,
Und es rauschte hier und rauschte dorten.

»Ist es ihre Türe? Wär's die meine!«
Saß ich, aufgestemmt in meinem Bette,
Schaute nach der halb erhellten Türe,
Ob sie nicht sich wohl bewegen möchte.
Angelehnet blieben beide Flügel
Auf den leisen Angeln ruhig hangen.

Und der Tag ward immer hell- und heller;
Hört ich schon des Nachbars Türe gehen,
Der das Taglohn zu gewinnen eilet,
Hört ich bald darauf die Wagen rasseln,
War das Tor der Stadt nun auch eröffnet,
Und es regte sich der ganze Plunder
Des bewegten Marktes durcheinander.

Ward nun in dem Haus ein Gehn und Kommen
Auf und ab die Stiegen, hin und wieder
Knarrten Türen, klapperten die Tritte;
Und ich konnte wie vom schönen Leben
Mich noch nicht von meiner Hoffnung scheiden.

Endlich, als die ganz verhaßte Sonne
Meine Fenster traf und meine Wände,
Sprang ich auf und eilte nach dem Garten,
Meinen heißen, sehnsuchtsvollen Atem
Mit der kühlen Morgenluft zu mischen,
Dir vielleicht im Garten zu begegnen:
Und nun bist du weder in der Laube,
Noch im hohen Lindengang zu finden.

Grenzen der Menschheit

Wenn der uralte,
Heilige Vater
Mit gelassener Hand
Aus rollenden Wolken
Segnende Blitze
Über die Erde sät,
Küß ich den letzten
Saum seines Kleides,
Kindliche Schauer
Treu in der Brust.

Denn mit Göttern
Soll sich nicht messen
Irgend ein Mensch.
Hebt er sich aufwärts
Und berührt
Mit dem Scheitel die Sterne,

Nirgends haften dann
Die unsichern Sohlen,
Und mit ihm spielen
Wolken und Winde.

Steht er mit festen,
Markigen Knochen

Auf der wohlgegründeten
Dauernden Erde,
Reicht er nicht auf,
Nur mit der Eiche
Oder der Rebe
Sich zu vergleichen.

Was unterscheidet
Götter von Menschen?
Daß viele Wellen
Vor jenen wandeln,
Ein ewiger Strom:
Uns hebt die Welle,
Verschlingt die Welle,
Und wir versinken.

Ein kleiner Ring
Begrenzt unser Leben,
Und viele Geschlechter
Reihen sich dauernd
An ihres Daseins
Unendliche Kette.

Der Besuch

Meine Liebste wollt ich heut beschleichen,
Aber ihre Türe war verschlossen.
Hab ich doch den Schlüssel in der Tasche!
Öffn' ich leise die geliebte Türe!

Auf dem Saale fand ich nicht das Mädchen,
Fand das Mädchen nicht in ihrer Stube;
Endlich, da ich leis die Kammer öffne,
Find ich sie, gar zierlich eingeschlafen,
Angekleidet, auf dem Sofa liegen.

Bei der Arbeit war sie eingeschlafen;
Das Gestrickte mit den Nadeln ruhte
Zwischen den gefaltnen zarten Händen;
Und ich setzte mich an ihre Seite,
Ging bei mir zu Rat, ob ich sie weckte.

Da betrachtet ich den schönen Frieden,
Der auf ihren Augenlidern ruhte;
Auf den Lippen war die stille Treue,
Auf den Wangen Lieblichkeit zu Hause,
Und die Unschuld eines guten Herzens
Regte sich im Busen hin und wieder.
Jedes ihrer Glieder lag gefällig,
Aufgelöst vom süßen Götterbalsam.

Freudig saß ich da, und die Betrachtung
Hielte die Begierde, sie zu wecken,
Mit geheimen Banden fest und fester.

O du Liebe, dacht ich, kann der Schlummer,
Der Verräter jedes falschen Zuges,
Kann er dir nicht schaden, nichts entdecken,
Was des Freundes zarte Meinung störte?

Deine holden Augen sind geschlossen,
Die mich offen schon allein bezaubern;
Es bewegen deine süßen Lippen
Weder sich zur Rede noch zum Kusse;
Aufgelöst sind diese Zauberbande
Deiner Arme, die mich sonst umschlingen,
Und die Hand, die reizende Gefährtin
Süßer Schmeicheleien, unbeweglich.
Wär's ein Irrtum, wie ich von dir denke,
Wär es Selbstbetrug, wie ich dich liebe,
Müßt ichs jetzt entdecken, da sich Amor
Ohne Binde neben mich gestellet.

Lange saß ich so und freute herzlich
Ihres Wertes mich und meiner Liebe;
Schlafend hatte sie mir so gefallen,
Daß ich mich nicht traute, sie zu wecken.

Leise leg ich ihr zwei Pomeranzen
Und zwei Rosen auf das Tischchen nieder;
Sachte, sachte schleich ich meiner Wege.
Öffnet sie die Augen, meine Gute,
Gleich erblickt sie diese bunte Gabe,
Staunt, wie immer bei verschloßnen Türen
Dieses freundliche Geschenk sich finde.

Seh ich diese Nacht den Engel wieder,
O wie freut sie sich, vergilt mir doppelt
Dieses Opfer meiner zarten Liebe.

Magisches Netz

Sind es Kämpfe, die ich sehe?
Sind es Spiele? sind es Wunder?
Fünf der allerliebsten Knaben,
Gegen fünf Geschwister streitend,
Regelmäßig, taktbeständig,
Einer Zaubrin zu Gebote.

Blanke Spieße führen jene,
Diese flechten schnelle Fäden,
Daß man glaubt, in ihren Schlingen
Werde sich das Eisen fangen.
Bald gefangen sind die Spieße;
Doch im leichten Kriegestanze
Stiehlt sich einer nach dem andern
Aus der zarten Schleifenreihe,
Die sogleich den freien haschet,
Wenn sie den gebundnen löset.

So mit Ringen, Streiten, Siegen,
Wechselflucht und Wiederkehren
Wird ein künstlich Netz geflochten,
Himmelsflocken gleich an Weiße,
Die vom Lichten in das Dichte
Musterhafte Streifen ziehen,
Wie es Farben kaum vermöchten.

Wer empfängt nun der Gewänder
Allerwünschtes? Wen begünstigt
Unsre vielgeliebte Herrin,
Als den anerkannten Diener?

Mich beglückt des holden Loses
Treu und still ersehntes Zeichen!
Und ich fühle mich umschlungen,
Ihrer Dienerschaft gewidmet.

Doch indem ich so behaglich,
Aufgeschmückt, stolzierend wandle,
Sich! da knüpfen jene Losen,
Ohne Streit, geheim geschäftig,
Andre Netze, fein und feiner,
Dämmrungsfäden, Mondenblicke,
Nachtviolenduft verwebend.

Eh wir nur das Netz bemerken,
Ist ein Glücklicher gefangen,
Den wir andern, den wir alle,
Segnend und beneidend, grüßen.

Der Becher

Einen wohlgeschnitzten vollen Becher
Hielt ich drückend in den beiden Händen,
Sog begierig süßen Wein vom Rande,
Gram und Sorg auf einmal zu vertrinken.

Amor trat herein und fand mich sitzen,
Und er lächelte bescheiden, weise,
Als den Unverständigen bedauernd.

»Freund, ich kenn ein schöneres Gefäße,
Wert, die ganze Seele drein zu senken;
Was gelobst du, wenn ich dir es gönne,
Es mit anderm Nektar dir erfülle?«

Oh, wie freundlich hat er Wort gehalten,
Da er, Lida, dich mit sanfter Neigung
Mir, dem lange Sehnenden, geeignet.

Wenn ich deinen lieben Leib umfasse
Und von deinen einzig treuen Lippen
Langbewahrter Liebe Balsam koste,
Selig sprech ich dann zu meinem Geiste:

Nein, ein solch Gefäß hat, außer Amorn,
Nie ein Gott gebildet noch besessen!
Solche Formen treibet nie Vulkanus
Mit den sinnbegabten feinen Hämmern!
Auf belaubten Hügeln mag Lyäus
Durch die ältsten, klügsten seiner Faunen
Ausgesuchte Trauben keltern lassen,
Selbst geheimnisvoller Gärung vorstehn:
Solchen Trank verschafft ihm keine Sorgfalt!

Nachtgedanken

Euch bedaur ich, unglückselge Sterne,
Die ihr schön seid und so herrlich scheinet,
Dem bedrängten Schiffer gerne leuchtet,
Unbelohnt von Göttern und von Menschen:
Denn ihr liebt nicht, kanntet nie die Liebe!
Unaufhaltsam führen ewge Stunden
Eure Reihen durch den weiten Himmel.
Welche Reise habt ihr schon vollendet,
Seit ich, weilend in dem Arm der Liebsten,
Euer und der Mitternacht vergessen.

Ferne

Königen, sagt man, gab die Natur vor andern Gebornen
  Eines längeren Arms weithinaus fassende Kraft.
Doch auch mir, dem Geringen, verlieh sie das fürstliche Vorrecht;
  Denn ich fasse von fern, halte dich, Lida, mir fest.

An Lida

Den Einzigen, Lida, welchen du lieben kannst,
Forderst du ganz für dich, und mit Recht.
Auch ist er einzig dein;
Denn seit ich von dir bin,
Scheint mir des schnellsten Lebens
Lärmende Bewegung
Nur ein leichter Flor, durch den ich deine Gestalt
Immerfort wie in Wolken erblicke;
Sie leuchtet mir freundlich und treu,
Wie durch des Nordlichts bewegliche Strahlen
Ewige Sterne schimmern.

Nähe

Wie du mir oft, geliebtes Kind,
Ich weiß nicht wie, so fremde bist!
Wenn wir im Schwarm der vielen Menschen sind,
Das schlägt mir alle Freude nieder.
Doch ja, wenn alles still und finster um uns ist,
Erkenn ich dich an deinen Küssen wieder.

Lilis Park

Ist doch keine Menagerie
So bunt als meiner Lili ihre!
Sie hat darin die wunderbarsten Tiere
Und kriegt sie 'rein, weiß selbst nicht wie.
O wie sie hüpfen, laufen, trappeln,
Mit abgestumpften Flügeln zappeln,
Die armen Prinzen allzumal,
In nie gelöschter Liebesqual!

Wie hieß die Fee? – Lili? – Fragt nicht nach ihr
Kennt ihr sie nicht, so danket Gott dafür.

Welch ein Geräusch, welch ein Gegacker,
Wenn sie sich in die Türe stellt
Und in der Hand das Futterkörbchen hält!
Welch ein Gequiek, welch ein Gequacker!
Alle Bäume, alle Büsche
Scheinen lebendig zu werden:

So stürzen sich ganze Herden
Zu ihren Füßen; sogar im Bassin die Fische
Patschen ungeduldig mit den Köpfen heraus;
Und sie streut dann das Futter aus

Mit einem Blick – Götter zu entzücken,
Geschweige die Bestien. Da geht's an ein Picken,
An ein Schlürfen, an ein Hacken;
Sie stürzen einander über die Nacken,
Schieben sich, drängen sich, reißen sich,
Jagen sich, ängsten sich, beißen sich,
Und das all um ein Stückchen Brot,
Das, trocken, aus den schönen Händen schmeckt,
Als hätt es in Ambrosia gesteckt.

Aber der Blick auch, der Ton,
Wenn sie ruft: Pipi! Pipi!
Zöge den Adler Jupiters vom Thron;
Der Venus Taubenpaar,
Ja, der eitle Pfau sogar,
Ich schwöre, sie kämen,
Wenn sie den Ton von weitem nur vernähmen.

Denn so hat sie aus des Waldes Nacht
Einen Bären, ungeleckt und ungezogen,
Unter ihren Beschluß hereinbetrogen,
Unter die zahme Kompanie gebracht
Und mit den andern zahm gemacht –
Bis auf einen gewissen Punkt, versteht sich!
Wie schön und, ach! wie gut
Schien sie zu sein! Ich hätte mein Blut
Gegeben, um ihre Blumen zu begießen.

»Ihr sagtet: ich! Wie? Wer?«
Gut denn, ihr Herrn, grad aus: Icb bin der Bär;
In einem Filetschurz gefangen,
An einem Seidenfaden ihr zu Füßen.
Doch wie das alles zugegangen,
Erzähl ich euch zur andern Zeit;
Dazu bin ich zu wütig heut.

Denn, ha! steh ich so an der Ecke
Und hör von weitem das Geschnatter,
Seh das Geflitter, das Geflatter,
Kehr ich mich um
Und brumm
Und renne rückwärts eine Strecke
Und seh mich um
Und brumm
Und laufe wieder eine Strecke,
Und kehr doch endlich wieder um.

Dann fängt's auf einmal an zu rasen,
Ein mächtger Geist schnaubt aus der Nasen,
Es wildzt die innere Natur.
Was, du ein Tor, ein Häschen nur!
So ein Pipi! Eichhörnchen, Nuß zu knacken!
Ich sträube meinen borstgen Nacken,
Zu dienen ungewöhnt.
Ein jedes aufgestutzte Bäumchen höhnt
Mich an! Ich flieh vom Boulingreen,
Vom niedlich glatt gemähten Grase,
Der Buchsbaum zieht mir eine Nase,

Ich flieh ins dunkelste Gebüsche hin,
Durchs Gehege zu dringen,
Über die Planken zu springen!
Mir versagt Klettern und Sprung,
Ein Zauber bleit mich nieder,
Ein Zauber häkelt mich wieder,
Ich arbeite mich ab, und bin ich matt genung,
Dann lieg ich an gekünstelten Kaskaden
Und kau und wein und wälze halb mich tot,
Und, ach! es hören meine Not
Nur porzellanene Oreaden.

Auf einmal! Ach, es dringt
Ein seliges Gefühl durch alle meine Glieder!
Sie ist's, die dort in ihrer Laube singt!
Ich höre die liebe, liebe Stimme wieder,
Die ganze Luft ist warm, ist blütevoll.
Ach, singt sie wohl, daß ich sie hören soll?
Ich dringe zu, tret alle Sträuche nieder,
Die Büsche fliehn, die Bäume weichen mir,
Und so – zu ihren Füßen liegt das Tier.

Sie sieht es an:«Ein Ungeheuer! doch drollig!
Für einen Bären zu mild,
Für einen Pudel zu wild,
So zottig, täpsig, knollig!«
Sie streicht ihm mit dem Füßchen übern Rücken;
Er denkt im Paradiese zu sein.
Wie ihn alle sieben Sinne jücken!
Und sie sieht ganz gelassen drein.
Ich küß ihre Schuhe, kau an den Sohlen,
So sittig, als ein Bär nur mag;
Ganz sachte heb ich mich und schmiege mich verstohlen
Leis an ihr Knie – Am günstgen Tag
Läßt sie's geschehn und kraut mir um die Ohren
Und patscht mich mit mutwillig derbem Schlag;
Ich knurr, in Wonne neu geboren;
Dann fordert sie mit süßem, eitlem Spotte:
Allons tout doux! eh la menotte
Et faite Serviteur,
Comme un joli Seigneur.

So treibt sie's fort mit Spiel und Lachen!
Es hofft der oft betrogne Tor;
Doch will er sich ein bißchen unnütz machen,
Hält sie ihn kurz als wie zuvor.

Doch hat sie auch ein Fläschen Balsam-Feuers,
Dem keiner Erde Honig gleicht,
Wovon sie wohl einmal, von Lieb und Treu erweicht,
Um die verlechzten Lippen ihres Ungeheuers
Ein Tröpfchen mit der Fingerspitze streicht
Und wieder flieht und mich mir überläßt,
Und ich dann, losgebunden, fest
Gebannt bin, immer nach ihr ziehe,
Sie suche, schaudre, wieder fliehe –
So läßt sie den zerstörten Armen gehn,
Ist seiner Lust, ist seinen Schmerzen still;
Ha! manchmal läßt sie mir die Tür halb offen stehn,
Seitblickt mich spottend an, ob ich nicht fliehen will.

Und ich! – Götter, ist's in euren Händen,
Dieses dumpfe Zauberwerk zu enden,
Wie dank ich, wenn ihr mir die Freiheit schafft!
Doch sendet ihr mir keine Hilfe nieder –
Nicht ganz umsonst reck ich so meine Glieder:
Ich fühl's! ich schwör's! Noch hab ich Kraft.

Deutscher Parnaß

Unter diesen
Lorbeerbüschen,
Auf den Wiesen,
An den frischen
Wasserfällen
Meines Lebens zu genießen,
Gab Apoll dem heitern Knaben;
Und so haben
Mich im stillen,
Nach des Gottes hohem Willen,
Hehre Musen auferzogen,
Aus den hellen
Silberquellen
Des Parnassus mich erquicket
Und das keusche reine Siegel
Auf die Lippen mir gedrückt.

Und die Nachtigall umkreiset
Mich mit dem bescheidnen Flügel;
Hier in Büschen, dort auf Bäumen
Ruft sie die verwandte Menge
Und die himmlischen Gesänge
Lehren mich von Liebe träumen.

Und im Herzen wächst die Fülle
Der gesellig edlen Triebe,
Nährt sich Freundschaft, keimet Liebe,
Und Apoll belebt die Stille
Seiner Täler, seiner Höhen.
Süße laue Lüfte wehen.

Alle, denen er gewogen,
Werden mächtig angezogen,
Und ein Edler folgt dem andern.

Dieser kommt mit munterm Wesen
Und mit offnem, heitrem Blicke –
Diesen seh ich ernster wandeln;
Und ein andrer, kaum genesen,
Ruft die alte Kraft zurücke;
Denn ihm drang durch Mark und Leben
Die verderblich holde Flamme –
Und was Amor ihm entwendet,
Kann Apoll nur wiedergeben:
Ruh und Lust und Harmonien
Und ein kräftig rein Bestreben.

Auf, ihr Brüder!
Ehrt die Lieder!
Sie sind gleich den guten Taten.
Wer kann besser als der Sänger
Dem verirrten Freunde raten?
Wirke gut, so wirkst du länger,
Als es Menschen sonst vermögen.

Ja! ich höre sie von weiten:
Ja! sie greifen in die Saiten,
Mit gewaltgen Götterschlägen
Rufen sie zu Recht und Pflichten
Und bewegen,
Wie sie singen, wie sie dichten,
Zum erhabensten Geschäfte,
Zu der Bildung aller Kräfte.

Auch die holden Phantasien
Blühen
Rings umher auf allen Zweigen,
Die sich balde,
Wie im holden Zauberwalde,
Voller goldnen Früchte beugen.

Was wir fühlen, was wir schauen
In dem Land der höchsten Wonne,
Dieser Boden, diese Sonne
Locket auch die besten Frauen.
Und der Hauch der lieben Musen
Weckt des Mädchens zarten Busen,
Stimmt die Kehle zum Gesange,
Und mit schöngefärbter Wange
Singet sie schon würdge Lieder,
Setzt sich zu den Schwestern nieder,
Und es singt die schöne Kette,
Zart und zärter, um die Wette.

Doch die eine
Geht alleine
Bei den Buchen,
Unter Linden,
Dort zu suchen,
Dort zu finden,
Was im stillen Myrtenhaine
Amor schalkisch ihr entwendet:
Ihres Herzens holde Stille,
Ihres Busens erste Fülle.
Und sie träget in die grünen
Schattenwälder,
Was die Männer nicht verdienen,

Ihre lieblichen Gefühle;
Scheuet nicht des Tages Schwüle,
Achtet nicht des Abends Kühle
Und verliert sich in die Felder.
Stört sie nicht auf ihren Wegen!
Muse, geh ihr still entgegen!

Doch was hör ich? Welch ein Schall
Überbraust den Wasserfall?
Sauset heftig durch den Hain?
Welch ein Lärmen, welches Schrein?
Ist es möglich, seh ich recht?
Ein verwegenes Geschlecht
Dringt ins Heiligtum herein.

Hier hervor
Strömt ein Chor!
Liebeswut,
Weinesglut
Rast im Blick,
Sträubt das Haar!
Und die Schar,
Mann und Weib –
Tigerfell
Schlägt umher –
Ohne Scheu
Zeigt den Leib.
Und Metall,
Rauher Schall,
Grellt ins Ohr.
Wer sie hört,
Wird gestört.

Hier hervor
Drängt das Chor;
Alles flieht,
Wer sie sieht.

Ach, die Büsche sind geknickt!
Ach, die Blumen sind erstickt
Von den Sohlen dieser Brut.
Wer begegnet ihrer Wut?

Brüder, laßt uns alles wagen!
Eure reine Wange glüht.
Phöbus hilft sie uns verjagen,
Wenn er unsre Schmerzen sieht;
Und, uns Waffen
Zu verschaffen,
Schüttert er des Berges Wipfel,
Und vom Gipfel
Prasseln Steine
Durch die Haine.
Brüder, faßt sie mächtig auf!
Schloßenregen
Ströme dieser Brut entgegen.
Und vertreib aus unsern milden
Himmelreinen Lustgefilden
Diese Fremden, diese Wilden!

Doch, was seh ich?
Ist es möglich?
Unerträglich
Fährt es mir durch alle Glieder,
Und die Hand
Sinket von dem Schwunge nieder.
Ist es möglich?

Keine Fremden!
Unsre Brüder
Zeigen ihnen selbst die Wege!
O die Frechen!
Wie sie mit den Klapperblechen
Selbst voraus im Takte ziehn!
Gute Brüder, laßt uns fliehn!

Doch ein Wort zu den Verwegnen!
Ja, ein Wort soll euch begegnen,
Krä&ig wie ein Donnerschlag.
Worte sind des Dichters Waffen;
Will der Gott sich Recht verschaffen,
Folgen seine Pfeile nach.

War es möglich, eure hohe
Götterwürde
Zu vergessen! Ist der rohe
Schwere Thyrsus keine Bürde
Für die Hand, aufzarten Saiten
Nur gewöhnet hinzugleiten?
Aus den klaren Wasserfällen,
Aus den zarten Rieselwellen
Tränket ihr
Gar Silens abscheulich Tier?
Dort entweiht es Aganippen
Mit den rohen breiten Lippen,
Stampft mit ungeschickten Füßen,
Bis die Wellen trübe fließen.

O wie möcht ich gern mich täuschen;
Aber Schmerzen fühlt das Ohr;

Aus den keuschen
Heilgen Schatten
Dringt verhaßter Ton hervor.
Wild Gelächter
Statt der Liebe süßem Wahn!
Weiberhasser und -Verächter
Stimmen ein Triumphlied an.

Nachtigall und Turtel fliehen
Das so keusch erwärmte Nest,
Und in wütendem Erglühen
Hält der Faun die Nymphe fest.
Hier wird ein Gewand zerrissen,
Dem Genusse folgt der Spott,
Und zu ihren frechen Küssen
Leuchtet mit Verdruß der Gott.

Ja! ich sehe schon von weiten
Wolkenzug und Dunst und Rauch.
Nicht die Leier nur hat Saiten,
Saiten hat der Bogen auch.
Selbst den Busen des Verehrers
Schüttert das gewaltge Nahn,
enn die Flamme des Verheerers
Kündet ihn von weiten an.
Oh, vernehmt noch meine Stimme,
Meiner Liebe Bruderwort!
Fliehet vor des Gottes Grimme,
Eilt aus unsern Grenzen fort!
Daß sie wieder heilig werde,
Lenkt hinweg den wilden Zug!
Vielen Boden hat die Erde
Und unheiligen genug.
Uns umleuchten reine Sterne,
Hier nur hat das Edle Wert.

Doch, wenn ihr aus rauher Ferne
Wieder einst zu uns begehrt,
Wenn euch nichts so sehr beglücket,
Als was ihr bei uns erprobt,
Euch nicht mehr ein Spiel entzücket.
Das die Schranken übertobt:

Kommt als gute Pilger wieder,
Steiget froh den Berg heran;
Tiefgefühlte Reuelieder
Künden uns die Brüder an,
Und ein neuer Kranz umwindet
Eure Schläfe feierlich.
Wenn sich der Verirrte findet,
Freuen alle Götter sich.
Schneller noch, als Lethes Fluten
Um der Toten stilles Haus,
Löscht der Liebe Kelch den Guten
Jedes Fehls Erinnrung aus.
Alles eilet euch entgegen,
Und ihr kommt verklärt heran,
Und man fleht um euren Segen;
Ihr gehört uns doppelt an.

Johanna Sebus

Der Damm zerreißt, das Feld erbraust,
Die Fluten spülen, die Fläche saust.
Ich trage dich, Mutter, durch die Flut,
Noch reicht sie nicht hoch, ich wate gut. –

Auch uns bedenke, bedrängt wie wir sind,
Die Hausgenossin, drei arme Kind!
Die schwache Frau! . . . Du gehst davon! –
Sie trägt die Mutter durchs Wasser schon.
Zum Bühle da rettet euch! harret derweil;
Gleich kehr ich zurück, uns allen ist Heil.
Zum Bühl ist's noch trocken und wenige Schritt;
Doch nehmt auch mir meine Ziege mit!

Der Damm zerschmilzt, das Feld erbraust,
Die Fluten wühlen, die Fläche saust.
Sie setzt die Mutter auf sichres Land,
Schön Suschen, gleich wieder zur Flut gewandt.
Wohin? Wohin? Die Breite schwoll;
Des Wassers ist hüben und drüben voll.
Verwegen ins Tiefe willst du hinein! –
Sie sollen und müssen gerettet sein!

Der Damm verschwindet, die Welle braust,
Eine Meereswoge, sie schwankt und saust.
Schön Suschen schreitet gewohnten Steg,
Umströmt auch gleitet sie nicht vom Weg,
Erreicht den Bühl und die Nachbarin;
Doch der und den Kindern kein Gewinn!

Der Damm verschwand, ein Meer erbraust's,
Den kleinen Hügel im Kreis umsaust's.

Da gähnet und wirbelt der schäumende Schlund
Und ziehet die Frau mit den Kindern zu Grund;
Das Horn der Ziege faßt das ein',
So sollten sie alle verloren sein!
Schön Suschen steht noch strack und gut:
Wer rettet das junge, das edelste Blut!
Schön Suschen steht noch wie ein Stern;
Doch alle Werber sind alle fern.
Rings um sie her ist Wasserbahn,
Kein Schifflein schwimmet zu ihr heran.
Noch einmal blickt sie zum Himmel hinauf,
Da nehmen die schmeichelnden Fluten sie auf.

Kein Damm, kein Feld! Nur hier und dort
Bezeichnet ein Baum, ein Turm den Ort.
Bedeckt ist alles mit Wasserschwall;
Doch Suschens Bild schwebt überall. –
Das Wasser sinkt, das Land erscheint,
Und überall wird schön Suschen beweint. –
Und dem sei, wer's nicht singt und sagt,
Im Leben und Tod nicht nachgefragt!

Rinaldo

Chor.
Zu dem Strande! zu der Barke!
Ist euch schon der Wind nicht günstig,
Zu den Rudern greifet brünstig!
Hier bewähre sich der Starke:
So das Meer durchlaufen wir.

Rinaldo.
O laßt mich einen Augenblick noch hier!
Der Himmel will es nicht, ich soll nicht scheiden.
Der wüste Fels, die waldumwachsne Bucht
Befangen mich, sie hindern meine Flucht.
Ihr wart so schön, nun seid ihr umgeboren;
Der Erde Reiz, des Himmels Reiz ist fort.
Was hält mich noch am Schreckensort?
Mein einzig Glück, hier hab ich es verloren.

Stelle her der goldnen Tage
Paradiese noch einmal,
Liebes Herz! ja, schlage, schlage!
Treuer Geist, erschaff sie wieder!
Freier Atem, deine Lieder
Mischen sich mit Lust und Qual.

Bunte, reich geschmückte Beete,
Sie umzingelt ein Palast;
Alles webt in Duft und Röte,
Wie du nie geträumet hast.

Rings umgeben Galerien
Dieses Gartens weite Räume;
Rosen an der Erde blühen,
In den Lüften blühn die Bäume.

Wasserstrahlen! Wasserflocken!
Lieblich rauscht ein Silberschwall;
Mit der Turteltaube Locken
Lockt zugleich die Nachtigall.

Chor.
Sachte kommt! und kommt verbunden
Zu dem edelsten Beruf!
Alle Reize sind verschwunden,
Die sich Zauberei erschuf.
Ach, nun heilet seine Wunden,
Ach, nun tröstet seine Stunden
Gutes Wort und Freundes Ruf.

Rinaldo.
Mit der Turteltaube Locken
Lockt zugleich die Nachtigall.
Wasserstrahlen, Wasserflocken
Wirbeln sich nach ihrem Schall.

Aber alles verkündet:
Nur sie ist gemeinet!
Aber alles verschwindet,
Sobald sie erscheinet
In lieblicher Jugend,
In glänzender Pracht.

Da schlingen zu Kränzen
Sich Lilien und Rosen;
Da eilen und kosen
In lustigen Tänzen
Die laulichen Lüfte;
Sie führen Gedüfte,

Sich fliehend und suchend
Vom Schlummer erwacht.

Chor.
Nein, nicht länger ist zu säumen!
Wecket ihn aus seinen Träumen,
Zeigt den diamantnen Schild!

Rinaldo.
Weh! was seh ich, welch ein Bild!

Chor.
Ja, es soll den Trug entsiegeln.

Rinaldo.
Soll ich also mich bespiegeln,
Mich so tieferniedrigt sehn?

Chor.
Fasse dich, so ist's geschehn.

Rinaldo.
Ja, so sei's! Ich will mich fassen,
Will den lieben Ort verlassen
Und zum zweitenmal Armiden. –
Nun so sei's! so sei's geschieden!

Chor.
Wohl, es sei! es sei geschieden!

Teil des Chors.
Zurück nur! zurücke
Durch günstige Meere!
Dem geistigen Blicke
Erscheinen die Fahnen,

Erscheinen die Heere,
Das stäubende Feld.

Chor.
Zur Tugend der Ahnen
Ermannt sich der Held.

Rinaldo.
Zum zweiten Male
Seh ich erscheinen
Und jammern, weinen
In diesem Tale
Die Frau der Frauen.
Das soll ich schauen
Zum zweiten Male?
Das soll ich hören,
Und soll nicht wehren
Und soll nicht retten?

Rinaldo.
Und umgewandelt
Seh ich die Holde;
Sie blickt und handelt
Gleichwie Dämonen,
Und kein Verschonen
Ist mehr zu hoffen.
Vom Blitz getroffen
Schon die Paläste!
Die Götterfeste,
Die Lustgeschäfte
Der Geisterkräfte;
Mit allem Lieben,
Ach, sie zerstieben!

Teil des Chors.
Schon sind sie erhöret,
Gebete der Frommen.
Noch säumst du, zu kommen?
Schon fördert die Reise
Der günstigste Wind.

Chor.
Geschwinde, geschwind!

Rinaldo.
Im Tiefsten zerstöret,
Ich hab euch vernommen;
Ihr drängt mich, zu kommen.
Unglückliche Reise!
Unseliger Wind!

Chor.
Geschwinde, geschwind!

Chor.
Segel schwellen!
Grüne Wellen,
Weiße Schäume,
Seht die grünen
Weiten Räume
Von Delphinen
Rasch durchschwommen.

Einer nach dem andern.
Wie sie kommen!
Wie sie schweben!
Wie sie eilen!
Wie sie streben!
Und verweilen

So beweglich,
So verträglich!

Zu zweien.
Das erfrischet
Und verwischet
Das Vergangne.
Dir begegnet
Das gesegnet
Angefangne.

Rinaldo.
Das erfrischet
Und verwischet
Das Vergangne.
Mir begegnet
Das gesegnet
Angefangne.

Alle.
Wunderbar sind wir gekommen,
Wunderbar zurückgeschwommen:
Unser großes Ziel ist da!
Schalle zu dem heilgen Strande
Losung dem gelobten Lande:
Godofred und Solyma!

Klaggesang
von der edlen Frauen des Asan Aga

Aus dem Morlackischen

Was ist Weißes dort am grünen Walde?
Ist es Schnee wohl, oder sind es Schwäne
Wär es Schnee, er wäre weggeschmolzen;
Wären's Schwäne, wären weggeflogen.
Ist kein Schnee nicht, es sind keine Schwäne?
'S ist der Glanz der Zelten Asan Aga.
Niederliegt er drin an seiner Wunde.

Ihn besucht die Mutter und die Schwester;
Schamhaft säumt sein Weib, zu ihm zu kommen.

Als nun seine Wunde linder wurde,
Ließ er seinem treuen Weibe sagen:
»Harre mein nicht mehr an meinem Hofe,
Nicht am Hofe und nicht bei den Meinen.«
Als die Frau dies harte Wort vernommen,
Stand die Treue starr und voller Schmerzen,
Hört der Pferde Stampfen vor der Türe,
Und es deucht ihr, Asan käm, ihr Gatte,
Springt zum Turme, sich herab zu stürzen.
Ängstlich folgen ihr zwei liebe Töchter,
Rufen nach ihr, weinend bittre Tränen:
» Sind nicht unsers Vaters Asan Rosse,
Ist dein Bruder Pintorowich kommen!«

Und es kehret die Gemahlin Asans,
Schlingt die Arme jammernd um den Bruder:
»Sieh die Schmach, o Bruder, deiner Schwester!
Mich verstoßen! Mutter dieser fünfe!«
Schweigt der Bruder, ziehet aus der Tasche,

Eingehüllet in hochrote Seide,
Ausgefertiget den Brief der Scheidung,
Daß sie kehre zu der Mutter Wohnung,
Frei, sich einem andern zu ergeben.

Als die Frau den Trauer-Scheidbrief sahe,
Küßte sie da beidan Knaben Stirne,
Küßt' die Wangen ihrer beiden Mädchen.
Aber, ach! vom Säugling in der Wiege
Kann sie sich im bittern Schmerz nicht reißen!

Reißt sie los der ungestüme Bruder,
Hebt sie auf das muntre Roß behende,
Und so eilt er mit der bangen Frauen
Grad nach seines Vaters hoher Wohnung.

Kurze Zeit war's, noch nicht sieben Tage;
Kurze Zeit gnug; von viel großen Herren
Unsre Frau in ihrer Witwen-Trauer,
Unsre Frau zum Weib begehret wurde.
Und der größte war Imoskis Kadi,
Und die Frau bat weinend ihren Bruder:
»Ich beschwöre dich bei deinem Leben,
Gib mich keinem andern mehr zur Frauen,
Daß das Wiedersehen meiner lieben
Armen Kinder mir das Herz nicht breche!«

Ihre Reden achtet nicht der Bruder,
Fest, Imoskis Kadi sie zu trauen.
Doch die Gute bittet ihn unendlich:
»Schicke wenigstens ein Blatt, o Bruder
Mit den Worten zu Imoskis Kadi:
Dich begrüßt die junge Witib freundlich
Und läßt durch dies Blatt dich höchlich bitten,
Daß, wenn dich die Suaten herbegleiten,

Du mir einen langen Schleier bringest,
Daß ich mich vor Asans Haus verhülle,
Meine lieben Waisen nicht erblicke.«

Kaum ersah der Kadi dieses Schreiben,
Als er seine Suaten alle sammelt
Und zum Wege nach der Braut sich rüstet,
Mit den Schleier, den sie heischte, tragend.

Glücklich kamen sie zur Fürstin Hause,
Glücklich sie mit ihr vom Hause wieder.
Aber als sie Asans Wohnung nahten,
Sahn die Kinder oben ab die Mutter,
Riefen: »Komm zu deiner Halle wieder!
Iß das Abendbrot mit deinen Kindern!«
Traurig hört' es die Gemahlin Asans,
Kehrete sich zu der Suaten Fürsten:
»Laß doch, laß die Suaten und die Pferde
Halten wenig vor der Lieben Türe,
Daß ich meine Kleinen noch beschenke.«
Und sie hielten vor der Lieben Türe;
Und den armen Kindern gab sie Gaben,
Gab den Knaben goldgestickte Stiefel,
Gab den Mädchen lange reiche Kleider,
Und dem Säugling, hilflos in der Wiege,
Gab sie für die Zukunft auch ein Röckchen.

Das beiseit sah Vater Asan Aga,
Rief gar traurig seinen lieben Kindern:
»Kehrt zu mir, ihr lieben armen Kleinen!
Eurer Mutter Brust ist Eisen worden,
Fest verschlossen, kann nicht Mitleid fühlen.«

Wie das hörte die Gemahlin Asans,
Stürzt' sie bleich, den Boden schütternd, nieder,
Und die Seel entfloh dem bangen Busen,
Als sie ihre Kinder vor sich fliehn sah.

Mahomets Gesang

Seht den Felsenquell,
Freudehell,
Wie ein Sternenblick;
Über Wolken
Nährten seine Jugend
Gute Geister
zwischen Klippen im Gebüsch.

Jünglingfrisch
Tanzt er aus der Wolke
Auf die Marmorfelsen nieder,
Jauchzet wieder
Nach dem Himmel.

Durch die Gipfelgänge
Jagt er bunten Kieseln nach,
Und mit frühem Führertritt
Reißt er seine Bruderquellen
Mit sich fort.

Drunten werden in dem Tal
Unter seinem Fußtritt Blumen,
Und die Wiese
Lebt von seinem Hauch.

Doch ihn hält kein Schattental,
Keine Blumen,
Die ihm seine Knie umschlingen,
Ihm mit Liebesaugen schmeicheln:
Nach der Ebne dringt sein Lauf,
Schlangenwandelnd.

Bäche schmiegen
Sich gesellig an. Nun tritt er
In die Ebne silberprangend,
Und die Ebne prangt mit ihm,
Und die Flüsse von der Ebne
Und die Bäche von den Bergen
Jauchzen ihm und rufen: Bruder!
Bruder, nimm die Brüder mit,
Mit zu deinem alten Vater,
Zu dem ewgen Ozean,
Der mit ausgespannten Armen
Unser wartet,
Die sich, ach! vergebens öffnen,
Seine Sehnenden zu fassen;
Denn uns frißt in öder Wüste
Gierger Sand; die Sonne droben
Saugt an unserm Blut; ein Hügel
Hemmet uns zum Teiche! Bruder,
Nimm die Brüder von der Ebne,
Nimm die Brüder von den Bergen
Mit, zu deinem Vater mit!

Kommt ihr alle! –
Und nun schwillt er
Herrlicher; ein ganz Geschlechte
Trägt den Fürsten hoch empor!
Und im rollenden Triumphe

Gibt er Ländern Namen, Städte
Werden unter seinem Fuß.

Unaufhaltsam rauscht er weiter,
Läßt der Türme Flammengipfel,
Marmorhäuser, eine Schöpfung
Seiner Fülle, hinter sich.

Zedernhäuser trägt der Atlas
Auf den Riesenschultern; sausend
Wehen über seinem Haupte
Tausend Flaggen durch die Lüfte,
Zeugen seiner Herrlichkeit.

Und so trägt er seine Brüder,
Seine Schätze, seine Kinder
Dem erwartenden Erzeuger
Freudebrausend an das Herz.

Gesang der Geister über den Wassern

Des Menschen Seele
Gleicht dem Wasser:
Vom Himmel kommt es,
Zum Himmel steigt es,
Und wieder nieder
Zur Erde muß es,
Ewig wechselnd.

Strömt von der hohen,
Steilen Felswand
Der reine Strahl,
Dann stäubt er lieblich
In Wolkenwellen

Zum glatten Fels,
Und leicht empfangen,
Wallt er verschleiernd,
Leisrauschend
Zur Tiefe nieder.

Ragen Klippen
Dem Sturz entgegen,
Schäumt er unmutig
Stufenweise
Zum Abgrund.

Im flachen Bette
Schleicht er das Wiesental hin,
Und in dem glatten See
Weiden ihr Antlitz
Alle Gestirne.

Wind ist der Welle
Lieblicher Buhler;
Wind mischt vom Grund aus
Schäumende Wogen.

Seele des Menschen,
Wie gleichst du dem Wasser!
Schicksal des Menschen,
Wie gleichst du dem Wind!

Meine Göttin

Welcher Unsterblichen
Soll der höchste Preis sein
Mit niemand streit ich,
Aber ich geb ihn
Der ewig beweglichen,
Immer neuen,
Seltsamsten Tochter Jovis,
Seinem Schoßkinde,
Der Phantasie.

Denn ihr hat er
Alle Launen,
Die er sonst nur allein
Sich vorbehält,
Zugestanden
Und hat seine Freude
An der Törin.

Sie mag rosenbekränzt
Mit dem Lilienstengel
Blumentäler betreten,
Sommervögeln gebieten
Und leicht nährenden Tau
Mit Bienenlippen
Von Blüten saugen;

Oder sie mag
Mit fliegendem Haar
Und düsterm Blicke
Im Winde sausen
Um Felsenwände
Und tausendfarbig,

Wie Morgen und Abend,
Immer wechselnd
Wie Mondesblicke,
Den Sterblichen scheinen.

Laßt uns alle
Den Vater preisen!
Den alten, hohen,
Der solch eine schöne
Unverwelkliche Gattin
Dem sterblichen Menschen
Gesellen mögen!

Denn uns allein
Hat er sie verbunden
Mit Himmelsband
Und ihr geboten,
In Freud und Elend
Als treue Gattin
Nicht zu entweichen.

Alle die andern
Armen Geschlechter
Der kinderreichen
Lebendigen Erde
Wandeln und weiden
In dunkeln Genuß
Und trüben Schmerzen
Des augenblicklichen
Beschränkten Lebens,
Gebeugt vom Joche
Der Notdurft.

Uns aber hat er
Seine gewandteste,
Verzärtelte Tochter,
Freut euch! gegönnt.
Begegnet ihr lieblich,
Wie einer Geliebten!
Laßt ihr die Würde
Der Frauen im Haus!

Und daß die alte
Schwiegermutter Weisheit
Das zarte Seelchen
Ja nicht beleidge!

Doch kenn ich ihre Schwester,
Die ältere, gesetztere,
Meine stille Freundin:
O daß die erst
Mit dem Lichte des Lebens
Sich von mir wende,
Die edle Treiberin,
Trösterin, Hoffnung!

Harzreise im Winter

Dem Geier gleich,
Der, auf schweren Morgenwolken
Mit sanftem Fittich ruhend,
Nach Beute schaut,
Schwebe mein Lied.

Denn ein Gott hat
Jedem seine Bahn
Vorgezeichnet,
Die der Glückliche
Rasch zum freudigen
Ziele rennt;
Wem aber Unglück
Das Herz zusammenzog,
Er sträubt vergebens
Sich gegen die Schranken
Des ehernen Fadens,
Den die doch bittere Schere
Nur einmal löst.

In Dickichts-Schauer
Drängt sich das rauhe Wild,
Und mit den Sperlingen
Haben längst die Reichen
In ihre Sümpfe sich gesenkt.

Leicht ist's folgen dem Wagen,
Den Fortuna führt,
Wie der gemächliche Troß
Auf gebesserten Wegen
Hinter des Fürsten Einzug.

Aber abseits, wer ist's?
Ins Gebüsch verliert sich sein Pfad,
Hinter ihm schlagen
Die Sträuche zusammen,
Das Gras steht wieder auf,
Die Öde verschlingt ihn.

Ach, wer heilet die Schmerzen
Des, dem Balsam zu Gift ward?
Der sich Menschenhaß
Aus der Fülle der Liebe trank!
Erst verachtet, nun ein Verächter,
Zehrt er heimlich auf
Seinen eignen Wert
In ungnügender Selbstsucht.

Ist auf deinem Psalter,
Vater der Liebe, ein Ton
Seinem Ohre vernehmlich,
So erquicke sein Herz!
Öffne den umwölkten Blick
Über die tausend Qellen
Neben dem Durstenden
In der Wüste!

Der du der Freuden viel schaffst,
Jedem ein überfließend Maß,
Segne die Brüder der Jagd
Auf der Fährte des Wilds
Mit jugendlichem Übermut
Fröhlicher Mordsucht,
Späte Rächer des Unbills,
Dem schon Jahre vergeblich
Wehrt mit Knütteln der Bauer.

Aber den Einsamen hüll
In deine Goldwolken!
Umgib mit Wintergrün,
Bis die Rose wieder heranreift,
Die feuchten Haare,
O Liebe, deines Dichters!

Mit der dämmernden Fackel
Leuchtest du ihm
Durch die Furten bei Nacht,
Über grundlose Wege
Auf öden Gefilden;
Mit dem tausendfarbigen Morgen
Lachst du ins Herz ihm;
Mit dem beizenden Sturm
Trägst du ihn hoch empor;
Winterströme stürzen vom Felsen
In seine Psalmen,
Und Altar des lieblichsten Danks
Wird ihm des gefürchteten Gipfels
Schneebehangner Scheitel,
Den mit Geisterreihen
Kränzten ahnende Völker.

Du stehst mit unerforschtem Busen
Geheimnisvoll offenbar
Über der erstaunten Welt
Und schaust aus Wolken
Auf ihre Reiche und Herrlichkeit,
Die du aus den Adern deiner Brüder
Neben dir wässerst.

An Schwager Kronos

Spute dich, Kronos!
Fort den rasselnden Trott!
Bergab gleitet der Weg;
Ekles Schwindeln zögert
Mir vor die Stirne dein Zaudern.
Frisch, holpert es gleich,
Über Stock und Steine den Trott
Rasch ins Leben hinein!

Nun schon wieder
Den eratmenden Schritt
Mühsam Berg hinauf!
Auf denn, nicht träge denn,
Strebend und hoffend hinan!

Weit, hoch, herrlich der Blick
Rings ins Leben hinein,
Vom Gebirg zum Gebirg
Schwebet der ewige Geist,
Ewigen Lebens ahndevoll.

Seitwärts des Überdachs Schatten
Zieht dich an
Und ein Frischung verheißender Blick
Auf der Schwelle des Mädchens da.
Labe dich! – Mir auch, Mädchen,
Diesen schäumenden Trank,
Diesen frischen Gesundheitsblick!

Ab denn, rascher hinab!
Sieh, die Sonne sinkt!
Eh sie sinkt, eh mich Greisen
Ergreift im Moore Nebelduft,
Entzahnte Kiefer schnattern
Und das schlotternde Gebein:

Trunknen vom letzten Strahl
Reiß mich, ein Feuermeer
Mir im schäumenden Aug,
Mich Geblendeten, Taumelnden
In der Hölle nächtliches Tor!

Töne, Schwager, ins Horn,
Raßle den schallenden Trab,
Daß der Orkus vernehme: wir kommen,
Daß gleich an der Türe
Der Wirt uns freundlich empfange.

Wandrers Sturmlied

Wen du nicht verlässest, Genius,
Nicht der Regen, nicht der Sturm
Haucht ihm Schauer übers Herz.
Wen du nicht verlässest, Genius,
Wird dem Regengewölk,
Wird dem Schloßensturm
Entgegen singen,
Wie die Lerche,
Du da droben.

Den du nicht verlässest, Genius,
Wirst ihn heben übern Schlammpfad
Mit den Feuerflügeln;

Wandeln wird er
Wie mit Blumenfüßen
Über Deukalions Flutschlamm,
Python tötend, leicht, groß,
Pythius Apollo.

Den du nicht verlässest, Genius,
Wirst die wollnen Flügel unterspreiten,
Wenn er auf dem Felsen schläft,
Wirst mit Hüterfittichen ihn decken
In des Haines Mitternacht.

Wen du nicht verlässest, Genius,
Wirst im Schneegestöber
Wärmumhüllen;
Nach der Wärme ziehn sich Musen,
Nach der Wärme Charitinnen.

Umschwebt mich, ihr Musen,
Ihr Charitinnen!
Das ist Wasser, das ist Erde
Und der Sohn des Wassers und der Erde,
Über den ich wandle
Göttergleich.

Ihr seid rein, wie das Herz der Wasser,
Ihr seid rein, wie das Mark der Erde,
Ihr umschwebt mich, und ich schwebe
Über Wasser, über Erde,
Göttergleich.

Soll der zurückkehren,
Der kleine, schwarze, feurige Bauer?
Soll der zurückkehren, erwartend

Nur deine Gaben, Vater Bromius,
Und helleuchtend umwärmend Feuer?
Der kehren mutig?
Und ich, den ihr begleitet,
Musen und Charitinnen alle,
Den alles erwartet, was ihr,
Musen und Charitinnen,
Umkränzende Seligkeit
Rings ums Leben verherrlicht habt
Soll mutlos kehren?

Vater Bromius!
Du bist Genius,
Jahrhunderts Genius,
Bist, was innre Glut
Pindarn war,
Was der Welt
Phöbus Apoll ist.

Weh! Weh! Innre Wärme,
Seelenwärme,
Mittelpunkt!
Glüh entgegen
Phöb' Apollen;
Kalt wird sonst
Sein Fürstenblick
Über dich vorübergleiten,
Neidgetroffen
Auf der Zeder Kraft verweilen,
Die zu grünen
Sein nicht harrt.

Warum nennt mein Lied dich zuletzt?
Dich, von dem es begann?
Dich, in dem es endet,
Dich, aus dem es quillt,
Jupiter Pluvius!
Dich, dich strömt mein Lied
Und kastalischer Quell
Rinnt, ein Nebenbach;
Rinnet Müßigen,
Sterblich Glücklichen
Abseits von dir,
Der du mich fassend deckst,
Jupiter Pluvius!

Nicht am Ulmenbaum
Hast du ihn besucht,
Mit dem Taubenpaar
In dem zärtlichen Arm,
Mit der freundlichen Ros umkränzt,
Tändelnden ihn, blumenglücklichen
Anakreon,
Sturmatmende Gottheit!

Nicht im Pappelwald
An des Sybaris Strand,
An des Gebirgs
Sonnebeglänzter Stirn nicht
Faßtest du ihn,
Den Bienen-singenden,
Honig-lallenden,
Freundlich winkenden
Theokrit.

Wenn die Räder rasselten,
Rad an Rad rasch ums Ziel weg,
Hoch flog
Siegdurchglühter
Jünglinge Peitschenknall,
Und sich Staub wälzt',
Wie vom Gebirg herab
Kieselwetter ins Tal,
Glühte deine Seel Gefahren, Pindar,
Mut. – Glühte? –
Armes Herz!
Dort auf dem Hügel,
Himmlische Macht!
Nur so viel Glut,
Dort meine Hütte,
Dorthin zu waten!

Seefahrt

Lange Tag und Nachte stand mein Schiff befrachtet;
Günstger Winde harrend, saß, mit treuen Freunden
Mir Geduld und guten Mut erzechend,
Ich im Hafen.

Und sie waren doppelt ungeduldig:
Gerne gönnen wir die schnellste Reise,
Gern die hohe Fahrt dir; Güterfülle
Wartet drüben in den Welten deiner,
Wird Rückkehrendem in unsern Armen
Lieb und Preis dir.

Und am frühen Morgen ward's Getümmel,
Und dem Schlaf entjauchzt uns der Matrose,
Alles wimmelt, alles lebet, webet,
Mit dem ersten Segenshauch zu schiffen.

Und die Segel blähen in dem Hauche,
Und die Sonne lockt mit Feuerliebe;
Ziehn die Segel, ziehn die hohen Wolken,
Jauchzen an dem Ufer alle Freunde
Hoffnungslieder nach, im Freudetaumel
Reisefreuden wähnend, wie des Einschiffmorgens,
Wie der ersten hohen Sternennächte.

Aber gottgesandte Wechselwinde treiben
Seitwärts ihn der vorgesteckten Fahrt ab,
Und er scheint sich ihnen hinzugeben,
Strebet leise sie zu überlisten,
Treu dem Zweck auch auf dem schiefen Wege.

Aber aus der dumpfen grauen Ferne
Kündet leisewandelnd sich der Sturm an,
Drückt die Vögel nieder aufs Gewässer,
Drückt der Menschen schwellend Herz darnieder;
Und er kommt. Vor seinem starren Wüten
Streckt der Schiffer klug die Segel nieder;
Mit dem angsterfüllten Balle spielen
Wind und Wellen.

Und an jenem Ufer drüben stehen
Freund' und Lieben, beben auf dem Festen:
Ach, warum ist er nicht hier geblieben!
Ach, der Sturm! Verschlagen weg vom Glücke!
Soll der Gute so zugrunde gehen?
Ach, er sollte, ach, er könnte! Götter!

Doch er stehet männlich an dem Steuer;
Mit dem Schiffe spielen Wind und Wellen,
Wind und Wellen nicht mit seinem Herzen:
Herrschend blickt er auf die grimme Tiefe
Und vertrauet, scheiternd oder landend,
Seinen Göttern.

Adler und Taube

Ein Adlersjüngling hob die Flügel
Nach Raub aus;
Ihn traf des Jägers Pfeil und schnitt
Der rechten Schwinge Sennkraft ab.
Er stürzt' herab in einen Myrtenhain,
Fraß seinen Schmerz drei Tage lang
Und zuckt' an Qual
Drei lange, lange Nächte lang:
Zuletzt heilt ihn
Allgegenwärtger Balsam
Allheilender Natur.
Er schleicht aus dem Gebüsch hervor
Und reckt die Flügel – ach!
Die Schwingkraft weggeschnitten –
Hebt sich mühsam kaum
Am Boden weg
Unwürdgem Raubbedürfnis nach
Und ruht tieftrauernd
Auf dem niedern Fels am Bach;
Er blickt zur Eich hinauf,
Hinaufzum Himmel,
Und eine Träne füllt sein hohes Aug.

Da kommt mutwillig durch die Myrtenäste
Dahergerauscht ein Taubenpaar,
Läßt sich herab und wandelt nickend
Über goldnen Sand am Bach
Und ruckt einander an;
Ihr rötlich Auge buhlt umher,
Erblickt den Innigtrauernden.
Der Tauber schwingt neugiergesellig sich
Zum nahen Busch und blickt
Mit Selbstgefälligkeit ihn freundlich an.
Du trauast, liebelt er,
Sei guten Mutes, Freund!

Hast du zur ruhigen Glückseligkeit
Nicht alles hier?
Kannst du dich nicht des goldnen Zweiges freun,
Der vor des Tages Glut dich schützt?
Kannst du der Abendsonne Schein
Auf weichem Moos am Bache nicht
Die Brust entgegenheben?
Du wandelst durch der Blumen frischen Tau,
Pflückst aus dem Überfluß
Des Waldgebüsches dir
Gelegne Speise, letzest
Den leichten Durst am Silberquell.
O Freund, das wahre Glück
Ist die Genügsamkeit,
Und die Genügsamkeit
Hat überall genug. –
O Weise! sprach der Adler, und tiefernst
Versinkt er tiefer in sich selbst,
O Weisheit! Du redst wie eine Taube!

Prometheus

Bedecke deinen Himmel, Zeus,
Mit Wolkendunst
Und übe, dem Knaben gleich,
Der Disteln köpft,
An Eichen dich und Bergeshöhn!
Mußt mir meine Erde
Doch lassen stehn
Und meine Hütte, die du nicht gebaut,
Und meinen Herd,
Um dessen Glut
Du mich beneidest.

Ich kenne nichts Ärmeres
Unter der Sonn als euch, Götter!
Ihr nähret kümmerlich
Von Opfersteuern
Und Gebetshauch
Eure Majestät
Und darbtet, wären
Nicht Kinder und Bettler
Hoffnungsvolle
Toren.

Da ich ein Kind war,
Nicht wußt', wo aus, wo ein,
Kehrte mein verirrtes Aug'
Ein Ohr, zu hören meine Klage,
Ein Herz wie meins,
Sich des Bedrängten zu erbarmen.

Wer half mir wider
Der Titanen Übermut?
Wer rettete vom Tode mich,
Von Sklaverei?
Hast du's nicht alles selbst vollendet,
Heilig glühend Herz?
Und glühtest, jung und gut,
Betrogen, Rettungsdank
dem Schlafenden da droben?

Ich dich ehren? Wofür?
Hast du die Schmerzen gelindert
Je des Beladenen?
Hast du die Tränen gestillet
Je des Geängsteten?
Hat nicht mich zum Manne geschmiedet
Die allmächtige Zeit
Und das ewige Schicksal,
Meine Herrn und deine?

Wähntest du etwa,
Ich sollte das Leben hassen,
In Wüsten fliehn,
Weil nicht alle Knabenmorgen-
Blütenträume reiften?

Hier sitz'ich, forme Menschen
Nach meinem Bilde,
Ein Geschlecht, das mir gleich sei,
Zu leiden, weinen,
Genießen und zu freuen sich,
Und dein nicht zu achten,
Wie ich.

AUS WILHELM MEISTER

An Mignon

Nur wer die Sehnsucht kennt,
Weiß, was ich leide!
Allein und abgetrennt
Von aller Freude,
Seh ich ans Firmament
Nach jener Seite.
Ach! der mich liebt und kennt,
Ist in der Weite.
Es schwindelt mir, es brennt
Mein Eingeweide.
Nur wer die Sehnsucht kennt,
Weiß, was ich leide!

Mignon

Heiß mich nicht reden, heiß mich schweigen,
Denn mein Geheimnis ist mir Pflicht;
Ich möchte dir mein ganzes Innre zeigen,
Allein das Schicksal will es nicht.

Zur rechten Zeit vertreibt der Sonne Lauf
Die finstre Nacht, und sie muß sich erhellen;

Der harte Fels schließt seinen Busen auf,
Mißgönnt der Erde nicht die tiefverborgnen Quellen.

Ein jeder sucht im Arm des Freundes Ruh,
Dort kann die Brust in Klagen sich ergießen;
Allein ein Schwur drückt mir die Lippen zu,
Und nur ein Gott vermag sie aufzuschließen.

Dieselbe

So laßt mich scheinen, bis ich werde;
Zieht mir das weiße Kleid nicht aus!
Ieh eile von der schönen Erde
Hinab in jenes feste Haus.

Dort ruh ich eine kleine Stille,
Dann öffnet sich der frische Blick;
Ich lasse dann die reine Hülle,
Den Gürtel und den Kranz zurück.

Und jene himmlischen Gestalten,
Sie fragen nicht nach Mann und Weib,
Und keine Kleider, keine Falten
Umgeben den verklärten Leib.

Zwar lebt ich ohne Sorg und Mühe,
Doeh fühlt ich tiefen Schmerz genung.
Vor Kummer altert ich zu frühe;
Macht mich auf ewig wieder jung!

Harfenspieler

Wer sich der Einsamkeit ergibt,
Ach, der ist bald allein;
Ein jeder lebt, ein jeder liebt
Und läßt ihn seiner Pein.
Ja! laßt mich meiner Qual!
Und kann ich nur einmal
Recht einsam sein,
Dann bin ich nicht allein.

Es schleicht ein Liebender lauschend sacht,
Ob seine Freundin allein?
So überschleicht bei Tag und Nacht
Mich Einsamen die Pein,
Mich Einsamen die Qual.
Ach, werd ich erst einmal
Einsam im Grabe sein,
Da läßt sie mich allein!

Harfenspieler II

An die Türen will ich schleichen,
Still und sittsam will ich stehn;
Fromme Hand wird Nahrung reichen,
Und ich werde weiter gehn.
Jeder wird sich glücklich scheinen,
Wenn mein Bild vor ihm erscheint;
Eine Träne wird er weinen,
Und ich weiß nicht, was er weint.

Harfenspieler III

Wer nie sein Brot mit Tränen aß,
Wer nie die kummervollen Nächte
Auf seinem Bette weinend saß,
Der kennt euch nicht, ihr himmlischen Mächte.

Ihr führt ins Leben uns hinein,
Ihr laßt den Armen schuldig werden,
Dann überlaßt ihr ihn der Pein;
Denn alle Schuld rächt sich auf Erden.

Philine

Singet nicht in Trauertönen
Von der Einsamkeit der Nacht;
Nein, sie ist, o holde Schönen,
Zur Geselligkeit gemacht.

Wie das Weib dem Mann gegeben
Als die schönste Hälfte war,
Ist die Nacht das halbe Leben,
Und die schönste Hälfte zwar.

Könnt ihr euch des Tages freuen,
Der nur Freuden unterbricht?
Er ist gut, sich zu zerstreuen;
Zu was anderm taugt er nicht.

Aber wenn in nächtger Stunde
Süßer Lampe Dämmrung fließt,
Und vom Mund zum nahen Munde
Scherz und Liebe sich ergießt;

Wenn der rasche lose Knabe,
Der sonst wild und feurig eilt,
Oft bei einer kleinen Gabe
Unter leichten Spielen weilt;

Wenn die Nachtigall Verliebten
Liebevoll ein Liedchen singt,
Das Gefangnen und Betrübten
Nur wie Ach und Wehe klingt:

Mit wie leichtem Herzensregen
Horchet ihr der Glocke nicht,

Die mit zwölf bedächtgen Schlägen
Ruh und Sicherheit verspricht!

Darum an dem langen Tage
Merke dir es, liebe Brust:
Jeder Tag hat seine Plage,
Und die Nacht hat ihre Lust.

NACH ANTIKEM VORBILD

Stehn uns diese weiten Falten
Zu Gesichte, wie den Alten?

Herzog Leopold von Braunschweig

Dich ergriff mit Gewalt der alte Herrscher des Flusses,
   Hält dich und teilet mit dir ewig sein strömendes Reich.
Ruhig schlummerst du nun beim stilleren Rauschen der Urne,
   Bis dich stürmende Flut wieder zu Taten erweckt;
Hilfreich werde dem Volke! so wie du ein Sterblicher wolltest,
   Und vollend' als ein Gott, was dir als Menschen mißlang.

Dem Ackermann

Flach bedecket und leicht den goldenen Samen die Furche,
   Guter! die tiefere deckt endlich dein ruhend Gebein.
Fröhlich gepflügt und gesät! Hier keimet lebendige Nahrung,
   Und die Hoffnung entfernt selbst von dem Grabe sich nicht.

Anakreons Grab

Wo die Rose hier blüht, wo Reben um Lorbeer sich schlingen,
  Wo das Turtelchen lockt, wo sich das Grillchen ergötzt,
Welch ein Grab ist hier, das alle Götter mit Leben
  Schön bepflanzt und geziert? Es ist Anakreons Ruh.
Frühling, Sommer und Herbst genoß der glückliche Dichter;
  Vor dem Winter hat ihn endlich der Hügel geschützt.

Die Geschwister

Schlummer und Schlaf, zwei Brüder, zum Dienste der Götter berufen,
  Bat sich Prometheus herab, seinem Geschlechte zum Trost;
Aber den Göttern so leicht, doch schwer zu ertragen den Menschen,
  Ward nun ihr Schlummer uns Schlaf, ward nun ihr Schlaf uns zum Tod.

Zeitmaß

Eros, wie seh ich dich hier! In jeglichem Händchen die Sanduhr!
  Wie? Leichtsinniger Gott, missest du doppelt die Zeit?
Langsam rinnen aus einer die Stunden entfernter Geliebten;
  Gegenwärtigen fließt eilig die zweite herab.

Warnung

Wecke den Amor nicht auf! Noch schläft der liebliche Knabe;
  Geh, vollbring dein Geschäft, wie es der Tag dir gebeut!
So der Zeit bedienet sich klug die sorgliche Mutter,
  Wenn ihr Knäbchen entschläft; denn es erwacht nur zu bald.

Einsamkeit

Die ihr Felsen und Bäume bewohnt, o heilsame Nymphen,
Gebet jeglichem gern, was er im stillen begehrt!
Schaffet dem Traurigen Trost, dem Zweifelhaften Belehrung,
Und dem Liebenden gönnt, daß ihm begegne sein Glück!
Denn euch gaben die Götter, was sie den Menschen versagten,
Jeglichem, der euch vertraut, tröstlich und hilflich zu sein.

Erkanntes Glück

Was bedächtlich Natur sonst unter viele verteilet,
Gab sie mit reichlicher Hand alles der Einzigen, ihr.
Und die so herrlich Begabte, von vielen so innig Verehrte
Gab ein liebend Geschick freundlich dem Glücklichen, mir.

Erwählter Fels

Hier im stillen gedachte der Liebende seiner Geliebten;
Heiter sprach er zu mir: Werde mir Zeuge, du Stein!
Doch erhebe dich nicht, du hast noch viele Gesellen;
Jedem Felsen der Flur, die mich, den Glücklichen, nährt,
Jedem Baume des Waldes, um den ich wandernd mich schlinge,
Denkmal bleibe des Glücks! ruf ich ihm weihend und froh.
Doch die Stimme verleih ich nur dir, wie unter der Menge
Einen die Muse sich wählt, freundlich die Lippen ihm küßt.

Ländliches Glück

Seid, o Geister des Hains, o seid, ihr Nymphen des Flusses,
Eurer Entfernten gedenk, eueren Nahen zur Lust!

Weihend feierten sie im stillen die ländlichen Feste;
Wir, dem gebahnten Pfad folgend, beschleichen das Glück.
Amor wohne mit uns; es macht der himmlische Knabe
Gegenwärtige lieb und die Entfernten euch nah.

Philomene

Dich hat Amor gewiß, o Sängerin, fütternd erzogen;
Kindisch reichte der Gott dir mit dem Pfeile die Kost.
So, durchdrungen von Gift die harmlos atmende Kehle,
Trifft mit der Liebe Gewalt nun Philomene das Herz.

Geweihter Platz

Wenn zu den Reihen der Nymphen, versammelt in heiliger Mondnacht,
Sich die Grazien heimlich herab vom Olympus gesellen,
Hier belauscht sie der Dichter und hört die schönen Gesänge,
Sieht verschwiegener Tänze geheimnisvolle Bewegung.
Was der Himmel nur Herrliches hat, was glücklich die Erde
Reizendes immer gebar, das erscheint dem wachenden Träumer.
Alles erzählt er den Musen, und daß die Götter nicht zürnen,
Lehren die Musen ihn gleich bescheiden Geheimnisse sprechen.

Der Park

Welch ein himmlischer Garten entspringt aus Öd und aus Wüste,
Wird und lebet und glänzt herrlich im Lichte vor mir.
Wohl den Schöpfer ahmet ihr nach, ihr Götter der Erde!
Fels und See und Gebüsch, Vögel und Fisch und Gewild.
Nur daß euere Stätte sich ganz zum Eden vollende,
Fehlet ein Glücklicher hier, fehlt euch am Sabbat die Ruh.

Die Lehrer

Als Diogenes still in seiner Tonne sich sonnte,
Und Calanus mit Lust stieg in das flammende Grab,
Welche herrliche Lehre dem raschen Sohn des Philippus,
Wäre der Herrscher der Welt nicht auch der Lehre zu groß!

Versuchung

Reichte die schädliche Frucht einst Mutter Eva dem Gatten,
Ach! vom törichten Biß kränkelt das ganze Geschlecht.
Nun vom heiligen Leibe, der Seelen speiset und heilet,
Kostest du, Lydia, fromm, liebliches büßendes Kind!
Darum schick ich dir eilig die Frucht voll irdischer Süße,
Daß der Himmel dich nicht deinem Geliebten entzieh.

Ungleiche Heirat

Selbst ein so himmlisches Paar fand nach der Verbindung sich ungleich:
Psyche ward älter und klug, Amor ist immer noch Kind.

Entschuldigung

Du verklagest das Weib, sie schwanke von einem zum andern!
Tadle sie nicht: sie sucht einen beständigen Mann.

Der Chinese in Rom

Einen Chinesen sah ich in Rom; die gesamten Gebäude
  Alter und neuerer Zeit schienen ihm lästig und schwer.
Ach! so seufzt' er, die Armen! ich hoffe, sie sollen begreifen,
  Wie erst Säulchen von Holz tragen des Daches Gezelt,
Daß an Latten und Pappen, Geschnitz und bunter Vergoldung
  Sich des gebildeten Augs feinerer Sinn nur erfreut.
Siehe, da glaubt ich im Bilde so manchen Schwärmer zu schauen,
  Der sein luftig Gespinst mit der soliden Natur
Ewigem Teppich vergleicht, den echten, reinen Gesunden
  Krank nennt, daß ja nur er heiße, der Kranke, gesund.

Spiegel der Muse

Sich zu schmücken begierig, verfolgte den rinnenden Bach einst
Früh die Muse hinab, sie suchte die ruhigste Stelle.
Eilend und rauschend indes verzog die schwankende Fläche
Stets das bewegliche Bild; die Göttin wandte sich zürnend;

Doch der Bach rief hinter ihr drein und höhnte sie: Freilich
Magst du die Wahrheit nicht sehn, wie rein dir mein Spiegel sie zeiget!
Aber indessen stand sie schon fern, am Winkel des Sees,
Ihrer Gestalt sich erfreuend, und rückte den Kranz sich zurechte.

Der neue Amor

Amor, nicht das Kind, der Jüngling, der Psychen verführte,
  Sah im Olympus sich um, frech und der Siege gewohnt;
Eine Göttin erblickt' er, vor allen die herrlichste Schöne,
  Venus Urania war's, und er entbrannte für sie.
Ach! die Heilige selbst, sie widerstand nicht dem Werben,
  Und der Verwegene hielt fest sie im Arme bestrickt.

Da entstand aus ihnen ein neuer lieblicher Amor,
Der dem Vater den Sinn, Sitte der Mutter verdankt.
Immer findest du ihn in holder Musen Gesellschaft,
Und sein reizender Pfeil stiftet die Liebe der Kunst.

Die Kränze

Klopstock will uns vom Pindus entfernen; wir sollen nach Lorbeer
Nicht mehr geizen, uns soll inländische Eiche genügen;
Und doch führet er selbst den überepischen Kreuzzug
Hin auf Golgathas Gipfel, ausländische Götter zu ehren!
Doch auf welchen Hügel er wolle, versamml' er die Engel,
Lasse beim Grabe des Guten verlassene Redliche weinen:
Wo ein Held und Heiliger starb, wo ein Dichter gesungen,
Uns im Leben und Tod ein Beispiel trefflichen Mutes,
Hohen Menschenwertes zu hinterlassen, da knien
Billig alle Völker in Andachtswonne, verehren
Dorn und Lorbeerkranz, und was ihn geschmückt und gepeinigt.

Phöbos und Hermes

Delos' ernster Beherrscher und Majas Sohn, der gewandte,
Rechteten heftig, es wünscht' jeder den herrlichen Preis.
Hermes verlangte die Leier, die Leier verlangt' auch Apollon,
Doch vergeblich erfüllt Hoffnung den beiden das Herz;
Denn rasch dränget sich Ares heran, gewaltsam entscheidend,
Schlägt das goldene Spiel wild mit dem Eisen entzwei.
Hermes lacht unmäßig, der schadenfrohe; doch Phöbos
Und den Musen ergreift inniger Schmerz das Gemüt.

AN BEKANNTE ADRESSEN

Anmutig Tal! du immergrüner Hain!
Mein Herz begrüßt euch wieder auf das beste;
Entfaltet mir die schwerbehangnen Äste,
Nehmt freundlich mich in eure Schatten ein,
Erquickt von euren Höhn, am Tag der Lieb und Lust,
Mit frischer Luft und Balsam meine Brust!

Wie kehrt ich oft mit wechselndem Geschicke,
Erhabner Berg! an deinen Fuß zurücke.
O laß mich heut an deinen sachten Höhn
Ein jugendlich, ein neues Eden sehn!
Ich hab es wohl auch mit um euch verdienet:
Ich sorge still, indes ihr ruhig grünet.

Laßt mich vergessen, daß auch hier die Welt
So manch Geschöpf in Erdefesseln hält,
Der Landmann leichtem Sand den Samen anvertraut
Und seinen Kohl dem frechen Wilde baut,
Der Knappe karges Brot in Klüften sucht,
Der Köhler zittert, wenn der Jäger flucht.
Verjüngt euch mir, wie ihr es oft getan,
Als fing' ich heut ein neues Leben an.

Ihr seid mir hold, ihr gönnt mir diese Träume,
Sie schmeicheln mir und locken alte Reime.
Mir wieder selbst, von allen Menschen fern,
Wie bad ich mich in euren Düften gern!
Melodisch rauscht die hohe Tanne wieder,
Melodisch eilt der Wasserfall hernieder;

Die Wolke sinkt, der Nebel drückt ins Tal,
Und es ist Nacht und Dämmrung auf einmal.
Im finstern Wald, beim Liebesblick der Sterne,
Wo ist mein Pfad, den sorglos ich verlor?
Welch seltne Stimmen hör ich in der Ferne?
Sie schallen wechselnd an dem Fels empor.
Ich eile sacht, zu sehn, was es bedeutet,
Wie von des Hirsches Ruf der Jäger still geleitet.

Wo bin ich? ist's ein Zaubermärchenland?
Welch nächtliches Gelag am Fuß der Felsenwand?
Bei kleinen Hütten, dicht mit Reis bedecket,
Seh ich sie froh ans Feuer hingestrecket.
Es dringt der Glanz hoch durch den Fichtensaal;
Am niedern Herde kocht ein rohes Mahl;
Sie scherzen laut, indessen, bald geleeret,
Die Flasche frisch im Kreise wiederkehret.

Sagt, wem vergleich ich diese muntre Schar?
Von wannen kommt sie? um wohin zu ziehen?
Wie ist an ihr doch alles wunderbar!
Soll ich sie grüßen? soll ich vor ihr fliehen?
Ist es der Jäger wildes Geisterheer
Sind's Gnomen, die hier Zauberkünste treiben
Ich seh im Busch der kleinen Feuer mehr;
Es schaudert mich, ich wage kaum zu bleiben.
Ist's der Ägyptier verdächtiger Aufenthalt?
Ist es ein flüchtiger Fürst wie im Ardenner-Wald?

Soll ich Verirrter hier in den verschlungnen Gründen
Die Geister Shakespeares gar verkörpert finden?
Ja der Gedanke führt mich eben recht:
Sie sind es selbst, wo nicht ein gleich Geschlecht!
Unbändig schwelgt ein Geist in ihrer Mitten,
Und durch die Roheit fühl ich edle Sitten.
Wie nennt ihr ihn? Wer ist's, der dort gebückt
Nachlässig stark die breiten Schultern drückt
Er sitzt zunächst gelassen an der Flamme,
Die markige Gestalt aus altem Heldenstamme.
Er saugt begierig am geliebten Rohr,
Es steigt der Dampf an seiner Stirn empor.
Gutmütig trocken weiß er Freud und Lachen
Im ganzen Zirkel laut zu machen,
Wenn er mit ernstlichem Gesicht
Barbarisch bunt in fremder Mundart spricht.

Wer ist der andre, der sich nieder
An einen Sturz des alten Baumes lehnt
Und seine langen, feingestalten Glieder
Ekstatisch faul nach allen Seiten dehnt
Und, ohne daß die Zecher auf ihn hören,
Mit Geistesflug sich in die Höhe schwingt
Und von dem Tanz der himmelhohen Sphären
Ein monotones Lied mit großer Inbrunst singt?

Doch scheinet allen etwas zu gebrechen.
Ich höre sie auf einmal leise sprechen,
Des Jünglings Ruhe nicht zu unterbrechen,
Der dort am Ende, wo das Tal sich schließt,
In einer Hüne, leicht gezimmert,
Vor der ein letzter Blick des kleinen Feuers schimmert,
Vom Wasserfall umrauscht, des milden Schlafs genießt.
Mich treibt das Herz, nach jener Kluft zu wandern;
Ich schleiche still und scheide von den andern.

Sei mir gegrüßt, der hier in später Nacht
Gedankenvoll an dieser Schwelle wacht!
Was sitzest du entfernt von jenen Freuden?
Du scheinst mir auf was Wichtiges bedacht.
Was ist's, daß du in Sinnen dich verlierest
Und nicht einmal dein kleines Feuer schürest?

»O frage nicht! denn ich bin nicht bereit,
Des Fremden Neugier leicht zu stillen;
Sogar verbitt ich deinen guten Willen;
Hier ist zu schweigen und zu leiden Zeit.
Ich bin dir nicht imstande selbst zu sagen,
Woher ich sei, wer mich hierher gesandt;
Von fremden Zonen bin ich her verschlagen
Und durch die Freundschaft festgebannt.

Wer kennt sich selbst? wer weiß, was er vermag
Hat nie der Mutige Verwegnes unternommen?
Und was du tust, sagt erst der andre Tag,
War es zum Schaden oder Frommen.
Ließ nicht Prometheus selbst die reine Himmelsglut
Auf frischen Ton vergötternd niederfließen
Und konnt er mehr als irdisch Blut
Durch die belebten Adern gießen?
Ich brachte reines Feuer vom Altar;
Was ich entzündet, ist nicht reine Flamme.
Der Sturm vermehrt die Glut und die Gefahr,
Ich schwanke nicht, indem ich mich verdamme.

Und wenn ich unklug Mut und Freiheit sang
Und Redlichkeit und Freiheit sonder Zwang,
Stolz auf sich selbst und herzliches Behagen,
Erwarb ich mir der Menschen schöne Gunst;

Doch, ach! ein Gott versagte mir die Kunst,
Die arme Kunst, mich künstlich zu betragen.
Nun sitz ich hier, zugleich erhoben und gedrückt,
Unschuldig und gestraft, und schuldig und beglückt.

Doch rede sacht! denn unter diesem Dach
Ruht all mein Wohl und all mein Ungemach:
Ein edles Herz, vom Wege der Natur
Durch enges Schicksal abgeleitet,
Das, ahnungsvoll, nun auf der rechten Spur
Bald mit sich selbst und bald mit Zauberschatten streitet
Und, was ihm das Geschick durch die Geburt geschenkt,
Mit Müh und Schweiß erst zu erringen denkt.
Kein liebevolles Wort kann seinen Geist enthüllen
Und kein Gesang die hohen Wogen stillen.

Wer kann der Raupe, die am Zweige kriecht,
Von ihrem künftgen Futter sprechen?
Und wer der Puppe, die am Boden liegt,
Die zarte Schale helfen durchzubrechen?
Es kommt die Zeit, sie drängt sich selber los
Und eilt auf Fittichen der Rose in den Schoß.

Gewiß, ihm geben auch die Jahre
Die rechte Richtung seiner Kraft.
Noch ist, bei tiefer Neigung für das Wahre,
Ihm Irrtum eine Leidenschaft.
Der Vorwitz lockt ihn in die Weite,
Kein Fels ist ihm zu schroff, kein Steg zu schmal;
Der Unfall lauert an der Seite
Und stürzt ihn in den Arm der Qual.
Dann treibt die schmerzlich überspannte Regung
Gewaltsam ihn bald da, bald dort hinaus,
Und von unmutiger Bewegung

Ruht er unmutig wieder aus.
Und düster wild an heitern Tagen,
Unbändig, ohne froh zu sein,
Schläft er, an Seel und Leib verwundet und zerschlagen,
Auf einem harten Lager ein:

Indessen ich hier, still und atmend kaum,
Die Augen zu den freien Sternen kehre
Und, halb erwacht und halb im schweren Traum,
Mich kaum des schweren Traums erwehre.

Verschwinde, Traum!
Wie dank ich, Musen, euch!
Daß ihr mich heut auf einen Pfad gestellet,
Wo auf ein einzig Wort die ganze Gegend gleich
Zum schönsten Tage sich erhellet!
Die Wolke flieht, der Nebel fällt,
Die Schatten sind hinweg. Ihr Götter, Preis und Wonne!
Es leuchtet mir die wahre Sonne,
Es lebt mir eine schönre Welt;
Das ängstliche Gesicht ist in die Luft zerronnen,
Ein neues Leben ist's, es ist schon lang begonnen.

Ich sehe hier, wie man nach langer Reise
Im Vaterland sich wieder kennt,
Ein ruhig Volk im stillen Fleiße
Benutzen, was Natur an Gaben ihm gegönnt.
Der Faden eilet von dem Rocken
Des Webers raschem Stuhle zu;
Und Seil und Kübel wird in längrer Ruh
Nicht am verbrochnen Schachte stocken;
Es wird der Trug entdeckt, die Ordnung kehrt zurück,
Es folgt Gedeihn und festes irdsches Glück.

So mög, o Fürst, der Winkel deines Landes
Ein Vorbild deiner Tage sein!
Du kennest lang die Pflichten deines Standes
Und schränkest nach und nach die freie Seele ein.
Der kann sich manchen Wunsch gewähren,
Der kalt sich selbst und seinem Willen lebt;

Allein wer andre wohl zu leiten strebt,
Muß fähig sein, viel zu entbehren.
So wandle du – der Lohn ist nicht gering –
Nicht schwankend hin, wie jener Sämann ging,
Daß bald ein Korn, des Zufalls leichtes Spiel,
Hier auf den Weg, dort zwischen Dornen fiel;
Nein! streue klug wie reich, mit männlich steter Hand,
Den Segen aus auf ein geackert Land;
Dann laß es ruhn: die Ernte wird erscheinen
Und dich beglücken und die Deinen.

An Silvien

Wenn die Zweige Wurzeln schlagen,
Wachsen, grünen, Früchte tragen,
Möchtest du dem Angedenken
Deines Freunds ein Lächeln schenken.

Derselben

Und wenn sie zuletzt erfrieren,
Weil man sie nicht wohl verschanzet,
Will sich's alsobald gebühren,
Daß man hoffend neue pflanzet.

Einer hohen Reisenden

Wohin du trittst, wird uns verklärte Stunde,
Dir leuchtet Klarheit frisch vom Angesicht,
Vom Auge Gutheit, Lieblichkeit vom Munde,
Aus Wolken dringt ein reines Himmelslicht.

Der Ungeheuer Schwarm im Hintergrunde,
Er drängt, er droht, jedoch er schreckt dich nicht,
Wie du mit Freiheit unbefangen schreitest,
Das Herz erhebst und jeden Geist erweitest.

So wandelst du, dein Ebenbild zu schauen,
Das majestätisch uns von oben blickt;
Der Mütter Urbild, Königin der Frauen,
Ein Wunderpinsel hat sie ausgedrückt.
Ihr beugt ein Mann, mit liebevollem Grauen,
Ein Weib die Knie, in Demut still entzückt:
Du aber kommst, ihr deine Hand zu reichen,
Als wärest du zu Haus bei deinesgleichen.

Doch schreite weiter, was auch hier sich finde,
Zum Lande hin, dem doch kein andres gleicht,
Wo uns Natur befreit, wie Kunst auch binde,
Der Geist sich stählt, wenn sich das Herz erweicht;
Vor stillem Schaun so Zeit- als Volksgewinde
Zum Abgrund wallt, zur Himmelshöhe steigt:
Dorthin gehörst du, die du schaffend strebest,
Die Trümmer herstellst, Totes neu belebest.

Führ uns indes durch blumenreiche Matten,
Am breiten Fluß durchs wohlbekannte Tal,
Wo Reben sich um Sonnenhügel gatten,
Der Fels dich schützt vor mächtgem Sonnenstrahl;

Genieße froh der engen Laube Schatten,
Der reinen Milch unschuldig würdges Mahl,
Und hier und dort vergönn an deinen Blicken,
An deinem Wort uns ewig zu entzücken!

Jubiläum

Hat der Tag sich kaum erneuet,
Wo uns Winterfreude blühet,
Jedermann sich wünschend freuet,
Wenn er Freund' und Gönner siehet.

Sagt, wie schon am zweiten Tage
Sich ein zweites Fest entzündet
Hat vielleicht willkommne Sage
Vaterland und Reich gegründet?

Haben sich die Allgewalten
Endlich schöpferisch entschieden,
Aufzuzeichnen, zu entfalten
Allgemeinen ewgen Frieden?

Nein! – dem Würdigen, dem Biedern
Winden wir vollkommne Kränze,
Und zu aller Art von Liedern
Schlingen sich des Festes Tänze.

Selbst das Erz erweicht sich gerne,
Wundersam ihn zu verehren;
Aber ihr, auch aus der Ferne,
Laßt zu seinem Preise hören!

Er, nach langer Jahre Sorgen,
Wo der Boden oft gebidmet,
Sieht nun Fürst und Volk geborgen,
Dem er Geist und Kraft gewidmet.

Die Gemahlin, längst verbunden
Ihm als treulichstes Geleite,
Sieht er auch, der tausend Stunden
Froh gedenk, an seiner Seite.

Leb er so, mit Jünglingskräften
Immer herrlich und vermögsam,
In den wichtigsten Geschäften
Heiter klug und weise regsam,

Und in seiner Trauten Kreise
Sorgenfrei und unterhaltend,
Eine Welt nach seiner Weise
Nah und fern umher gestaltend.

An Uranius

Himmel, ach! so ruft man aus,
Wenn's uns schlecht geworden.
Himmel will verdienen sich
Pfaff und Ritterorden.

Ihren Himmel finden viel'
In dem Weltgetümmel;
Jugend unter Tanz und Spiel
Meint, sie sei im Himmel.

Doch von dem Klaviere tönt
Ganz ein andrer Himmel;
Alle Morgen grüß ich ihn,
Nickt er mir vom Schimmel.

An Tischbein

Erst ein Deutscher, dann ein Schweizer,
Dann ein Berg-, und Tal-Durchkreuzer,
Römer, dann Napolitaner,
Philosoph und doch kein Aner,
Dichter, fruchtbar aller Orten,
Bald mit Zeichen, bald mit Worten,
Immer bleibest du derselbe
Von der Tiber bis zur Elbe!
Glück und Heil! so wie du strebest,
Leben! so wie du belebest,
So genieße! laß genießen!
Bis die Nymphen dich begrüßen,
Die sich in der Ilme baden
Und aufs freundlichste dich laden.

An denselben

Alles, was du denkst und sinnest,
Was du der Natur und Kunst
Mit Empfindung abgewinnest,
Drückst du aus durch Musengunst.
Farbe her! Dein Meisterwille
Schafft ein sichtliches Gedicht;
Doch, bescheiden in der Fülle,
Du verschmähst die Worte nicht.

An denselben

Für das Gute, für das Schöne
Das du uns so reichlich sendest,
Möge jegliche Kamöne
Freude spenden, wie du spendest!
Möge dir, im nordschen Trüben,
Aller Guten, aller Lieben
Reine Neigung so bereiten,
Überall dich zu begleiten
Mit des Umgangs trauter Wonne,
Wie im heitern Land der Sonne!

An denselben

Statt den Menschen in den Tieren
Zu verlieren,
Findest du ihn klar darin
Und belebst, als wahrer Dichter,
Schaf- und säuisches Gelichter
Mit Gesinnung wie mit Sinn.
Auch der Esel kommt zu Ehren
Und yaht uns weise Lehren.
Das, was Buffon nur begonnen,
Kommt durch Tischbein an die Sonnen.

Zueignung

Da sind sie nun! Da habt ihr sie!
Die Lieder, ohne Kunst und Müh
Am Rand des Bachs entsprungen.
Verliebt und jung und voll Gefühl
Trieb ich der Jugend altes Spiel,
Und hab sie so gesungen.

Sie singe, wer sie singen mag!
An einem hübschen Frühlingstag
Kann sie der Jüngling brauchen.
Der Dichter blinzt von ferne zu,
Jetzt drückt ihm diätetsche Ruh
Den Daumen auf die Augen.

Halb scheel, halb weise sieht sein Blick
Ein bißchen naß auf euer Glück
Und jammert in Sentenzen.
Hört seine letzten Lehren an!
Er hats so gut wie ihr getan
Und kennt des Glückes Grenzen.

Ihr seufzt und singt und schmelzt und küßt,
Und jauchzet, ohne daß ihrs wißt,
Dem Abgrund in der Nähe.
Flieht Wiese, Bach und Sonnenschein,
Schleicht, solls euch wohl im Winter sein,
Bald zu dem Herd der Ehe.

Ihr lacht mich aus und ruft: Der Tor!
Der Fuchs, der seinen Schwanz verlor,
Verschnitt' jetzt gern uns alle.

Doch hier paßt nicht die Fabel ganz,
Das treue Füchslein ohne Schwanz
Das warnt euch vor der Falle.

Der Autor

Wenn in den ersten Augenblicken,
Da kaum ein Jüngling schreibt, Kritiken
Den nahen Fall ihm prophezein,
Da mag ich nicht ein Autor sein.
Doch, lobt man ihn nach seinen Jahren,
Und spornt ihn an so fortzufahren,
Mischt man auch gleichwohl Tadel ein,
Dann möcht ich gern ein Autor sein.

Wenn mich ein dummer Mensch erhöhet,
Der nichts von meiner Schrift verstehet,
Und spricht: ich schreibe witzig, fein,
Da mag ich nicht ein Autor sein.
Wenn aber Kluge sich verbinden,
Die Fehler meines Werks zu finden,
Und macht mich auch ihr Tadel klein,
Da möcht ich doch ein Autor sein.

Wenn unsre schlechten deutschen Bühnen
Sich noch des Lipperleins bedienen,
Ist Buffon, Harlekin darein,
Da mag ich nicht ein Autor sein.
Doch wenn in echten Trauerspielen
Wir nachgeahmte Schmerzen fühlen,
Nimmt uns die Sara Samson ein,
Da möcht ich so ein Autor sein.

Wenn S. stolz Epopeen machet,
Daß jeder, statt zu weinen, lachet,
Rühmt ihn gleich G. als schön, als rein,
Da mag ich nicht ein Autor sein.
Doch wenn ich im Virgil gelesen,
Und sehe, daß er groß gewesen,
Dann denkt mein Geist voll Gram und Pein:
Ach! so kein Autor kannst du sein.

Wenn junge Herren, die nichts denken,
Mir ihren ganzen Beifall schenken,
Und immer »Artig, artig« schrein,
Da mag ich doch kein Autor sein.
Doch wenn mich kluge Mädchen preisen
Und meine Schriften rührend heißen,
Da nimmt mich schnell die Schreibsucht ein,
Da möcht ich gleich ein Autor sein.

In das Stammbuch von Friedrich Maximilian Moors

Dieses ist das Bild der Welt,
Die man für die beste hält:
Fast wie eine Mördergrube,
Fast wie eines Burschen Stube,
Fast so wie ein Opernhaus,
Fast wie ein Magisterschmaus,
Fast wie Köpfe von Poeten,
Fast wie schöne Raritäten,
Fast wie abgesetztes Geld
Sieht sie aus, die beste Welt.

Es hat der Autor, wenn er schreibt,
So was Gewisses, das ihn treibt.
Der Trieb zog auch den Alexander
Und alle Helden miteinander.
Drum schreib ich auch allhier mich ein:
Ich möcht nicht gern vergessen sein.

Aus einem Briefe an Riese

Es ist mein einziges Vergnügen,
Wenn ich, entfernt von jedermann,
Am Bache, bei den Büschen liegen,
An meine Lieben denken kann.
. . .
Da wird mein Herz von Jammer voll,
Mein Aug wird trüber,
Der Bach rauscht jetzt im Sturm vorüber,
Der mir vorher so sanft erscholl.
Kein Vogel singt in den Gebüschen,
Der grüne Baum verdorrt,
Der Zephir, der, mich zu erfrischen,
sonst wehte, stürmt und wird zum Nord
Und trägt entrißne Blüten fort.
Voll Zittern flieh ich dann den Ort,
Ich flieh und such in öden Mauern
Einsames Trauern.
. . .
Er sucht die Ursach zu ergründen,
Denkt lächelnd nach und sieht mir ins Gesicht.
Doch wie kann er die Ursach finden,
Ich weiß sie selbsten nicht.

An den Schlaf

Der du mit deinem Mohne
Selbst Götteraugen zwingst,
Und Bettler oft zum Throne,
Zum Mädchen Schäfer bringst,
Vernimm: Kein Traumgespinste
Verlang ich heut von dir,
Den größten deiner Dienste,
Geliebter, leiste mir.

An meines Mädchens Seite
Sitz ich, ihr Aug spricht Lust,
Und unter neidscher Seide
Steigt fühlbar ihre Brust;
Oft hatte meinen Küssen
Sie Amor zugebracht,
Dies Glück muß ich vermissen,
Die strenge Mutter wacht.

Am Abend triffts du wieder
Mich dort, o tritt herein,
Sprüh Mohn von dem Gefieder,
Da schlaf die Mutter ein:
Bei blassen Lichterscheinen
Von Lieb Annette warm
Sink, wie Mama in deinen,
In meinen giergen Arm.

Ziblis

Eine Erzählung

Mädchen, setzt euch zu mir nieder,
Niemand stört hier unsre Ruh,
Seht, es kommt der Frühling wieder,
Weckt die Blumen und die Lieder,
Ihn zu ehren, hört mir zu.

Weise, strenge Mütter lehren:
Mädchen, flieht der Männer List.
Und doch laßt ihr euch betören!
Hört, ihr sollt ein Beispiel hören,
Wer am meisten furchtbar ist.

Ziblis jung und schön, zur Liebe,
Zu der Zärtlichkeit gemacht,
Floh aus rauhem wilden Triebe,
Nicht aus Tugend alle Liebe,
Ihre Freude war die Jagd.

Als sie einst tief im Gesträuche
Sorglos froh ein Liedchen sang,
Ward sie blaß wie eine Leiche,
Da aus einer alten Eiche
Ein gehörnter Waldgott sprang.

Zärtlich lacht das Ungeheuer,
Ziblis wendet ihr Gesicht,
Läuft, doch der gehörnte Freier
Springt ihr wie ein hüpfend Feuer
Nach, und ruft: Oh flieh mich nicht.

Schrein kann niemals überwinden.
Sie lief schneller, er ihr nach.
Endlich kam sie zu den Gründen,
Da, wo unter jungen Linden
Emiren am Wasser lag.

Hilf mir! rief sie. Er voll Freude,
Daß er so die Nymphe sah,
Stand bewaffnet zu dem Streite
Mit dem Ast der nächsten Weide,
Als der Waldgott kam, schon da.

Der trat näher, ihn zu höhnen,
Und ging schnell den Zweikampf ein.
Sie erbebt für Emirenen.
Immer wird das Herz der Schönen
Auf des Schönen Seite sein.

Seinen Feind im Sand zu höhnen,
Regt sich Fuß, und Arm, und Hand,
Bald mit Stoßen, bald mit Dehnen.
Liebe stärkt die Kraft der Sehnen,
Beide waren gleich entbrannt.

Endlich sinkt der Faun zur Erden,
Denn ihn traf ein harter Streich.
Gräßlich zerrt er die Gebärden;
Emiren, ihn los zu werden,
Wirft ihn in den nächsten Teich.

Ziblis lag mit matten Blicken,
Da der Sieger kam, im Gras.
Wirds ihm ihr zu helfen glücken?
Leicht sind Mädchen zu erquicken,
Oft ist ihre Krankheit Spaß.

Sie erhebt sich. Neues Leben
Gibt ein heißer Kuß ihr gleich.
Doch, der einen schon gegeben,
Sollte nicht nach mehrern streben?
Das sieht einem Märchen gleich.

Wartet nur. Es folgten Küsse
Hundertweis; sie schmeckten ihr.
Ja die Mäulchen schmecken süße.
Und bei Ziblis waren diese
Gar die ersten. Glaubt es mir.

Darum sog mit langen Zügen
Sie begierig immer mehr.
Endlich trunken von Vergnügen,
Ward dem Emiren das Siegen,
Wie ihr denken könnt, nicht schwer.

Mädchen, fürchtet rauher Leute
Buhlerische Wollust nie.
Die im ehrfurchtsvollen Kleide
Viel von unschuldsvoller Freude
Reden, Mädchen, fürchtet die.

Wacht, denn da ist nichts zu scherzen.
Seid viel lieber klug als kalt.
zittert stets für eure Herzen.
Hat man einmal diese Herzen,
Ha! Das andre hat man bald.

Lyde
Eine Erzählung

Euer Beifall macht mich freier,
Mädchen, hört ein neues Lied.
Doch verzeiht, wenn meine Leier
Nicht von jenem heilgen Feuer
Der geweihten Dichter glüht.

Hört von mir, was wenig wissen,
Hörts, und denket nach dabei:
Daß, wenn zwei sich zärtlich küssen,
Gern sich sehn, und ungern missen,
Es nicht stets aus Liebe sei.

Lyde brannt von einem Blicke
Für Aminen, er für sie;
Doch ein widriges Geschicke
Hinderte noch beider Glücke,
Ihre Eltern schliefen nie.

Wachsamkeit wird euch nichts taugen,
Wenn die Töchter unser sind;
Eltern, habet hundert Augen,
Mädchen, wenn sie List gebrauchen,
Machen hundert Augen blind.

Listig hofft sie, eine Stunde
Ihre Wächter los zu sein.
Endlich kommt die Schäferstunde,
Und von ihrem heißen Munde
Saugt Amin die Wollust ein.

So genoß entfernt vom Neide
Er noch manchen süßen Kuß.
Doch er ward so vieler Beute
Überdrüssig. Jede Freude
Endigt sich mit dem Genuß.

Ist wohl bei des Blutes Wallen,
Denkt er, immer Liebe da?
Liebt sie mich denn wohl vor allen?
Oder hab ich ihr gefallen,
Weil sie mich am ersten sah?

Einst spricht er, dies auszuspüren:
Ach, wie quält mein Vater mich!
Fern soll ich die Herde führen –
Himmel! Dich soll ich verlieren!
Ha! Das Leben ehr als dich.

Liebste, nein, ich komme wieder,
Doch, der beste Freund von mir
(Hier sah sie zur Erde nieder)
Singet angenehme Lieder,
Diesen Freund, den laß ich dir.

Lyde denkt an keine Tücke,
Weint, und geht es weinend ein.
Ungern flieht Amin sein Glücke,
Listig bleibt der Freund zurücke,
Oft ist er mit ihr allein.

Viel singt er von Glut und Liebe,
Sie wird feurig, er wird kühn.
Sie empfindet neue Triebe,
Und Gelegenheit macht Diebe.
Endlich – Gute Nacht, Amin.

Kinder, seht, da müßt ihr wachen,
Euch von Irrtum zu befrein.
Glaubet nie den Schein der Sachen,
Sucht euch ja gewiß zu machen,
Eh ihr glaubt geliebt zu sein.

Pygmalion

Eine Romanze

Es war einmal ein Hagestolz,
Der hieß Pygmalion;
Er machte manches Bild von Holz,
Von Marmor und von Ton.

Und dieses war sein Zeitvertreib
Und alle seine Lust.
Kein junges, schönes, sanftes Weib
Erwärmte seine Brust.

Denn er war klug und furchte sehr
Der Hörner schwer Gewicht;
Denn schon seit vielen Jahren her
Traut man den Weibern nicht.

Doch es sei einer noch so wild,
Gern wird er Mädchen sehn.
Drum macht' er sich gar manches Bild
Von Mädchen jung und schön.

Einst hatt er sich ein Bild gemacht
Es staunte, wer es sah;
Es stand in aller Schönheit Pracht
Ein junges Mädchen da.

Sie schien belebt, und weich, und warm,
War nur von kaltem Stein;
Die hohe Brust, der weiße Arm
Lud zur Umarmung ein.

Das Auge war emporgewandt,
Halb auf zum Kuß der Mund.
Er sah das Werk von seiner Hand,
Und Amor schoß ihn wund.

Er war von Liebe ganz erfüllt,
Und was die Liebe tut!
Er geht, umarmt das kalte Bild,
Umarmet es mit Glut.

Da trat ein guter Freund herein,
Und sah dem Narren zu,
Sprach: Du umarmest harten Stein,
O welch ein Tor bist du!

Ich kauft ein schönes Mädchen mir
Willst du, ich geb dir sie?
Und sie gefällt gewißlich dir
Weit besser, als wie die.

Sag, ob du es zufrieden bist –
Er sah es nun wohl ein,
Ein Mädchen, das lebendig ist,
Sei besser als von Stein.

Er spricht zu seinem Freunde: Ja.
Der geht und holt sie her.
Er glühte schon, eh er sie sah,
Jetzt glüht er zweimal mehr.

Er atmet tief, sein Herze schlug
Er eilt, und ohne Trau
Nimmt er – man ist nicht immer klug –
Nimmt er sie sich zur Frau.

Flieht, Freunde, ja die Liebe nicht,
Denn niemand flieht ihr Reich:
Und wenn euch Amor einmal kriegt,
Dann ist es aus mit euch.

Wer wild ist, alle Mädchen flieht,
Sich unempfindlich glaubt,
Dem ist, wenn er ein Mädchen sieht,
Das Herze gleich geraubt.

Drum seht oft Mädchen, küsset sie,
Und liebt sie auch wohl gar,
Gewöhnt euch dran, und werdet nie
Ein Tor, wie jener war.

Nun, lieben Freunde, merkt euch dies,
Und folget mir genau;
Sonst straft euch Amor ganz gewiß,
Und gibt euch eine Frau.

Triumph der Tugend

Erste Erzählung

Von stiller Wollust eingeladen
Drang in den Tempel der Dryaden
Mit seinem Mädchen Daphnis ein,
Um zärtlich unbemerkt zu sein.

Des Taxus Nacht umgab den Fuß der Eichen,
Nur Vögel hüpften auf den Zweigen,
Rings um sie her lag feierliches Schweigen,
Als wären sie auf dieser Welt allein.

Sie saßen tändelnd in dem Kühlen.
Allein, dem Herzen nah, das uns so zärtlich liebt –
Wem Amor solch ein Glücke gibt,
Wird der nicht mehr als sonsten fühlen?
Und unser Paar fing bald an mehr zu fühlen.

Des Mädchens zärtlich Herz lag ganz in ihrem Blicke,
Halblächelnd nennt sie ihn ihr bestes größtes Glücke.
Sein Herz, von heißem Blut erfüllt,
Drückt sich an ihrs, läßt nach, drückt wieder;
Und wenn das Blut einmal von Liebe schwillt,
Reißt es gar leicht der Ehrfurcht Grenzen nieder.

Konnt Daphnis wohl dem Reiz des Busens widerstehn?
Bei jedem Kuß durchglüht ihn neues Feuer,
Bei jedem Kusse ward er freier,
Und sie – und sie – ließ es geschehn.
Der Schäfer fühlt ein taumelndes Entzücken,
Und da sie schweigt, da jetzt in ihren Blicken
Anstatt der Munterkeit ein sanfter Kummer liegt,
Glaubt er sie auf dem Grad von feurigem Entzücken,
Wo man die Mädchen leicht besiegt.

Sie war an seine Brust gesunken,
Und er, zuletzt von Wollust trunken,
Erbat sich, Amor, Sieg von dir.
Doch schnell entriß sie sich den Armen,
Die sie umfaßten: Aus Erbarmen,
Rief sie, komm, eile weg von hier.
Bestürzt und zitternd folgt er ihr.

Da sprach sie zärtlich: Laß nicht mehr
Dich die Gelegenheit verführen;
O Freund, ich liebe dich zu sehr,
Um dich unwürdig zu verlieren.

Zweite Erzählung

Ich fand mein Mädchen einst allein
Am Abend so, wie ich sie selten finde.
Entkleidet sah ich sie; dem guten Kinde
Fiel es nicht ein,
Daß ich so nahe bei ihr sein,
Neugierig sie betrachten könnte.
Was sie mir nie zu sehn vergönnte,
Des Busens volle Blüten wies
Sie dem verschwiegnen kalten Spiegel, ließ
Das Haar geteilt von ihrem Scheitel fallen,
Wie Rosenzweig' um Knospen, um den Busen wallen.

Ganz außer mir vom niegefundnen Glück
Sprang ich hervor. Jedoch wie schmollte
Sie, da ich sie umarmen wollte.
Zorn sprach ihr furchtsam wilder Blick,
Die eine Hand stieß mich zurück,
Die andre deckte das, was ich nicht sehen sollte.
Geh, rief sie, soll ich deine Kühnheit dir
Verzeihen; eile weg von hier.

Ich, fliehn? Von heißer Glut durchdrungen –
Ohnmöglich – Diese schöne Zeit
Von sich zu stoßen! Die Gelegenheit
Kömmt nicht so leicht zurück. Voll Zärtlichkeit

Den Arm um ihren Hals gezwungen, stand
Ich neben ihrem Sessel, meine warme Hand
Auf ihrem heißen Busen, den zuvor
Sie nie berühret. Hoch empor
Stieg er und trug die Hand mit sich empor,
Dann sank mit einem tiefen Atemzug er wieder,
Und zog die Hand mit sich hernieder.
So stand Dianens Jäger mutig da,
Triumph gen Himmel hauchend, als er sah,
Was ungestraft kein Sterblicher noch sah.

Mein Mädchen schwieg, und sah mich an; ein Zeichen,
Die Grausamkeit fing' an sich zu erweichen,
Geschmolzen durch die Fühlbarkeit.
O Mädchen, soll mit listgen Streichen
Kein Jüngling seinen Zweck erreichen,
So müßt ihr niemals ruhig schweigen,
Wenn ihr mit ihm alleine seid.
Mein Arm umschlang mit angestrengten Sehnen
Die weiche Hüfte. Fast – fast – doch des Sieges Lauf
Hielt schnell ein glühnder Strom von Tränen
Unwiderstehlich auf.

Sie stürzt mir um den Hals, rief schluchzend: Rette
Mich Unglückselige, die niemand retten kann
Als du, Geliebter. Gott! ach hätte
Dir nie dies Herz gebrannt! Ich sah dich, da begann
Mein Elend; bald, bald ists vollendet.
O Mutter, welchen Lohn
Gab ich den treuen Lehren, die du mir verschwendet,
Dies Herz zu bilden! Mußte sich dein Drohn
So fürchterlich erfüllen:
Würd ich eine Tat
Vor dir verhüllen,
Deinen Rat

Verachten, selbst mich weise dünken,
Würd ich versinken.
Ich sinke schon; o rette mich! –
Sei stark, mein Freund, o rette dich!
Wir beide sind verloren – Freund, Erbarmen!

Noch hielt ich sie in meinen Armen.
Sie sah voll Angst rings um sich her.
Wie Wellen auf dem Meer,
Dess Grund erbebte, schlug die Brust, dem Munde
Entrauscht' ein Sturm. Sie seufzte: Unschuld – ach
wie klang
Dies Wort so lieblich, wenn in mitternächtger Stunde
An meinem Haupt es mir mein Engel sang.
Jetzt rauschts wie ein Gewitterton vorüber.
Sie riefs. Es ward ihr Auge trüber,
Sah sternenan. Sie betet: Sieh
Aus deiner Unschuldswohnung, Herr, auf mich herüber,
Erbarme dich! Entzieh
Der reißenden Gefahr mich. Du
Vermagsts allein; der ist zu schwach dazu,
Der Mensch, zu dem ich vor dir betete.

Naht euch, Verführer, deren Wange nie
Von heilgem Graun errötete,
Wenn eure Hand gefühllos, wie
Die Schnitter Blumen, Unschuld tötete,
Und euer Siegerfuß, darüber tretend, sie
Durch Hohn zum zweiten Male tötete,
Naht euch. Betrachtet hie
Der Vielgeliebten Tränen rollen;
Hört ihre Seufzer, hört die feuervollen
Gebete. Wehe dem, der dann
Noch einen Wunsch zu ihrem Elend wollen,
Noch einen Schritt zum Raube wagen kann!

Es sank mein Arm, aus ihm zur Erd sie nieder,
Ich betet, weint, und riß mich los und floh.

Den nächsten Tag fand ich sie wieder
Bei ihrer Mutter, als sie froh
Der freudbetränten Mutter Unschuldslieder
Mit Engelstimmen sang.

O Gott, wie drang ein Wonnestrahl durchs Herz mir!
Nieder
Zur Erde blickend stand
Ich da. Sie faßt' mich bei der Hand,
Führt' mich vertraulich auf die Seite,
Und sprach: Dank es dem harten Streite,
Daß du zur Sonn unschuldig blickst,
Beim Anblick jener Heilgen nicht erschrickst,
Mich nicht verachtend von dir schickst.
Freund, dieses ist der Tugend Lohn;
O, wärst du gestern tränend nicht entflohn,
Du sähst mich heute
Und ewig nie mit Freude.

An einen jungen Prahler

Dir hat, wie du mir selbst erzählt,
Es nie an Phillis Gunst gefehlt.
Du sprichst, dir hab sie viel erlaubt,
Und du ihr noch weit mehr geraubt.
Doch jetzt kommt sie, es wird sehr viel davon gesprochen,
In wenig Tagen in die Wochen.
Was könnte nun vom Argwohn dich befrein,
Der Vater dieses Kinds zu sein?
Wärst du nicht gar zu klein!

O du, die in dem Heiligtum
Der Grazien verdient zu glänzen,
Auch ohngebeten krönt der Ruhm
Dich mit den besten Kränzen;
Doch soll des Lobes Melodie
Dir immer gleich erschallen,
So gib dir nicht vergebne Müh,
Durch Tanzen zu gefallen.

Von kalten Weisen rings umgeben
Sing ich, was heiße Liebe sei;
Ich sing vom süßen Saft der Reben,
Und Wasser trink ich oft dabei.

An meine Lieder

Seid, geliebte kleine Lieder,
Zeugen meiner Fröhlichkeit;
Ach, sie kömmt gewiß nicht wieder,
Dieser Tage Frühlingszeit.

Bald entflieht der Freund der Scherze,
Er, dem ich euch sang, mein Freund.
Ach, daß auch vielleicht dies Herze
Bald um meine Liebste weint!

Doch, wenn nach der Trennung Leiden
Einst auf euch ihr Auge blickt,
Dann erinnert sie der Freuden,
Die uns sonst vereint erquickt.

Brautnacht

Im Schlafgemach, entfernt vom Feste,
Sitzt Amor dir getreu und bebt,
Daß nicht die List mutwillger Gäste
Des Brautbetts Frieden untergräbt.

Es blinkt mit mystisch heilgem Schimmer
Vor ihm der Flammen blasses Gold;
Ein Weihrauchswirbel füllt das Zimmer,
Damit ihr recht genießen sollt.

Wie schlägt dein Herz beim Schlag der Stunde,
Der deiner Gäste Lärm verjagt!
Wie glühst du nach dem schönen Munde,
Der bald verstummt und nichts versagt!

Du eilst, um alles zu vollenden,
Mit ihr ins Heiligtum hinein;
Das Feuer in des Wächters Händen
Wird wie ein Nachtlicht still und klein.

Wie bebt vor deiner Küsse Menge
Ihr Busen und ihr voll Gesicht!
Zum Zittern wird nun ihre Strenge,
Denn deine Kühnheit wird zur Pflicht.

Schnell hilft dir Amor sie entkleiden
Und ist nicht halb so schnell als du;
Dann hält er schalkhaft und bescheiden
Sich fest die beiden Augen zu.

Der wahre Genuß

Umsonst, daß du, ein Herz zu lenken,
Des Mädchens Schoß mit Golde füllst.
O Fürst, laß dir die Wollust schenken,
Wenn du sie wahr empfinden willst.
Gold kauft die Zunge ganzer Haufen,
Kein einzig Herz erwirbt es dir;
Doch willst du eine Tugend kaufen,
So geh und gib dein Herz dafür.

Was ist die Lust, die in den Armen
Der Buhlerin die Wollust schafft?
Du wärst ein Vorwurf zum Erbarmen,
Ein Tor, wärst du nicht lasterhaft.
Sie küsset dich aus feilem Triebe,
Und Glut nach Gold füllt ihr Gesicht.
Unglücklicher! Du fühlst nicht Liebe,
Sogar die Wollust fühlst du nicht.

Sei ohne Tugend, doch verliere
Den Vorzug eines Menschen nie!
Denn Wollust fühlen alle Tiere,
Der Mensch allein verfeinert sie.
Laß dich die Lehren nicht verdrießen,
Sie hindern dich nicht am Genuß,
Sie lehren dich, wie man genießen
Und Wollust würdig fühlen muß.

Soll dich kein heilig Band umgeben,
O Jüngling, schränke selbst dich ein.
Man kann in wahrer Freiheit leben,
Und doch nicht ungebunden sein.
Laß nur für Eine dich entzünden,
Und ist ihr Herz von Liebe voll,
So laß die Zärtlichkeit dich binden,
Wenn dich die Pflicht nicht binden soll.

Empfinde, Jüngling, und dann wähle
Ein Mädchen dir, sie wähle dich,
Von Körper schön und schön von Seele,
Und dann bist du beglückt wie ich!
Ich, der ich diese Kunst verstehe,
Ich habe mir ein Kind gewählt,
Daß uns zum Glück der schönsten Ehe
Allein des Priesters Segen fehlt.

Für nichts besorgt als meine Freude,
Für mich nur schön zu sein bemüht,
Wollüstig nur an meiner Seite,
Und sittsam, wenn die Welt sie sieht.
Daß unsrer Glut die Zeit nicht schade,
Räumt sie kein Recht aus Schwachheit ein,
Und ihre Gunst bleibt immer Gnade,
Und ich muß immer dankbar sein.

Ich bin genügsam und genieße
Schon da, wenn sie mir zärtlich lacht,
Wenn sie beim Tisch des Liebsten Füße
Zum Schemel ihrer Füße macht,
Den Apfel, den sie angebissen,
Das Glas, woraus sie trank, mir reicht
Und mir, bei halbgeraubten Küssen,
Den sonst verdeckten Busen zeigt.

Wenn in gesellschaftlicher Stunde
Sie einst mit mir von Liebe spricht,
Wünsch ich nur Worte von dem Munde,
Nur Worte, Küsse wünsch ich nicht.
Welch ein Verstand, der sie beseelet,
Mit immer neuem Reiz umgibt!
Sie ist vollkommen, und sie fehlet
Darin allein, daß sie mich liebt.

Die Ehrfurcht wirft mich ihr zu Füßen,
Die Wollust mich an ihre Brust.
Sieh, Jüngling, dieses heißt genießen!
Sei klug und suche diese Lust.
Der Tod führt einst von ihrer Seite
Dich auf zum englischen Gesang,
Dich zu des Paradieses Freude,
Und du fühlst keinen Übergang.

Die schöne Nacht

Nun verlaß ich diese Hütte,
Meiner Liebsten Aufenthalt,
Wandle mit verhülltem Schritte
Durch den öden finstern Wald.

Luna bricht durch Busch und Eichen,
Zephir meldet ihren Lauf,
Und die Birken streun mit Neigen
Ihr den süßten Weihrauch auf.

Wie ergötz ich mich im Kühlen
Dieser schönen Sommernacht!
O wie still ist hier zu fühlen,
Was die Seele glücklich macht!

Läßt sich kaum die Wonne fassen!
Und doch wollt ich, Himmel, dir
Tausend solcher Nächte lassen,
Gäb mein Mädchen Eine mir.

Schadenfreude

In des Papillons Gestalt
Flattr ich, nach den letzten Zügen,
Zu den vielgeliebten Stellen,
Zeugen himmlischer Vergnügen,
Über Wiesen, an die Quellen,
Um den Hügel, durch den Wald.

Ich belausch ein zärtlich Paar;
Von des schönen Mädchens Haupte
Aus den Kränzen schau ich nieder.
Alles, was der Tod mir raubte,
Seh ich hier im Bilde wieder,
Bin so glücklich, wie ich war.

Sie umarmt ihn lächelnd stumm,
Und sein Mund genießt der Stunde,
Die ihm gütge Götter senden,

Hüpft vom Busen zu dem Munde,
Von dem Munde zu den Händen,
Und ich hüpf um ihn herum.

Und sie sieht mich Schmetterling.
Zitternd vor des Freunds Verlangen,
Springt sie auf, da flieg ich ferne.
»Liebster, komm, ihn einzufangen!
Komm! ich hätt es gar zu gerne.
Gern das kleine bunte Ding.«

An Venus

Große Venus, mächtge Göttin!
Schöne Venus, hör mein Flehn.
Nie hast du mich
Über Krügen vor dem Bacchus
Auf der Erden liegen sehn.

Keinen Wein hab ich getrunken,
Den mein Mädchen nicht gereicht,
Nie getrunken,
Daß ich nicht voll gütger Sorge
Deine Rosen erst gesäugt.

Und dann goß ich auf dies Herze,
Das schon längst dein Altar ist,
Von dem Becher
Güldne Flammen, und ich glühte,
Und mein Mädchen ward geküßt.

Dir allein empfand dies Herze,
Göttin, gib mir einen Lohn.
Aus dem Lethe
Soll ich trinken, wenn ich sterbe,
Ach, befreie mich davon.

Laß mir, Gütige – dem Minos
Sei's an meinem Tod genung –
Mein Gedächtnis!
Denn es ist ein zweites Glücke
Eines Glücks Erinnerung.

Wunsch eines jungen Mädchens

O fände für mich
Ein Bräutigam sich!
Wie schön ists nicht da,
Man nennt uns Mama.
Da braucht man zum Nähen,
Zur Schul nicht zu gehen;
Da kann man befehlen,
Hat Mägde, darf schmälen,
Man wählt sich die Kleider,
Nach Gusto den Schneider;
Da läßt man spazieren,
Auf Bälle sich führen,
Und fragt nicht erst lange
Papa und Mama.

Die Freuden

Es flattert um die Quelle
Die wechselnde Libelle,
Mich freut sie lange schon;
Bald dunkel und bald helle,
Wie der Chamäleon,
Bald rot, bald blau,
Bald blau, bald grün.
O daß ich in der Nähe
Doch ihre Farben sähe!

Sie schwirrt und schwebet, rastet nie!
Doch still, sie setzt sich an die Weiden.
Da hab ich sie! Da hab ich sie!
Und nun betracht ich sie genau,
Und seh ein traurig dunkles Blau –

So geht es dir, Zergliedrer deiner Freuden!

Liebe und Tugend

Wenn einem Mädchen, das uns liebt,
Die Mutter strenge Lehren gibt
Von Tugend, Keuschheit und von Pflicht,
Und unser Mädchen folgt ihr nicht.

Und fliegt mit neu verstärktem Triebe
Zu unsern heißen Küssen hin,
Da hat daran der Eigensinn
So vielen Anteil als die Liebe.

Doch wenn die Mutter es erreicht,
Daß sie das gute Herz erweicht,

Voll Stolz auf ihre Lehren sieht,
Daß uns das Mädchen spröde flieht,

So kennt sie nicht das Herz der Jugend
Denn wenn das je ein Mädchen tut,
So hat daran der Wankelmut
Gewiß mehr Anteil als die Tugend.

Kinderverstand

In großen Städten lernen früh
Die jüngsten Knaben was;
Denn manche Bücher lesen sie
Und hören dies und das
Vom Lieben und vom Küssen,
Sie brauchtens nicht zu wissen.
Und mancher ist im zwölften Jahr
Fast klüger, als sein Vater war,
Da er die Mutter nahm.

Das Mädchen wünscht von Jugend auf
Sich hochgeehrt zu sehn,
Sie ziert sich klein und wächst herauf
In Pracht und Assembleen.
Der Stolz verjagt die Triebe
Der Wollust und der Liebe;
Sie sinnt nur drauf, wie sie sich ziert,
Ein Aug entzückt, ein Herze rührt,
Und denkt ans andre nicht.

Auf Dörfern siehts ganz anders aus,
Da treibt die liebe Not
Die Jungen auf das Feld hinaus
Nach Arbeit und nach Brot.

Wer von der Arbeit müde,
Läßt gern den Mädchen Friede.
Und wer noch obendrein nichts weiß,
Der denkt an nichts, den macht nichts heiß;
So gehts den Bauern meist.

Die Bauermädchen aber sind
In Ruhe mehr genährt,
Und darum wünschen sie geschwind,
Was jede Mutter wehrt.
Oft stoßen schäkernd Bräute
Den Bräutigam in die Seite;
Denn von der Arbeit, die sie tun,
Sich zu erholen, auszuruhn,
Das können sie dabei.

Der Misanthrop

A.
Erst sitzt er eine Weile,
Die Stirn von Wolken frei;
Auf einmal kömmt in Eile
Sein ganz Gesicht der Eule
Verzerrtem Ernste bei.

B.
Sie fragen, was das sei?
Lieb oder lange Weile?

C.
Ach, sie sinds alle zwei.

Die Liebe wider Willen

Ich weiß es wohl und spotte viel:
Ihr Mädchen seid voll Wankelmut!
Ihr liebet, wie im Kartenspiel,
Den David und den Alexander;
Sie sind ja Forcen miteinander,
Und die sind miteinander gut.

Doch bin ich elend wie zuvor,
Mit misanthropischem Gesicht,
Der Liebe Sklav, ein armer Tor!
Wie gern wär ich sie los, die Schmerzen!
Allein es sitzt zu tief im Herzen,
Und Spott vertreibt die Liebe nicht.

Lebendiges Andenken

Der Liebsten Band und Schleife rauben,
Halb mag sie zürnen, halb erlauben,
Euch ist es viel, ich will es glauben
Und gönn euch solchen Selbstbetrug:
Ein Schleier, Halstuch, Strumpfband, Ringe
Sind wahrlich keine kleinen Dinge;
Allein mir sind sie nicht genug.

Lebendgen Teil von ihrem Leben,
Ihn hat nach leisem widerstreben
Die Allerliebste mir gegeben,
Und jene Herrlichkeit wird nichts.
Wie lach ich all der Trödelware!
Sic schenkte mir die schönen Haare,
Den Schmuck des schönsten Angesichts.

Soll ich dich gleich, Geliebte, missen,
Wirst du mir doch nicht ganz entrissen:
Zu schaun, zu tändeln und zu küssen
Bleibt die Reliquie von dir. –
Gleich ist des Haars und mein Geschicke:
Sonst buhlten wir mit Einem Glücke
Um sie, jetzt sind wir fern von ihr.

Fest waren wir an sie gehangen;
Wir streichelten die runden Wangen,
Uns lockt' und zog ein süß Verlangen,
Wir gleiteten zur vollern Brust.
O Nebenbuhler, frei von Neide,
Du süß Geschenk, du schöne Beute,
Erinnre mich an Glück und Lust!

An Luna

Schwester von dem ersten Licht,
Bild der Zärtlichkeit in Trauer!
Nebel schwimmt mit Silberschauer
Um dein reizendes Gesicht;
Deines leisen Fußes Lauf
Weckt aus tagverschloßnen Höhlen
Traurig abgeschiedne Seelen,
Mich und nächtge Vögel auf.

Forschend übersicht dein Blick
Eine großgemeßne Weite.
Hebe mich an deine Seite!
Gib der Schwärmerei dies Glück!

Und in wollustvoller Ruh
Säh der weitverschlagne Ritter
Durch das gläserne Gegitter
Seines Mädchens Nächten zu.

Des Beschauens holdes Glück
Mildert solcher Ferne Qualen,
Und ich sammle deine Strahlen,
Und ich schärfe meinen Blick;
Hell und heller wird es schon
Um die unverhüllten Glieder,
Und nun zieht sie mich hernieder,
Wie dich einst Endymion.

Neujahrslied

Wer kömmt! Wer kauft von meiner War!
Devisen auf das neue Jahr,
Für alle Stände.
Und fehlt auch einer hie und da,
Ein einzger Handschuh paßt sich ja
An zwanzig Hände.

Du Jugend, die du tändelnd liebst,
Ein Küßchen um ein Küßchen gibst,
Unschuldig heiter,
Jetzt lebst du noch ein wenig dumm
Geh nur erst dieses Jahr herum,
So bist du weiter.

Die ihr schon Amors Wege kennt
Und schon ein bißchen lichter brennt,
Ihr macht mir bange.

Zum Ernst, ihr Kinder, von dem Spaß!
Das Jahr! zur höchsten Not noch das,
Sonst währts zu lange.

Du junger Mann, du junge Frau,
Lebt nicht zu treu, nicht zu genau
In enger Ehe.
Die Eifersucht quält manches Haus,
Und trägt am Ende doch nichts aus
Als doppelt Wehe.

Der Witwer wünscht in seiner Not,
Zur selgen Frau durch schnellen Tod
Geführt zu werden.
Du guter Mann, nicht so verzagt!
Das, was dir fehlt, das, was dich plagt,
Findst du auf Erden.

Ihr, die ihr Misogyne heißt,
Der Wein heb euern großen Geist
Beständig höher.
Zwar Wein beschweret oft den Kopf,
Doch der tut manchem Ehetropf
Wohl zehnmal weher.

Der Himmel geb zur Frühlingszeit
Mir manches Lied voll Munterkeit,
Und euch gefall es.
Ihr lieben Mädchen singt sie mit,
Dann ist mein Wunsch am letzten Schritt,
Dann hab ich alles.

Unschuld

Schönste Tugend einer Seele,
Reinster Quell der Zärtlichkeit!
Mehr als Byron, als Pamele
Ideal und Seltenheit!
Wenn ein andres Feuer brennet,
Flieht dein zärtlich schwaches Licht;
Dich fühlt nur, wer dich nicht kennet,
Wer dich kennt, der fühlt dich nicht.

Göttin, in dem Paradiese
Lebtest du mit uns vereint;
Noch erscheinst du mancher Wiese
Morgens, eh die Sonne scheint.
Nur der sanfte Dichter siehet
Dich im Nebelkleide ziehn;
Phöbus kommt, der Nebel fliehet,
Und im Nebel bist du hin.

Am Flusse

Verfließet, vielgeliebte Lieder,
Zum Meere der Vergessenheit!
Kein Knabe sing entzückt euch wieder,
Kein Mädchen in der Blütenzeit.

Ihr sanget nur von meiner Lieben;
Nun spricht sie meiner Treue Hohn.
Ihr wart ins Wasser eingeschrieben,
So fließt denn auch mit ihm davon.

Mit einem goldenen Halskettchen

Dir darf dies Blatt ein Kettchen bringen,
Das, ganz zur Biegsamkeit gewöhnt,
Sich mit viel hundert kleinen Schlingen
Um deinen Hals zu schmiegen sehnt.

Gewähr dem Närrchen die Begierde!
Sie ist voll Unschuld, ist nicht kühn;
Am Tag ists eine kleine Zierde,
Am Abend wirfst du's wieder hin.

Doch bringt dir einer jene Kette,
Die schwerer drückt und ernster faßt,
Verdenk ich dir es nicht, Lisette,
Wenn du ein klein Bedenken hast.

Der Abschied

Laß mein Aug den Abschied sagen,
Den mein Mund nicht nehmen kann!
Schwer, wie schwer ist er zu tragen!
Und ich bin doch sonst ein Mann.

Traurig wird in dieser Stunde
Selbst der Liebe süßtes Pfand,
Kalt der Kuß von deinem Munde,
Matt der Druck von deiner Hand.

Sonst, ein leicht gestohlnes Mäulchen,
O wie hat es mich entzückt!
So erfreuet uns ein Veilchen,
Das man früh im März gepflückt.

Doch ich pflücke nun kein Kränzchen,
Keine Rose mehr für dich.
Frühling ist es, liebes Fränzchen,
Aber leider Herbst für mich!

Gute Nacht an Annetten, als sie heiratete

Wenn man zwanzig Freier zählet
Keinen liebt und alle quälet,
Alle liebt und keinen wählet,
Das ist eine stolze Lust
Für so eines Mädchens Brust.
Wenn so zwanzig bettlend stehn,
O wie lebt sichs da so schön!
Ist wohl eine Wollust größer
Doch im Ehstand sitzt man besser.

Zwar mit Freuden und mit Scherzen
In zwei kopulierten Herzen
Ists wie mit den Hochzeitkerzen.
Glänzend leuchten sie im Saal
Und verherrlichen das Mahl,
Aber so nach zehen Uhr
Bleiben kleine Stümpfchen nur;
Damit leuchte dir zu Bette!
Gute Nacht! Schlaf wohl, Annette!

Blinde Kuh

O liebliche Therese!
Wie wandelt gleich ins Böse
Dein offnes Auge sich!
Die Augen zugebunden,
Hast du mich schnell gefunden,
Und warum fingst du eben mich?

Du faßtest mich aufs beste
Und hieltest mich so feste,
Ich sank in deinen Schoß.
Kaum warst du aufgebunden,
War alle Lust verschwunden;
Du ließest kalt den Blinden los.

Er tappte hin und wider,
Verrenkte fast die Glieder,
Und alle foppten ihn.
Und willst du mich nicht lieben,
So geh ich stets im Trüben
Wie mit verbundnen Augen hin.

Ob ich dich liebe, weiß ich nicht.
Seh ich nur einmal dein Gesicht,
Seh dir ins Auge nur einmal,
Frei wird mein Herz von aller Qual.
Gott weiß, wie mir so wohl geschicht!
Ob ich dich liebe, weiß ich nicht.

Ein grauer, trüber Morgen
Bedeckt mein liebes Feld,
Im Nebel tief verborgen
Liegt um mich her die Welt.

O liebliche Friedricke,
Dürft ich nach dir zurück!
In einem deiner Blicke
Liegt Sonnenschein und Glück.

Der Baum, in dessen Rinde
Mein Nam bei deinem steht,
Wird bleich vom rauhen Winde,
Der jede Lust verweht.
Der Wiesen grüner Schimmer
Wird trüb wie mein Gcsicht,
Sie sehen die Sonne nimmer,
Und ich Friedricken nicht.

Bald geh ich in die Reben
Und herbste Trauben ein;
Umher ist alles Leben,
Es strudelt neuer Wein.
Doch in der öden Laube,
Ach, denk ich, wär sie hier!
Ich brächt ihr diese Traube,
Und sie – was gäb sie mir?

Was reich und arm! Was stark und schwach!
Ist reich vergrabner Urne Bauch?
Ist stark das Schwert im Arsenal?
Greif milde drein, und freundlich Glück
Fließt, Gottheit, von dir aus!
Faß an zum Siege, Macht, das Schwert,
Und über Nachbarn Ruhm!

Ein Reicher, dem gemeinen Wesen zur Nachricht

Wollt ihr wissen, woher ichs hab,
Mein Haus und Hab?
Hab allerlei Pfiff ersonnen,
Es mit Müh, Schweiß und Angst gewonnen.
Genug, ich bin reich,
Und drum scheiß ich auf euch!

O Vater alles wahren Sinns
Und des gesunden Lebens,
Du Geber köstlichen Gewinns,
Du Fördrer treuen Strebens,
Sprich in mein Herz dein leises Wort,
Bewahre mich so fort und fort
Für Heuchlern und für Huren.

Spottgedicht

  Flieh, Täubchen, flieh!
  Er ist nicht hie!
Der dich an dem schönsten Frühlingsmorgen
Fand im Wäldchen, wo du dich verborgen.
  Flieh, Täubchen, flieh!
  Er ist nicht hie!
Böser Laurer Füße rasten nie.

  Horch, Flötenklang,
  Liebesgesang
Wallt auf Lüftchen hin zu Liebchens Ohren,
Findt im zarten Herzen offne Toren.
  Horch, Flötenklang,

Liebesgesang!
Horch – es wird der süßen Lieb zu bang.

Hoch ist sein Schritt,
Fest ist sein Tritt,
Schwarzes Haar auf runder Stirne webet,
Auf den Wangen ewger Frühling lebet.
Hoch ist sein Schritt,
Fest ist sein Tritt,
Edler Deutschen Füße gleiten nit.

Wonn ist die Brust,
Keusch seine Lust.
Schwarz seine Augen unter runden Bogen
Sind mit zarten Falten schön umzogen.
Wonn ist die Brust,
Keusch seine Lust,
Gleich beim Anblick du ihn lieben mußt.

Rot ist der Mund,
Der mich verwundt,
Auf den Lippen träufeln Morgendüfte,
Auf den Lippen säuseln kühle Lüfte.
Rot ist sein Mund,
Der mich verwundt,
Nur ein Blick von ihm macht mich gesund.

Treu ist sein Blut,
Stark ist sein Mut,
Schutz und Stärke wohnt in weichen Armen,
Auf dem Antlitz edeles Erbarmen.
Treu ist sein Blut,
Stark ist sein Mut,
Selig, wer in seinen Armen ruht.

So ist der Held,
Der mir gefällt!
Und so soll mein deutsches Herz weich flöten,
Rasches Blut in meinen Adern röten?
So ist der Held,
Der mir gefällt!
Ich vertausch ihn nicht um eine Welt.

Singt, Schäfer, singt,
Wie's euch gelingt!
Wieland soll nicht mehr mit seinesgleichen
Edlen Mut von unsrer Brust verscheuchen.
Singt, Schäfer, singt,
Wie's euch gelingt,
Bis ihr deutschen Glanz zu Grabe bringt.

Der Welt Lohn

Was du dem Publikum gesagt,
Hat ihnen drum nicht alles behagt.
Sie sollten nicht vergessen:
Einem geschenkten Gaul
Sieht man nicht ins Maul;
Und wer einen Korb voll Äpfel verschenkt,
Nicht just dran denkt,
Ob einen der Wurm hat angefressen.

Der Autor

Was wär ich
Ohne dich,
Freund Publikum!
All mein Empfinden Selbstgespräch,
All meine Freude stumm.

Geistes-Gruß

Hoch auf dem alten Turme steht
Des Helden edler Geist,
Der, wie das Schiff vorübergeht,
Es wohl zu fahren heißt.

»Sieh, diese Senne war so stark,
Dies Herz so fest und wild,
Die Knochen voll von Rittermark,
Der Becher angefüllt;

Mein halbes Leben stürmt ich fort,
Verdehnt die Hälft in Ruh,
Und du, du Menschen-Schifflein dort,
Fahr immer, immer zu!«

Ohne Wein kanns uns auf Erden
Nimmer wie dreihundert werden,
Ohne Wein und ohne Weiber
Hol der Teufel unsre Leiber.

Hatem

Locken, haltet mich gefangen
In dem Kreise des Gesichts!
Euch geliebten, braunen Schlangen
Zu erwidern hab ich nichts.

Nur dies Herz, es ist von Dauer,
Schwillt in jugendlichstem Flor;
Unter Schnee und Nebelschauer
rast ein Ätna dir hervor.

Du beschämst wie Morgenröte
Jener Gipfel ernste Wand,
Und noch einmal fühlet Hatem
Frühlingshauch und Sommerbrand.

Schenke her! Noch eine Flasche!
Diesen Becher bring ich ihr!
Findet sie ein Häufchen Asche,
sagt sie: Der verbrannte mir.

Einschränkung

Ich weiß nicht, was mir hier gefällt,
In dieser engen, kleinen Welt
Mit holdem Zauberband mich hält?
Vergeß ich doch, vergeß ich gern,
Wie seltsam mich das Schicksal leitet;
Und ach, ich fühle, nah und fern
Ist mir noch manches zubereitet.
O wäre doch das rechte Maß getroffen!
Was bleibt mir nun, als eingehüllt,
Von holder Lebenskraft erfüllt,
In stiller Gegenwart die Zukunft zu erhoffen!

Hierhergetrabt, die Brust voll tiefem W ühlen,
Planvoller Aussicht, sehnt sich nun
Mein Herz, ein Weilchen auszuruhn
Und wieder rein an der Natur zu fühlen
Und wieder was für dich zu tun.

Axiom

Freund, wer ein Lump ist, bleibt ein Lump,
Zu Wagen, Pferd und Fuße;
Drum glaub an keinen Lumpen je,
An keines Lumpen Buße.

Anliegen

O schönes Mädchen du,
Du mit dem schwarzen Haar,
Die du ans Fenster trittst,
Auf dem Balkone stehst!
Und stehst du wohl umsonst
O stündest du für mich
Und zögst die Klinke los,
Wie glücklich wär ich da!
Wie schnell spräng ich hinauf!

Nähe

Wie du mir oft, geliebtes Kind,
Ich weiß nicht wie, so fremde bist!
Wenn wir im Schwarm der vielen Menschen sind,
Das schlägt mir alle Freude nieder.
Doch ja, wenn alles still und finster um uns ist,
Erkenn ich dich an deinen Küssen wieder.

Das Gänslein rot im Domino
Sieht in die Welt so leicht und froh
Und zeige sich als ein Meisterstück
Aus der hochgräflichen Fabrik.

Doch zierlich, wie das Schätzchen steht,
Gehts ihm, wie's vielen Leuten geht;
Denn es ist, ich gesteh es gern,
Die Schale bessser als der Kern.
Und viel zu loben find ich da
Den Schneider mehr als den Papa.
Doch ach, warum kommt so geputzt,
So überzierlich aufgestutzt,
Das liebe schöne Kind so weit,
So ferne her zur stillen Zeit?
Ach, wären wir noch allzumal
Im hellen, hohen Palmensaal!
Sie führte dann auf jenem Plan
Auch einen großen Aufzug an,
wenn alle, die ihr ähnlich sein,
Pathetisch stiegen hinterdrein.
Doch diese Freuden sind nun aus,
Drum mach nur die Honneurs vom Haus
Und lad uns Freunde, wie wir sind,
Mit diesem allerliebsten Kind
In eine kleine Assemblee,
Zu einem wohlfrisierten Tee.
Dann laß uns schwätzen, laß uns sitzen,
Erzählen und die Ohren spitzen,
Und wohl solls ihr mit Groß und Klein
Au sein de sa famille sein.

An Luise v. G. und ihre Teegesellschaft

O Kinder, still! reicht meinen Lehren
Ein unbefangen willig Ohr!
Das werte Gänslein zu verehren,
Setzt ihr ihm Tee und Waffeln vor.

Allein ich kanns euch nicht verstecken,
Wenn auch die Wahrheit nicht gefällt:
Das, was euch schmeckt, wird ihr nicht schmecken;
Sie kommt aus einer andern Welt.

Denn Fremde gehn auf ihrer Reise
Von Orten nur vergnügt davon,
Traktiert man sie auf ihre Weise,
Und loben dann den guten Ton.

Seht, wie sie ekel ihren Schnabel
Vor euren Leckerbissen schließt
Und, wie der Kranich in der Fabel,
Von flachen Schüsseln nichts genießt.

Drum send ich euch, sie zu beglücken,
Des Hafers goldne Körner hier.
Und richtet ja, sie zu entzücken,
Mit dem Diskurs euch auch nach ihr.

Soldatenlied zu Wallensteins Lager

Es leben die Soldaten,
Der Bauer gibt den Braten,
Der Winzer gibt den Most,
Das ist Soldatenkost.
Trallerallallallalla.

Der Bürger muß uns backen,
Den Adel muß man zwacken,
Sein Knecht ist unser Knecht,
Das ist Soldatenrecht.
Trallerallallallalla.

In Wäldern gehn wir pirschen
Nach allen alten Hirschen
Und bringen frank und frei
Den Männern das Geweih.
Tralleralla llallalla.

Heut schwören wir der Hanne,
Und morgen der Susanne,
Die Lieb ist immer neu,
Das ist Soldatentreu.
Tralleralla llallalla.

Wir schmausen wie Dynasten,
Und morgen heißt es fasten;
Früh reich und abends bloß,
Das ist Soldatenlos.
Tralleralla llallalla.

Wer hat, der muß nur geben;
Wer nichts hat, der soll leben.
Der Ehmann hat das Weib,
Und wir den Zeitvertreib.
Tralleralla llallalla.

Es heißt bei unsern Festen:
Gestohlen schmeckt am besten!
Unrechtes Gut macht fett,
Das ist Soldatengebet.
Tralleralla llallalla.

Die Zerstörung Magdeburgs

O Magdeburg die Stadt,
Die schöne Mädchen hat,
Die schöne Fraun und Mädchen hat,
O Magdeburg die Stadt.

Da alles steht im Flor,
Der Tilly zieht davor,
Durch Garten und durch Felder Flor
Der Tilly zieht davor.

Der Tilly steht dadraus.
Wer rettet Stadt und Haus?
Geh, Lieber, geh zum Tor hinaus
Und schlag dich mit ihm draus.

Es hat noch keine Not,
So sehr er tobt und droht;
Ich küsse deine Wänglein rot,
Es hat noch keine Not.

Die Sehnsucht macht mich bleich,
Warum bin ich denn reich?
Dein Vater ist vielleicht schon bleich.
Du, Kind, du machst mich weich.

O Mutter, gib mir Brot!
Ist denn der Vater tot?
O Mutter, gib ein Stückchen Brot!
O welche große Not!

Dein Vater lieb ist hin,
Die Bürger alle fliehn;
Schon fließt das Blut die Straße hin,
Wo fliehn wir hin, wohin?

Die Kirche stürzt in Graus,
Da droben brennt das Haus.
Es qualmt das Dach, schon flammts heraus;
Nur auf die Straß hinaus!

Ach, keine Rettung mehr!
In Straßen rast das Heer;
Es rast mit Flammen hin und her.
Ach, keine Rettung mehr!

Die Häuser stürzen ein.
Wo ist das Mein und Dein!
Das Bündelchen, es ist nicht dein,
Du flüchtig Mägdelein.

Die Weiber bangen sehr,
Die Mägdlein noch viel mehr.
Was lebt, ist keine Jungfer mehr;
So raset Tillys Heer.

Das Tagebuch

Wir hörens oft und glaubens wohl am Ende:
Das Menschenherz sei ewig unergründlich,
Und wie man auch sich hin und wider wende,
So sei der Christe wie der Heide sündlich.
Das Beste bleibt, wir geben uns die Hände
Und nehmens mit der Lehre nicht empfindlich;
Denn zeigt sich auch ein Dämon, uns versuchend,
So waltet was, gerettet ist die Tugend.

Von meiner Trauten lange Zeit entfernet,
Wie's öfters geht, nach irdischem Gewinne,
Und was ich auch gewonnen und gelernet,
So hatt ich doch nur immer Sie im Sinne;
Und wie zu Nacht der Himmel erst sich sternet,
Erinnrung uns umleuchtet ferner Minne:
So ward im Federzug des Tags Ereignis
Mit süßen Worten ihr ein freundlich Gleichnis.

Ich eilte nun zurück. Zerbrochen sollte
Mein Wagen mich noch eine Nacht verspäten;
Schon dacht ich mich, wie ich zu Hause rollte,
Allein da war Geduld und Werk vonnöten.
Und wie ich auch mit Schmied und Wagner toll
Sie hämmerten, verschmähten, viel zu reden.
Ein jedes Handwerk hat nun seine Schnurren,
Was blieb mir nun? Zu weilen und zu murren.

So stand ich nun. Der Stern des nächsten Schildes
Berief mich hin, die Wohnung schien erträglich.
Ein Mädchen kam, des seltensten Gebildes,

Das Licht erleuchtend. Mir ward gleich behäglich.
Hausflur und Treppe sah ich als ein Mildes,
Die Zimmerchen erfreuten mich unsäglich.
Den sündigen Menschen, der im Freien schwebet –
Die Schönheit spinnt, sie ists, die ihn umwebet.

Nun setzt ich mich zu meiner Tasch und Briefen
Und meines Tagebuchs Genauigkeiten,
Um so wie sonst, wenn alle Menschen schliefen,
Mir und der Trauten Freude zu bereiten;
Doch weiß ich nicht, die Tintenworte liefen
Nicht so wie sonst in alle Kleinigkeiten:
Das Mädchen kam, des Abendessens Bürde
Verteilte sie gewandt mit Gruß und Würde.

Sie geht und kommt; ich spreche, sie erwidert;
Mit jedem Wort erscheint sie mir geschmückter.
Und wie sie leicht mir nun das Huhn zergliedert,
Bewegend Hand und Arm, geschickt, geschickter –
Was auch das tolle Zeug in uns befiedert –
Genug, ich bin verworrner, bin verrückter,
Den Stuhl umwerfend, spring ich auf und fasse
Das schöne Kind; sie lispelt: »Lasse, lasse!

Die Muhme drunten lauscht, ein alter Drache,
Sie zählt bedächtig des Geschäfts Minute;
Sie denkt sich unten, was ich oben mache,
Bei jedem Zögern schwenkt sie frisch die Rute.
Doch schließe deine Türe nicht und wache,
So kommt die Mitternacht uns wohl zugute.«
Rasch meinem Arm entwindet sie die Glieder,
Und eilet fort und kommt nur dienend wieder;

Doch blickend auch! So daß aus jedem Blicke
Sich himmlisches Versprechen mir entfaltet.
Den stillen Seufzer drängt sie nicht zurücke,
Der ihren Busen herrlicher gestaltet.
Ich sehe, daß am Ohr, um Hals und Gnicke
Der flüchtigen Röte Liebesblüte waltet,
Und da sie nichts zu leisten weiter findet,
Geht sie und zögert, sieht sich um, verschwindet.

Der Mitternacht gehören Haus und Straßen,
Mir ist ein weites Lager aufgebreitet,
Wovon den kleinsten Teil mir anzumaßen
Die Liebe rät, die alles wohl bereitet;
Ich zaudre noch, die Kerzen auszublasen,
Nun hör ich sie, wie leise sie auch gleitet,
Mit gierigem Blick die Hochgestalt umschweif ich,
Sie senkt sich her, die Wohlgestalt ergreif ich.

Sie macht sich los: »Vergönne, daß ich rede,
Damit ich dir nicht völlig fremd gehöre.
Der Schein ist wider mich; sonst war ich blöde,
Stets gegen Männer setzt ich mich zur Wehre.
Mich nennt die Stadt, mich nennt die Gegend spröde
Nun aber weiß ich, wie das Herz sich kehre:
Du bhist mein Sieger, laß dichs nicht verdrießen,
Ich sah, ich liebte, schwur dich zu genießen.

Du hast mich rein, und wenn ichs besser wüßte,
So gäb ichs dir; ich tue, was ich sage.«
So schließt sie mich an ihre süßen Brüste,
Als ob ihr nur an meiner Brust behage.
Und wie ich Mund und Aug und Stirne küßte,
So war ich doch in wunderbarer Lage:
Denn der so hitzig sonst den Meister spielet,
Weicht schülerhaft zurück und abgekühlet.

Ihr scheint ein süßes Wort, ein Kuß zu gnügen,
Als wär es alles, was ihr Herz begehrte.
Wie keusch sie mir, mit liebevollem Fügen,
Des süßen Körpers Fülleform gewährte!
Entzückt und froh in allen ihren Zügen
Und ruhig dann, als wenn sie nichts entbehrte.
So ruht ich auch, gefällig sie beschauend,
Noch auf den Meister hoffend und vertrauend.

Doch als ich länger mein Geschick bedachte,
Von tausend Flüchen mir die Seele kochte,
Mich selbst verwünschend, grinsend mich belachte,
Nichts besser ward, wie ich auch zaudern mochte,
Da lag sie schlafend, schöner als sie wachte;
Die Lichter dämmerten mit langem Dochte.
Der Tages-Arbeit, jugendlicher Mühe
Gesellt sich gern der Schlaf und nie zu frühe.

So lag sie himmlisch an bequemer Stelle,
Als wenn das Lager ihr allein gehörte,
Und an die Wand gedrückt, gequetscht zur Hölle,
Ohnmächtig jener, dem sie nichts verwehrte.
Vom Schlangenbisse fällt zunächst der Quelle
Ein Wandrer so, den schon der Durst verzehrte.
Sie atmet lieblich holdem Traum entgegen;
Er hält den Atem, sie nicht aufzuregen.

Gefaßt bei dem, was ihm noch nie begegnet,
Spricht er zu sich: So mußt du doch erfahren,
Warum der Bräutigam sich kreuzt und segnet,
Vor Nestelknüpfen scheu sich zu bewahren.
Weit lieber da, wo's Hellebarden regnet,
Als hier im Schimpf! So war es nicht vor Jahren,
Als deine Herrin dir zum ersten Male
Vors Auge trat im prachterhellten Saale.

Da quoll dein Herz, da quollen deine Sinnen,
So daß der ganze Mensch entzückt sich regte.
Zum raschen Tanze trugst du sie von hinnen,
Die kaum der Arm und schon der Busen hegte,
Als wolltest du dir selbst sie abgewinnen;
Vervielfacht war, was sich für sie bewegte:
Verstand und Witz und alle Lebensgeister
Und rascher als die andern jener Meister.

So immerfort wuchs Neigung und Begierde,
Brautleute wurden wir im frühen Jahre,
Sie selbst des Maien schönste Blum und Zierde;
Wie wuchs die Kraft zur Lust im jungen Paare
Und als ich endlich sie zur Kirche führte,
Gesteh ichs nur, vor Priester und Altare,
Vor deinem Jammerkreuz, blutrünstiger Christe,
Verzeih mirs Gott, es regte sich der Iste.

Und ihr, der Brautnacht reiche Bettgehänge,
Ihr Pfuhle, die ihr euch so breit erstrecktet,
Ihr Teppiche, die Lieb und Lustgedränge
Mit euren seidnen Fittichen bedecktet!
Ihr Käfigvögel, die durch Zwitscher-Sänge
Zu neuer Lust und nie zu früh uns wecktet!
Ihr kanntet uns, von eurem Schutz umfriedet,
Teilnehmend sie, mich immer unermüdet.

Und wie wir oft sodann im Raub genossen
Nach Buhlenart des Ehstands heilge Rechte,
Von reifer Saat umwogt, vom Rohr umschlossen,
An manchem Unort, wo ichs mich erfrechte,
Wir waren augenblicklich, unverdrossen
Und wiederholt bedient vom braven Knechte!
Verfluchter Knecht, wie unerwecklich liegst du!
Und deinen Herrn ums schönste Glück betriegst du.

Doch Meister Iste hat nun seine Grillen
Und läßt sich nicht befehlen, noch verachten,
Auf einmal ist er da, und ganz im stillen
Erhebt er sich zu allen seinen Prachten;
So steht es nun dem Wandrer ganz zu Willen,
Nicht lechzend mehr am Quell zu übernachten.
Er neigt sich hin, er will die Schläferin küssen,
Allein er stockt, er fühlt sich weggerissen.

Wer hat zur Kraft ihn wieder aufgestählet,
Als jenes Bild, das ihm auf ewig teuer,
Mit dem er sich in Jugendlust vermählet?
Dort leuchtet her ein frisch erquicklich Feuer,
Und wie er erst in Ohnmacht sich gequälet,
So wird nun hier dem Starken nicht geheuer;
Er schaudert weg, vorsichtig, leise, leise
Entzieht er sich dem holden Zauberkreise,

Sitzt, schreibt: »Ich nahte mich der heimischen Pforte,
Entfernen wollten mich die letzten Stunden,
Da hab ich nun, am sonderbarsten Orte,
Mein treues Herz aufs neue dir verbunden.
Zum Schlusse findest du geheime Worte:
Die Krankheit erst bewähret den Gesunden.
Dies Büchlein soll dir manches Gute zeigen,
Das Beste nur muß ich zuletzt verschweigen.«

Da kräht der Hahn. Das Mädchen schnell entwindet
Der Decke sich und wirft sich rasch ins Mieder.
Und da sie sich so seltsam wiederfindet,
So stutzt sie, blickt und schlägt die Augen nieder
Und da sie ihm zum letztenmal verschwindet,
Im Auge bleiben ihm die schönen Glieder.
Das Posthorn tönt, er wirft sich in den Wagen
Und läßt getrost sich zu der Liebsten tragen.

Und weil zuletzt bei jeder Dichtungsweise
Moralien uns ernstlich fördern sollen,
So will auch ich in so beliebtem Gleise
Euch gern bekennen, was die Verse wollen:
Wir stolpern wohl auf unsrer Lebensreise,
Und doch vermögen in der Welt, der tollen,
Zwei Hebel viel aufs irdische Getriebe:
Sehr viel die Pflicht, unendlich mehr die Liebe!

Am Flusse

Wenn du am breiten Flusse wohnst,
Seicht stockt er manchmal auch vorbei;
Dann, wenn du deine Wiesen schonst,
Herüber schlemmt er, es ist ein Brei.

Am klaren Tag hinab die Schiffe,
Der Fischer weislich streicht hinan;
Nun starret Eis am Kies und Riffe,
Das Knabenvolk ist Herr der Bahn.

Das mußt du sehn und unterweilen
Doch immer, was du willst, vollziehn!
Nicht stocken darfst du, vor nicht eilen;
Die Zeit, sie geht gemessen hin.

Fuchs und Jäger

Schwer, in Waldes Busch und Wuchse
Füchsen auf die Spur gelangen;
Hält's der Jäger mit dem Fuchse,
Ist's unmöglich, ihn zu fangen.

Und so wäre manches Wunder
Wie A B, Ab auszusprechen,
Über welches wir jetzunder
Kopf und Hirn im Kopf zerbrechen.

Die Frösche

Ein großer Teich war zugefroren;
Die Fröschlein, in der Tiefe verloren,
Durften nicht ferner quaken noch springen,
Versprachen sich aber, im halben Traum,
Fänden sie nur da oben Raum,
Wie Nachtigallen wollten sie singen.

Der Tauwind kam, das Eis zerschmolz,
Nun ruderten sie und landeten stolz
Und saßen am Ufer weit und breit
Und quakten wie vor alter Zeit.

Begräbnis

Ein Mägdlein trug man zur Tür hinaus
Zu Grabe;
Die Bürger schauten zum Fenster hinaus,
Sie saßen eben in Saus und Braus
Auf Gut und Habe.
Da dachten sie: man trägt sie hinaus,
Trägt man uns nächstens auch hinaus,
Und wer denn endlich bleibt im Haus,
Hat Gut und schöne Gaben:
Es muß sie doch einer haben.

Das Bergdorf

»Jetzt war das Bergdorf abgebrannt;
Sieh nur, wie schnell sich das ermannt!
Steht alles wieder in Brett unt Schindeln,
Die Kinder liegen in Wieg und Windeln;
Wie schön ist's, wenn man Gott vertraut.«

Neuer Scheiterhaufen ist aufgebaut,
Daß, wenn es Funken und Wind gefiele,
Gott selbst verlör in solchem Spiele.

Symbole

Im Vatikan bedient man sich
Palmsonntags echter Palmen,
Die Kardinäle beugen sich
Und singen alte Psalmen.
Dieselben Psalmen singt man auch,
Ölzweiglein in den Händen,
Muß im Gebirg zu diesem Brauch
Stechpalmen gar verwenden;
Zuletzt, man will ein grünes Reis,
So nimmt man Weidenzweige,
Damit der Fromme Lob und Preis
Auch im Geringsten zeige.
Und habt ihr euch das wohl gemerkt,
Gönnt man euch das Bequeme,
Wenn ihr im Glauben euch bestärkt;
Das sind Mythologeme.

Geist und Schönheit im Streit

Herr Geist, der allen Respekt verdient
Und dessen Gunst wir höchlich schätzen,
Vernimmt, man habe sich erkühnt,
Die Schönheit über ihn zu setzen;
Er macht daraus ein großes Wesen.
Da kommt Herr Hauch, uns längst bekannt
Als würdiger Geistsrepräsentant,
Fängt an, doch leider nicht galant,
Dem Luderchen den Text zu lesen.
Das rührt den Leichtsinn nicht einmal,
Sie läuft gleich zu dem Prinzipal:
Ihr seid ja sonst gewandt und klug,
Ist denn die Welt nicht groß genug!
Ich laß Euch, wenn Ihr trutzt, im Stich;
Doch seid Ihr weise, so liebt Ihr mich.
Seid versichert, im ganzen Jahr
Gibt's nicht wieder so ein hübsches Paar.

Die Schönheit hatte schöne Töchter,
Der Geist erzeugte dumme Söhne,
So war für einige Geschlechter
Der Geist nicht ewig, doch das Schöne.
Der Geist ist immer Autochthone.
So kam er wieder, wirkte, strebte
Und fand, zu seinem höchsten Lohne,
Die Schönheit, die ihn frisch belebte.

Immer schön

Zu Regenschauer und Hagelschlag
Gesellt sich liebeloser Tag,
Da birgst du deinen Schimmer;
Ich klopf am Fenster, poch am Tor:
Komm, liebstes Seelchen, komm hervor!
Du bist so schön wie immer.

Bildung

»Von wem auf Lebens- und Wissens-Bahnen
Wardst du genährt und befestet
Zu fragen sind wir beauftragt.«

Ich habe niemals danach gefragt,
Von welchen Schnepfen und Fasanen,
Kapaunen und Welschenhahnen
Ich mein Bäuchelchen gemästet.

So bei Pythagoras, bei den Besten
Saß ich unter zufriednen Gästen;
Ihr Frohmahl hab ich unverdrossen
Niemals bestohlen, immer genossen.

Eins wie's andre

Die Welt ist ein Sardellensalat;
Er schmeckt uns früh, er schmeckt uns spat:
Zitronenscheibchen rings umher,
Dann Fischlein, Würstlein, und was noch mehr
In Essig und Öl zusammenrinnt,
Kapern, so künftige Blumen sind –
Man schluckt sie zusammen wie ein Gesind.

Valet

Sonst war ich Freund von Narren,
Ich rief sie ins Haus herein;
Brachte jeder seinen Sparren,
Wollten Zimmermeister sein.

Wollten mir das Dach abtragen,
Ein andres setzen hinauf,
Sie legten das Holz zu Schragen
Und nahmen's wieder auf.

Und rannten hin und wider
Und stießen einander an;
Das fuhr mir in die Glieder,
Daß ich den Frost gewann.

Ich sagt: Hinaus ihr Narren!
Sie ärgerten sich drob;
Nahm jeder einen Sparren,
Der Abschied, der war grob.

Daher bin ich belehret.
Ich sitze nun an der Tür;
Wenn einer sich zu mir kehret:
Geh, ruf ich, für und für!

Du bist ein Narr, so greulich! –
Da macht er ein flämisch Gesicht!
»Du, Hausherr! Wie abscheulich!
Was gibst dir für ein Gewicht!

Wir faseln ja durch die Straßen,
Wir jubeln auf dem Markt,
Wird einer, wegen Unmaßen,
Gar selten angequarkt.
Du sollst uns gar nichts heißen!«

Nun endet meine Qual!
Denn gehn sie vor die Türe,
Es ist besser als in den Saal.

Die Käufer

Zu der Apfelverkäuferin
Kamen Kinder gelaufen,
Alle wollten kaufen;
Mit munterm Sinn
Griffen sie aus dem Haufen,
Beschauten mit Verlangen
Nah und näher rotbäckige Wangen.
Sie hörten den Preis
Und warfen sie wieder hin,
Als wären sie glühend heiß.

Was der für Käufer haben sollte,
Der Ware gratis geben wollte!

Die Hochzeit

Im Dorfe war ein groß Gelag,
Man sagt', es sei ein Hochzeittag.
Ich zwängte mich in den Schenkensaal,
Da drehten die Pärchen allzumal,

Ein jedes Mädchen mit seinem Wicht;
Da gab es manch verliebt Gesicht.
Nun fragt ich endlich nach der Braut –
Mich einer starr ins Angesicht schaut:
»Das mögt Ihr von einem andern hören!
Wir aber tanzen ihr zu Ehren,
Wir tanzen schon drei Tag und Nacht,
Und hat noch niemand an sie gedacht.«

Will einer im Leben um sich schauen,
Dergleichen wird man ihm viel vertrauen.

Regen und Regenbogen

Auf schweres Gewitter und Regenguß
Blickt' ein Philister zum Beschluß
Ins weiterziehende Grause nach,
Und so zu seinesgleichen sprach:
Der Donner hat uns sehr erschreckt,
Der Blitz die Scheunen angesteckt,
Und das war unsrer Sünden Teil!
Dagegen hat, zu frischem Heil,
Der Regen fruchtbar uns erquickt
Und für den nächsten Herbst beglückt.
Was kommt nun aber der Regenbogen
An grauer Wand herangezogen?
Der mag wohl zu entbehren sein,
Der bunte Trug! der leere Schein!
Frau Iris aber dagegen sprach:
Erkühnst du dich zu meiner Schmach
Doch bin ich hier ins All gestellt
Als Zeugnis einer bessern Welt,
Für Augen, die vom Erdenlauf
Getrost sich wenden zum Himmel auf

Und in der Dünste trübem Netz
Erkennen Gott und sein Gesetz.
Drum wühle du, ein andres Schwein,
Nur immer den Rüssel in den Boden hinein
Und gönne dem verklärten Blick
An meiner Herrlichkeit sein Glück.

Zueignung

Da sind sie nun! Da habt ihr sie!
Die Lieder, ohne Kunst und Müh
Am Rand des Bachs entsprungen.
Verliebt und jung und voll Gefühl
Trieb ich der Jugend altes Spiel,
Und hab sie so gesungen.

Sie singe, wer sie singen mag!
An einem hübschen Frühlingstag
Kann sie der Jüngling brauchen.
Der Dichter blinzt von ferne zu,
Jetzt drückt ihm diätetsche Ruh
Den Daumen auf die Augen.

Halb scheel, halb weise sieht sein Blick
Ein bißchen naß auf euer Glück
Und jammert in Sentenzen.
Hört seine letzten Lehren an!
Er hats so gut wie ihr getan
Und kennt des Glückes Grenzen.

Ihr seufzt und singt und schmelzt und küßt,
Und jauchzet, ohne daß ihrs wißt,
Dem Abgrund in der Nähe.

Flieht Wiese, Bach und Sonnenschein,
Schleicht, solls euch wohl im Winter sein,
Bald zu dem Herd der Ehe.

Ihr lacht mich aus und ruft: Der Tor!
Der Fuchs, der seinen Schwanz verlor,
Verschnitt' jetzt gern uns alle.
Doch hier paßt nicht die Fabel ganz,
Das treue Füchslein ohne Schwanz
Das warnt euch für der Falle.

EPIGRAMME

Das Sonett

Sich in erneutem Kunstgebrauch zu üben,
Ist heilge Pflicht, die wir dir auferlegen.
Du kannst dich auch, wie wir, bestimmt bewegen
Nach Tritt und Schritt, wie es dir vorgeschrieben.

Denn eben die Beschränkung läßt sich lieben,
Wenn sich die Geister gar gewaltig regen;
Und wie sie sich denn auch gebärden mögen,
Das Werk zuletzt ist doch vollendet blieben.

So möcht ich selbst in künstlichen Sonetten,
In sprachgewandter Maße kühnem Stolze,
Das Beste, was Gefühl mir gäbe, reimen;

Nur weiß ich hier mich nicht bequem zu betten;
Ich schneide sonst so gern aus ganzem Holze,
Und müßte nun doch auch mitunter leimen.

Natur und Kunst

Natur und Kunst, sie scheinen sich zu fliehen
Und haben sich, eh man es denkt, gefunden;
Der Widerwille ist auch mir verschwunden,
Und beide scheinen gleich mich anzuziehen.

Es gilt wohl nur ein redliches Bemühen!
Und wenn wir erst in abgemeßnen Stunden
Mit Geist und Fleiß uns an die Kunst gebunden,
Mag frei Natur im Herzen wieder glühen.

So ist's mit aller Bildung auch beschaffen:
Vergebens werden ungebundne Geister
Nach der Vollendung reiner Höhe streben.

Wer Großes will, muß sich zusammenraffen;
In der Beschränkung zeigt sich erst der Meister,
Und das Gesetz nur kann uns Freiheit geben.

Vorschlag zur Güte

Er.
Du gefällst mir so wohl, mein liebes Kind,
Und wie wir hier beieinander sind,
So möcht ich nimmer scheiden;
Da wär es wohl uns beiden.

Sie.
Gefall ich dir, so gefällst du mir;
Du sagst es frei, ich sag es dir.
Eh nun! heiraten wir eben!
Das übrige wird sich geben.

Er.
Heiraten, Engel, ist wunderlich Wort;
Ich meint, da müßt ich gleich wieder fort.

Sie.
Was ist's denn so großes Leiden?
Geht's nicht, so lassen wir uns scheiden.

Vertrauen

A.
Was krähst du mir und tust so groß?

B.
» Hab ich doch ein köstlich Liebchen!« –

A.
So weis' mir sie doch! Wer ist sie denn?
Die kennt wohl manches Bübchen!

B.
»Kennst du sie denn, du Lumpenhund?« –

A.
Das will ich grad nicht sagen;
Doch hat sie wohl auch zu guter Stund
Dem und jenem nichts abgeschlagen.

B.
»Wer ist denn der Der und der Jener denn?
Das sollst du mir bekennen!
Ich schlage dir gleich den Schädel ein,
Wenn du sie mir nicht kannst nennen!«

A.
Und schlügst du mir auch den Schädel ein,
Da könnt ich ja nimmer reden;
Und wenn du denkst: »Mein Schätzel ist gut!«
Ist weiter ja nichts von nöten.

Stoßseufzer

Ach, man sparte viel,
Seltner wäre verruckt das Ziel,
Wär weniger Dumpfheit, vergebenes Sehnen,
Ich könnte viel glücklicher sein –
Gäb's nur keinen Wein
Und keine Weibertränen!

Erinnerung

Er.
Gedenkst du noch der Stunden,
Wo eins zum andern drang?

Sie.
Wenn ich dich nicht gefunden,
War mir der Tag so lang.

Er.
Dann, herrlich! ein Selbander,
Wie es mich noch erfreut.

Sie.
Wir irrten uns aneinander;
Es war eine schöne Zeit.

Perfektibilität

Möcht ich doch wohl besser sein,
Als ich bin! Was wär es?
Soll ich aber besser sein,
Als du bist: so lehr es!

Möcht ich auch wohl besser sein,
Als so mancher andre!
»Willst du besser sein, als wir,
Lieber Freund, so wandre.«

Geständnis

Wir.
Du toller Wicht, gesteh nur offen:
Man hat dich auf manchem Fehler betroffen.

Er.
Ja wohl! doch macht ich ihn wieder gut.

Wir.
Wie denn?

Er.
Ei, wie's ein jeder tut.

Wir.
Wie hast du denn das angefangen?

Er.
Ich hab einen neuen Fehler begangen,
Darauf waren die Leute so versessen,
Daß sie des alten gern vergessen.

Totalität

Ein Kavalier von Kopf und Herz
Ist überall willkommen;
Er hat mit feinem Witz und Scherz
Manch Weibchen eingenommen;
Doch wenn's ihm fehlt an Faust und Kraft,
Wer mag ihn dann beschützen?
Und wenn er keinen Hintern hat,
Wie mag der Edle sitzen?

Physiognomische Reisen

Die Physiognomisten.
Sollt es wahr sein, was uns der rohe Wandrer verkündet,
Daß die Menschengestalt von allen sichtlichen Dingen
Ganz allein uns lüge, daß wir, was edel und albern,
Was beschränkt und groß, im Angesichte zu suchen,
Eitele Toren sind, betrogne, betrügende Toren?
Ach! wir sind auf den dunklen Pfad des verworrenen Lebens
Wieder zurückgescheucht, der Schimmer zu Nächten verfinstert.

Der Dichter.
Hebet eure zweifelnden Stirnen empor, ihr Geliebten!
Und verdient nicht den Irrtum, hört nicht bald diesen, bald jenen!
Habet ihr eurer Meister vergessen? Auf! kehret zum Pindus,
Fraget dorten die Neune, der Grazien nächste Verwandte!
Ihnen allein ist gegeben, der edlen stillen Betrachtung
Vorzustehn. Ergebet euch gern der heiligen Lehre,
Merket bescheiden leise Worte! Ich darf euch versprechen:
Anders sagen die Musen, und anders sagt es Musäus.

Das garstige Gesicht

Wenn einen würdigen Biedermann,
Pastorn oder Ratsherrn lobesan,
Die Witib läßt in Kupfer stechen
Und drunter ein Verslein radebrechen,
Da heißt's: Seht hier mit Kopf und Ohren
Den Herrn, Ehrwürdig, Wohlgeboren!
Seht seine Augen und seine Stirn;
Aber sein verständig Gehirn,
So manch Verdienst ums gemeine Wesen,
Könnt ihr ihm nicht an der Nase lesen.

So, liebe Lotte! heißt's auch hier:
Ich schicke da mein Bildnis dir.
Magst wohl die ernste Stirne sehen,
Der Augen Glut, der Locken Wehen;
'S ist ungefähr das garstge Gesicht:
Aber meine Liebe siehst du nicht.

Schneider-Courage

»Es ist ein Schuß gefallen!
Mein! sagt, wer schoß da drauß?«
Es ist der junge Jäger,
Der schießt im Hinterhaus.

Die Spatzen in dem Garten,
Die machen viel Verdruß.
Zwei Spatzen und ein Schneider,
Die fielen von dem Schuß;

Die Spatzen von den Schroten,
Der Schneider von dem Schreck;
Die Spatzen in die Schoten,
Der Schneider in den –

Diner zu Koblenz
im Sommer 1774

Zwischen Lavater und Basedow
Saß ich bei Tisch des Lebens froh.
Herr Helfer, der war gar nicht faul,
Setzt' sich auf einen schwarzen Gaul,
Nahm einen Pfarrer hinter sich
Und auf die Offenbarung strich,
Die uns Johannes der Prophet
Mit Rätseln wohl versiegeln tät;
Eröffnet' die Siegel kurz und gut,
Wie man Theriaksbüchsen öffnen tut,
Und maß mit einem heiligen Rohr
Die Kubusstadt und das Perlentor
Dem hocherstaunten Jünger vor.
Ich war indes nicht weit gereist,
Hatte ein Stück Salmen aufgespeist.

Vater Basedow, unter dieser Zeit,
Packt einen Tanzmeister an seiner Seit
Und zeigt ihm, was die Taufe klar
Bei Christ und seinen Jüngern war;
Und daß sich's gar nicht ziemet jetzt,
Daß man den Kindern die Köpfe netzt.
Drob ärgert sich der andre sehr
Und wollte gar nichts hören mehr
Und sagt: es wüßte ein jedes Kind,
Daß es in der Bibel anders stünd.
Und ich behaglich unterdessen
Hätt einen Hahnen aufgefressen.

Und, wie nach Emmaus, weiter ging's
Mit Geist- und Feuerschritten,
Prophete rechts, Prophete links,
Das Weltkind in der Mitten.

Jahrmarkt zu Hünfeld

den 26. Juli 1814

Ich ging, mit stolzem Geists-Vertrauen,
Auf dem Jahrmarkt mich umzuschauen,
Die Käufer zu sehn an der Händler Gerüste,
Zu prüfen, ob ich noch etwas wüßte,
Wie mir's Lavater vor alter Zeit
Traulich überliefert, das ging sehr weit!
Da sah ich denn zuerst Soldaten,
Denen wär's eben zum besten geraten:
Die Tat und Qual, sie war geschehn,
Wollten sich nicht gleich einer neuen versehn;
Der Rock war schon der Dirne genug,
Daß sie ihm derb in die Hände schlug.
Bauer und Bürger, die schienen stumm,

Die guten Knaben beinahe dumm.
Beutel und Scheune war gefegt,
Und hatten keine Ehre eingelegt.
Erwarten alle, was da käme,
Wahrscheinlich auch nicht sehr bequeme.
Frauen und Mägdlein, in guter Ruh,
Probierten an die hölzernen Schuh;
Man sah an Mienen und Gebärden:
Sie ist guter Hoffnung, oder will es werden.

Versus Memoriales

Invocavit wir rufen laut,
Reminiscere o wär ich Braut!
Die Oculi gehn hin und her;
Laetare drüber nicht so sehr.
O Judica uns nicht so streng!
Palmarum streuen wir die Meng.
Auf Ostereier freun sich hie
Viel Quasi modo geniti.
Misericordias brauchen wir all,
Jubilate ist ein seltner Fall.
Cantate freut der Menschen Sinn,
Rogate bringt nicht viel Gewinn,
Exaudi uns zu dieser Frist,
Spiritus, der du der letzte bist.

Warnung

So wie Titania im Feen- und Zauberland
Klaus Zetteln in dem Arme fand,
So wirst du bald zur Strafe deiner Sünden
Titanien in deinen Armen finden.

Mamsell N. N.

Ihr Herz ist gleich
Dem Himmelreich;
Weil die geladnen Gäste
Nicht kamen,
Ruft sie zum Feste
Krüppel und Lahmen.

Verschiedene Drohung

Einst ging ich meinem Mädchen nach
Tief in den Wald hinein
Und fiel ihr um den Hals, und »ach!«
Droht sie, »ich werde schrein.«

Da rief ich trotzig: Ha! ich will
Den töten, der uns stört! –
»Still!« lispelt sie, »Geliebter, still!
Daß ja dich niemand hört.«

Beweggrund

Wenn einem Mädchen, das uns liebt,
Die Mutter strenge Lehren gibt
Von Tugend, Keuschheit und von Pflicht,
Und unser Mädchen folgt ihr nicht
Und fliegt mit neuverstärktem Triebe
Zu unsern heißen Küssen hin:
So hat daran der Eigensinn
So vielen Anteil als die Liebe.

Doch wenn die Mutter es erreicht,
Daß sie das gute Herz erweicht,
Voll Stolz auf ihre Lehren sieht,
Daß uns das Mädchen spröde flieht,
So kennt sie nicht das Herz der Jugend:
Denn, wenn das je ein Mädchen tut,
So hat daran der Wankelmut
Gewiß mehr Anteil als die Tugend.

Unüberwindlich

Hab ich tausendmal geschworen,
Dieser Flasche nicht zu trauen,
Bin ich doch wie neu geboren,
Läßt meine Schenke fern sie schauen.
Alles ist an ihr zu loben,
Glaskristall und Purpurwein.
Wird der Pfropf herausgehoben,
Sie ist leer, und ich nicht mein.

Hab ich tausendmal geschworen,
Dieser Falschen nicht zu trauen,
Und doch bin ich neugeboren,
Läßt sie sich ins Auge schauen.
Mag sie doch mit mir verfahren,
Wie's dem stärksten Mann geschah!
Deine Scher in meinen Haaren,
Allerliebste Delila!

Mädchenwünsche

O fände für mich
Ein Bräutigam sich!
Wie schön ist's nicht da!
Man nennt uns Mama;
Da braucht man zum Nähen
Zur Schul nicht zu gehen;
Da kann man befehlen,
Hat Mägde, darf schmälen;
Man wählt sich die Kleider,
Nach Gusto den Schneider;
Da läßt man spazieren,
Auf Bälle sich führen
Und fragt nicht erst lange
Papa und Mama.

Gleich zu gleich

Da wächst der Wein, wo's Faß ist,
Es regnet gern, wo's naß ist,
Zu Tauben fliegt die Taube,
Zur Mutter paßt die Schraube,
Der Stöpsel sucht die Flaschen,
Die Zehrung Reisetaschen,
Weil alles, was sich rühret,
Am Schluß doch harmonieret.
Denn das ist Gottes wahre Gift,
Wenn die Blüte zur Blüte trifft;
Deswegen Jungfern und Junggesellen
Im Frühling sich gar gebärdig stellen.

Frech und froh

Liebesqual verschmäht mein Herz,
Sanften Jammer, süßen Schmerz;
Nur vom Tüchtgen will ich wissen,
Heißem Äuglen, derben Küssen.
Sei ein armer Hund erfrischt
Von der Lust, mit Pein gemischt!
Mädchen, gib der frischen Brust
Nichts von Pein und alle Lust.

Nein! hier hat es keine Not:
Schwarze Mädchen, weißes Brot!
Morgen in ein ander Städtchen:
Schwarzes Brot und weiße Mädchen!

Problem

Warum ist alles so rätselhaft?
Hier ist das Wollen, hier ist die Kraft;
Das Wollen will, die Kraft ist bereit,
Und daneben die schöne lange Zeit.
So seht doch hin, wo die gute Welt
Zusammenhält!
Seht hin, wo sie auseinanderfällt!

Genialisch Treiben

So wälz ich ohne Unterlaß,
Wie Sankt Diogenes, mein Faß.
Bald ist es Ernst, bald ist es Spaß;
Bald ist es Lieb, bald ist es Haß;
Bald ist es Dies, bald ist es Das;

Es ist ein Nichts und ist ein Was.
So wälz ich ohne Unterlaß,
Wie Sankt Diogenes, mein Faß.

Hypochonder

Der Teufel hol das Menschengeschlecht!
Man möchte rasend werden!
Da nehm ich mir so eifrig vor:
Will niemand weiter sehen,
Will all das Volk Gott und sich selbst
Und dem Teufel überlassen!
Und kaum seh ich ein Menschengesicht,
So hab ich's wieder lieb.

Vergeblich

Erinnr' ich mich doch spät und früh
Des lieblichsten Gesichts,
Sie denkt an mich, ich denk an sie,
Und beiden hilft es nichts.

Gesellschaft

Aus einer großen Gesellschaft heraus
Ging einst ein stiller Gelehrter zu Haus.
Man fragte: Wie seid Ihr zufrieden gewesen?
»Wären's Bücher«, sagt' er, » ich würd sie nicht
lesen.«

Probatum est

A.
Man sagt: Sie sind ein Misanthrop!

B.
Die Menschen haß ich nicht, gottlob!
Doch Menschenhaß, er blies mich an,
Da hab ich gleich dazu getan.

A.
Wie hat sich's denn so bald gegeben?

B.
Als Einsiedler beschloß ich zu leben.

Ursprüngliches

A.
Was widert dir der Trank so schal?

B.
Ich trinke gern aus dem frischen Quall.

A.
Daraus kam aber das Bächlein her!

B.
Der Unterschied ist bedeutend sehr:
's wird immer mehr fremden Schmack gewinnen;
Es mag nur immer weiter rinnen.

Den Zudringlichen

Was nicht zusammen geht, das soll sich meiden!
Ich hindr' euch nicht, wo's euch beliebt, zu weiden:
Denn ihr seid neu, und ich bin alt geboren.
Macht, was ihr wollt; nur laßt mich ungeschoren!

Den Guten

Laßt euch einen Gott begeisten,
Euch beschränket nur mein Sagen.
Was ihr könnt, ihr werdet's leisten,
Aber müßt mich nur nicht fragen.

Den Besten

Die Abgeschiednen betracht ich gern,
Stünd ihr Verdienst auch noch so fern;
Doch mit den edlen lebendigen Neuen
Mag ich wetteifernd mich lieber freuen.

Den Originalen

Ein Quidam sagt: »Ich bin von keiner Schule!
Kein Meister lebt, mit dem ich buhle;
Auch bin ich weit davon entfernt,
Daß ich von Toten was gelernt.«
Das heißt, wenn ich ihn recht verstand:
»Ich bin ein Narr auf eigne Hand.«

Lähmung

Was Gutes zu denken wäre gut,
Fänd sich nur immer das gleiche Blut;
Dein Gutgedachtes, in fremden Adern,
Wird sogleich mit dir selber hadern.

Ich wär noch gern ein tätig Mann!
Will aber ruhn:
Denn ich soll ja noch immer tun,
Was immer ungern ich getan.

Trüge gern noch länger des Lehrers Bürden,
Wenn Schüler nur nicht gleich Lehrer würden.

Spruch, Widerspruch

Ihr müßt mich nicht durch Widerspruch verwirren!
Sobald man spricht, beginnt man schon zu irren.

Keins von allen

Wenn du dich selber machst zum Knecht,
Bedauert dich niemand, geht's dir schlecht;
Machst du dich aber selbst zum Herrn,
Die Leute sehn es auch nicht gern;
Und bleibst du redlich, wie du bist,
So sagen sie, daß nichts an dir ist.

Lebensregel

Willst du dir ein hübsch Leben zimmern,
Mußt dich ums Vergangne nicht bekümmern.
Das Wenigste muß dich verdrießen;
Mußt stets die Gegenwart genießen,
Besonders keine Menschen hassen
Und die Zukunft Gott überlassen.

Lebensart

Über Wetter- und Herren-Launen
Runzle niemals die Augenbraunen;
Und bei den Grillen der hübschen Frauen
Mußt du immer vergnüglich schauen.

Vergebliche Mühe

Willst du der getreue Eckart sein
Und jedermann vor Schaden warnen,
's ist auch eine Rolle, sie trägt nichts ein:
Sie laufen dennoch nach den Garnen.

Bedingung

Ihr laßt nicht nach, ihr bleibt dabei,
Begehret Rat, ich kann ihn geben;
Allein, damit ich ruhig sei,
Versprecht mir, ihm nicht nachzuleben.

Das Beste

Wenn dir's in Kopf und Herzen schwirrt,
Was willst du Beßres haben!
Wer nicht mehr liebt und nicht mehr irrt,
Der lasse sich begraben.

Demut

Seh ich die Werke der Meister an,
So seh ich das, was sie getan;
Betracht ich meine Siebensachen,
Seh ich, was ich hätt sollen machen.

Meine Wahl

Ich liebe mir den heitern Mann
Am meisten unter meinen Gästen:
Wer sich nicht selbst zum besten haben kann,
Der ist gewiß nicht von den Besten.

Memento

Kannst dem Schicksal widerstehen,
Aber manchmal gibt es Schläge;
Will's nicht aus dem Wege gehen,
Ei! so geh du aus dem Wege!

Ein andres

Mußt nicht widerstehn dem Schicksal,
Aber mußt es auch nicht fliehen!
Wirst du ihm entgegengehen,
Wird's dich freundlich nach sich ziehen.

Breit wie lang

Wer bescheiden ist, muß dulden,
Und wer frech ist, der muß leiden;
Also wirst du gleich verschulden,
Ob du frech seist, ob bescheiden.

Frisches Ei, gutes Ei

Enthusiasmus vergleich ich gern
Der Auster, meine lieben Herrn,
Die, wenn ihr sie nicht frisch genoßt,
Wahrhaftig ist eine schlechte Kost.
Begeistrung ist keine Heringsware,
Die man einpökelt auf einige Jahre.

Rätsel

I.

Ein Bruder ist's von vielen Brüdern,
In allem ihnen völlig gleich,
Ein nötig Glied von vielen Gliedern
In eines großen Vaters Reich;
Jedoch erblickt man ihn nur selten,
Fast wie ein eingeschobnes Kind:
Die andern lassen ihn nur gelten
Da, wo sie unvermögend sind.

2.

Ein Werkzeug ist es, alle Tage nötig,
Den Männern weniger, den Frauen viel,
Zum treusten Dienste gar gelind erbötig,
Im einen vielfach, spitz und scharf. Sein Spiel
Gern wiederholt, wobei wir uns bescheiden:
Von außen glatt, wenn wir von innen leiden.
Doch Spiel und Schmuck erquickt uns nur aufs neue,
Erteilte Lieb ihm erst gerechte Weihe.

3.

Die besten Freunde, die wir haben,
Sie kommen nur mit Schmerzen an,
Und was sie uns für Weh getan,
Ist fast so groß als ihre Gaben.
Und wenn sie wieder Abschied nehmen
Muß man zu Schmerzen sich bequemen.

4.

Viel Männer sind hoch zu verehren,
Wohltätige durch Werk und Lehren;
Doch wer uns zu erstatten wagt,
Was die Natur uns ganz versagt,
Den darf ich wohl den Größten nennen:
Ich denke doch, ihr müßt ihn kennen?

Die Jahre

Die Jahre sind allerliebste Leut:
Sie brachten gestern, sie bringen heut,
Und so verbringen wir Jüngern eben
Das allerliebste Schlaraffen-Leben.
Und dann fällt's den Jahren auf einmal ein,
Nicht mehr, wie sonst, bequem zu sein;
Wollen nicht mehr schenken, wollen nicht mehr borgen,
Siec nehmen heute, sie nehmen morgen.

Das Alter

Das Alter ist ein höflich Mann,
Ein Mal übers andre klopft er an,
Aber nun sagt niemand: Herein!
Und vor der Türe will er nicht sein.
Da klinkt er auf, tritt ein so schnell,
Und nun heißt's, er sei ein grober Gesell.

Frühling 1818

Das ist einmal ein Philister-Jahr!
Sie sind zufrieden ganz und gar
Und preisen Gott mit großem Geschrei,
Daß er wieder einmal vernünftig sei.
Es ging ihnen aber oft so schlecht,
Sie trauen ihm diesmal auch nicht recht.

Beispiel

Wenn ich 'mal ungeduldig werde,
Denk ich an die Geduld der Erde,
Die, wie man sagt, sich täglich dreht
Und jährlich so wie jährlich geht.
Bin ich denn für was andres da? –
Ich folge der lieben Frau Mama.

Fürstenregel

Sollen die Menschen nicht denken und dichten,
Müßt ihr ihnen ein lustig Leben errichten;
Wollt ihr ihnen aber wahrhaft nützen,
So müßt ihr sie scheren und sie beschützen.

Lug oder Trug?

Darf man das Volk betrügen
Ich sage nein!
Doch willst du sie belügen,
So mach es nur nicht fein.

Egalitè

Das Größte will man nicht erreichen,
Man beneidet nur seinesgleichen;
Der schlimmste Neidhart ist in der Welt,
Der jeden für seinesgleichen hält.

Wie du mir, so ich dir

Mann mit zugeknöpften Taschen,
Dir tut niemand was zulieb:
Hand wird nur von Hand gewaschen;
Wenn du nehmen willst, so gib!

Kommt Zeit, kommt Rat

Wer will denn alles gleich ergründen!
Sobald der Schnee schmilzt, wird sich's finden.

Hier hilft nun weiter kein Bemühn!
Sind's Rosen, nun, sie werden blühn.

Grabschrift

Als Knabe verschlossen und trutzig,
Als Jüngling anmaßlich und stutzig,
Als Mann zu Taten willig,
Als Greis leichtsinnig und grillig! –
Auf deinem Grabstein wird man lesen:
Das ist fürwahr ein Mensch gewesen!

National-Versammlung

Auf der recht- und linken Seite,
Auf dem Berg und in der Mitten,
Sitzen, stehen sie zum Streite,
All einander ungelitten.

Wenn du dich ans Ganze wendest
Und votierest, wie du sinnest,
Merke, welchen du entfremdest,
Fühle, wen du dir gewinnest.

Dem 31. Oktober 1817

Dreihundert Jahre hat sich schon
Der Protestant erwiesen,
Daß ihn von Papst- und Türkenthron
Befehle baß verdrießen.

Was auch der Pfaffe sinnt und schleicht,
Der Prediger steht zur Wache,
Und daß der Erbfeind nichts erreicht,
Ist aller Deutschen Sache.

Auch ich soll gottgegebne Kraft
Nicht ungenützt verlieren
Und will in Kunst und Wissenschaft
Wie immer protestieren.

Dreifaltigkeit

Der Vater ewig in Ruhe bleibt,
Er hat der Welt sich einverleibt.

Der Sohn hat Großes unternommen:
Die Welt zu erlösen, ist er gekommen;
Hat gut gelehrt und viel ertragen,
Wunder noch heut in unsern Tagen.

Nun aber kommt der heilig Geist,
Er wirkt an Pfingsten allermeist.
Woher er kommt, wohin er weht,
Das hat noch niemand ausgespäht.
Sie geben ihm nur eine kurze Frist,
Da er doch Erst- und Letzter ist.

Deswegen wir treulich, unverstohlen
Das alte Credo wiederholen:
Anbetend sind wir all bereit
Die ewige Dreifaltigkeit.

Umgekehrt

Sind die im Unglück, die wir lieben,
Das wird uns wahrlich baß betrüben;
Sind aber glücklich, die wir hassen,
Das will sich gar nicht begreifen lassen;
Umgekehrt ist's ein Jubilo,
Da sind wir lieb- und schadenfroh.

Auf den Kauf

Wo ist einer, der sich quälet
Mit der Last, die wir getragen
Wenn es an Gestalten fehlet,
Ist ein Kreuz geschwind geschlagen.

Pfaffenhelden singen sie,
Frauen wohl empfohlen,
Oberleder bringen sie,
Aber keine Sohlen.

Jung' und Alte, groß und klein,
Gräßliches Gelichter!
Niemand will ein Schuster sein,
Jedermann ein Dichter.

Alle kommen sie gerennt,
Möchten's gerne treiben;
Doch wer keinen Leisten kennt,
Wird ein Pfuscher bleiben.

Willst du das verfluchte Zeug
Auf dem Markte kaufen,
Wirst du, eh es möglich deucht,
Wirst du barfuß laufen.

Ins Einzelne

Seit vielen Jahren hab ich still
Zu eurem Tun geschwiegen,
Das sich am Tag und Tages-Will
Gefällig mag vergnügen.

Ihr denkt, woher der Wind auch weht
Zu Schaden und Gewinne,
Wenn es nach eurem Sinne geht,
Es ging' nach einem Sinne.

Du segelst her, der andre hin,
Die Woge zu erproben,
Und was erst eine Flotte schien,
Ist ganz und gar zerstoben.

Ins Weite

Das geht so fröhlich
Ins Allgemeine!
Ist leicht und selig,
Als wär's auch reine.
Sie wissen gar nichts
Von stillen Riffen;
Und wie sie schiffen,
Die lieben Heitern,
Sie werden, wie gar nichts,
Zusammen scheitern.

Kronos als Kunstrichter

Saturnus eigne Kinder frißt,
Hat irgend kein Gewissen;
Ohne Senf und Salz, und wie ihr wißt,
Verschlingt er euch den Bissen.

Shakespearen sollt es auch ergehn
Nach hergebrachter Weise: –

Den hebt mir auf, sagt Polyphem,
Daß ich zuletzt ihn speise.

Grundbedingung

Sprichst du von Natur und Kunst,
Habe beide stets vor Augen:
Denn was will die Rede taugen
Ohne Gegenwart und Gunst!

Eh du von der Liebe sprichst,
Laß sie erst im Herzen leben,
Eines holden Angesichts
Phosphorglanz dir Feuer geben.

Jahraus, jahrein

Ohne Schrittschuh und Schellengeläut
Ist der Januar ein böses Heut.

Ohne Fastnachtstanz und Mummenspiel
Ist am Februar auch nicht viel.

Willst du den März nicht ganz verlieren,
So laß nicht in April dich führen.

Den ersten April mußt überstehn,
Dann kann dir manches Guts geschehn.

Und weiterhin im Mai, wenn's glückt,
Hat dich wieder ein Mädchen berückt.

Und das beschäftigt dich so sehr,
Zählst Tage, Wochen und Monde nicht mehr.

Nett und niedlich

Hast du das Mädchen gesehn
Flüchtig vorübergehn?~
Wollt, sie wär meine Braut!

Ja wohl, die Blonde, die Falbe!
Sie fitticht so zierlich wie die Schwalbe,
Die ihr Nest baut.
Du bist mein und bist so zierlich,
Du bist mein und so manierlich,
Aber etwas fehlt dir noch;
Küssest mit so spitzen Lippen,
Wie die Tauben Wasser nippen;
Allzu zierlich bist du doch.

Kestners Agape

Von deinem Liebesmahl
Will man nichts wissen:
Für einen Christen ist's
Ein böser Bissen.
Denn kaum verläßt der Herr
Die Grabestücher,
Gleich schreibt ein Schelmenvolk

Absurde Bücher

Gewinnen gegen dich
Die Philologen,
Das hilft uns alles nichts;
Wir sind betrogen.

Nativität

Der Deutsche ist gelehrt,
Wenn er sein Deutsch versteht;
Doch bleib ihm unverwehrt,
Wenn er nach außen geht.
Er komme dann zurück,
Gewiß um viel gelehrter;
Doch ist's ein großes Glück,
Wenn nicht um viel verkehrter.

Das Parterre spricht

Strenge Fräulein zu begrüßen,
Muß ich mich bequemen;
Mit den liederlichen Süßen
Werd ich's leichter nehmen.

Auf der Bühne lieb ich droben
Keine Redumschweife;
Soll ich denn am Ende loben,
Was ich nicht begreife?

Lose, faßliche Gebärden
Können mich verführen;
Lieber will ich schlechter werden,
Als mich ennuyieren.

Für Sie

»In deinem Liede walten
Gar manche schöne Namen!«
Sind mancherlei Gestalten,
Doch nur ein Rahmen.

»Nun aber die Schöne,
Die dich am Herzen hegte?«
Jede kennt die Töne,
Die sie erregte.

Stets derselbe

Wenn ich auf dem Markte geh
Durchs Gedränge
Und das hübsche Mädchen seh
In der Menge:
Geh ich hier, sie kommt heran,
Aber drüben;
Niemand sieht uns beiden an,
Wie wir lieben.

» Alter, hörst du noch nicht auf!
Immer Mädchen!
In dem jungen Lebenslauf
War's ein Käthchen.
Welche jetzt den Tag versüßt?
Sag's mit Klarheit.«
Seht nur hin, wie sie mich grüßt,
Es ist die Wahrheit!

Dem Absolutisten

»Wir streben nach dem Absoluten,
Als nach dem allerhöchsten Guten.«
Ich stell es einem jeden frei;
Doch merkt ich mir vor andern Dingen:
Wie unbedingt, uns zu bedingen,
Die absolute Liebe sei.

Gleichgewinn

Geht einer mit dem andern hin
Und auch wohl vor dem andern;
Drum laßt uns, treu und brav und kühn,
Die Lebenspfade wandern.
Es fällt ein jüngerer Soldat
Wohl in den ersten Schlachten;
Der andre muß ins Alter spat
Im Biwak übernachten.
Doch weiß er eifrig seinen Ruhm
Und seines Herrn zu mehren,
So bleibt sein letztes Eigentum
Gewiß das Bett der Ehren.

Genug

Immer niedlich, immer heiter,
Immer lieblich und so weiter,
Stets natürlich, aber klug:
Nun, das, dächt ich, wär genug.

Vielrat

Spricht man mit jedermann,
Da hört man keinen,
Stets wird ein andrer Mann
Auch anders meinen.
Was wäre Rat sodann
Vor unsern Ohren?
Kennst du nicht Mann für Mann:
Du bist verloren.

Sprache

Was reich und arm! Was stark und schwach!
Ist reich vergrabner Urne Bauch?
Ist stark das Schwert im Arsenal?
Greif milde drein, und freundlich Glück
Fließt, Gottheit, von dir aus!
Faß an zum Siege, Macht, das Schwert,
Und über Nachbarn Ruhm!

Kein Vergleich

Befrei uns Gott von s und ung,
Wir können sie entbehren,
Doch wollen wir durch Musterung
Nicht uns noch andre scheren.

Es schreibt mir einer: den Vergleich
Von Deutschen und Franzosen,
Und jeder Patriot sogleich
Wird heftig sich erbosen.

Kein Christenmensche hört ihm zu;
Ist denn der Kerl bei Sinnen?
Vergleichung aber läßt man zu,
Da müssen wir gewinnen.

Etymologie
(Spricht Mephistopheles)

Ars Ares wird der Kriegesgott genannt,
Ars heißt die Kunst, und .... ist auch bekannt.
Welch ein Geheimnis liegt in diesen Wundertönen!
Die Sprache bleibt ein reiner Himmelshauch,
Empfunden nur von stillen Erdensöhnen;
Fest liegt der Grund, bequem ist der Gebrauch,
Und wo man wohnt, da muß man sich gewöhnen.

Wer fühlend spricht, beschwätzt nur sich allein;
Wie anders, wenn der Glocke Bimbam bammelt,
Drängt alles zur Versammlung sich hinein.
Von Können kommt die Kunst, die Schönheit kommt vom Schein.
So wird erst nach und nach die Sprache festgerammelt,
Und was ein Volk zusammen sich gestammelt,
Muß ewiges Gesetz für Herz und Seele sein.

Ein ewiges Kochen statt fröhlichem Schmaus,
Was soll denn das Zählen, das Wägen, das Grollen?
Bei allem dem kommt nichts heraus,
Als daß wir keine Hexameter machen sollen,
Und sollen uns patriotisch fügen,
An Knüttelversen uns zu begnügen.

Feindseliger Blick

»Du kommst doch über so viele hinaus,
Warum bist du gleich außerm Haus,
Warum gleich aus dem Häuschen,
Wenn einer dir mit Brillen spricht?
Du machst ein ganz verflucht Gesicht
Und bist so still wie Mäuschen.«

Das scheint doch wirklich sonnenklar!
Ich geh mit Zügen frei und bar,
Mit freien, treuen Blicken;
Der hat eine Maske vorgetan,
Mit Späherblicken kommt er an –
Darein sollt ich mich schicken?
Was ist denn aber beim Gespräch,
Das Herz und Geist erfüllet,
Als daß ein echtes Wortgepräg
Von Aug zu Auge quillet!
Kommt jener nun mit Gläsern dort,
So bin ich stille, stille;
Ich rede kein vernünftig Wort
Mit einem durch die Brille.

Kunst und Altertum

»Was ist denn Kunst und Altertum,
Was Altertum und Kunst?«
Genug, das eine hat den Ruhm,
Das andre hat die Gunst.

Museen

An Bildern schleppt ihr hin und her
Verlornes und Erworbnes;
Und bei dem Senden kreuz und quer,
Was bleibt uns denn? – Verdorbnes!

Homer gegen Homer

Scharfsinnig habt ihr, wie ihr seid,
Von aller Verehrung uns befreit,
Und wir bekannten überfrei,
Daß Ilias nur ein Flickwerk sei.

Mög unser Abfall niemand kränken;
Denn Jugend weiß uns zu entzünden,
Daß wir ihn lieber als Ganzes denken,
Als Ganzes freudig ihn empfinden.

Mit den Wanderjahren

Die Wanderjahre sind nun angetreten,
Und jeder Schritt des Wandrers ist bedenklich.
Zwar pflegt er nicht zu singen und zu beten;
Doch wendet er, sobald der Pfad verfänglich,
Den ernsten Blick, wo Nebel ihn umtrüben,
Ins eigne Herz und in das Herz der Lieben.

Zum Diwan

Wer sich selbst und andre kennt,
Wird auch hier erkennen:
Orient und Okzident
Sind nicht mehr zu trennen.

Sinnig zwischen beiden Welten
Sich zu wiegen, laß ich gelten;
Also zwischen Ost und Westen
Sich bewegen, sei's zum besten.

Was ist der Himmel, was ist die Welt,
Als das, wofür eben einer sie hält;
Was hilft uns alle Herrlichkeit
Ohne Seelen-Behaglichkeit
Und ohne des Leibes Liebesleben?
Was hilft euch alles Streiten und Streben?
Von dieser großen Lehre durchdrungen,
Habt ihr ein Liedlein hier vorgesungen
Vom Prinz, er heißt – ich weiß nicht, wie –
Mit dem Zunamen Radegiki.

Angedenken

Angedenken an das Gute
Hält uns immer frisch bei Mute.

Angedenken an das Schöne
Ist das Heil der Erdensöhne.

Angedenken an das Liebe,
Glücklich wenn's lebendig bliebe.

Angedenken an das Eine
Bleibt das Beste, was ich meine.

Panazee

»Sprich! wie du dich immer und immer erneust?«
Kannst's auch, wenn du immer am Großen dich freust.
Das Große bleibt frisch, erwärmend, belebend;
Im Kleinlichen fröstelt der Kleinliche bebend.

Weltliteratur

Wie David königlich zur Harfe sang,
Der Winzerin Lied am Throne lieblich klang,
Des Persers Bulbul Rosenbusch umbangt
Und Schlangenhaut als Wildengürtel prangt,
Von Pol zu Pol Gesänge sich erneun –
Ein Sphärentanz, harmonisch im Getümmel –
Laßt alle Völker unter gleichem Himmel
Sich gleicher Gabe wohlgemut erfreun!

»Wie man nur so leben mag?
Du machst dir gar keinen guten Tag!«
Ein guter Abend kommt heran,
Wenn ich den ganzen Tag getan.

Wenn man mich da- und dorthin zerrt
Und wo ich nichts vermag,
Bin von mir selbst nur abgesperrt,
Da hab ich keinen Tag.

Tut sich nun auf, was man bedarf
Und was ich wohl vermag,
Da hab ich meinen Tag.

Ich scheine mir an keinem Ort,
Auch Zeit ist keine Zeit,
Ein geistreich-aufgeschloßnes Wort
Wirkt auf die Ewigkeit.

Heut und ewig

Unmöglich ist's, den Tag dem Tag zu zeigen,
Der nur Verwornes im Verwornen spiegelt,
Und jeder selbst sich fühlt als recht und eigen,
Statt sich zu zügeln, nur am andern zügelt;
Da ist's den Lippen besser, daß sie schweigen,
Indes der Geist sich fort und fort beflügelt.
Aus gestern wird nicht heute; doch Äonen,
Sie werden wechselnd sinken, werden thronen.

Schlußpoetik

Sage, Muse, sag dem Dichter,
Wie er denn es machen soll?
Denn der wunderlichsten Richter
Ist die liebe Welt so voll.

Immer hab ich doch den rechten
Klaren Weg im Lied gezeigt,
Immer war es doch den schlechten
Düstern Pfaden abgeneigt.

Aber was die Herren wollten,
Ward mir niemals ganz bekannt;
Wenn sie wüßten, was sie sollten,
Wär es auch wohl bald genannt.

»Willst du dir ein Maß bereiten,
Schaue, was den Edlen mißt,
Was ihn auch entstellt zu Zeiten,
Wenn der Leichtsinn sich vergißt.

Solch ein Inhalt deiner Sänge,
Der erbauet, der gefällt,
Und im wüstesten Gedränge
Dankt's die stille beßre Welt.

Frage nicht nach anderm Titel,
Reinem Willen bleibt sein Recht!
Und die Schurken laß dem Büttel
Und die Narren dem Geschlecht.«

Der Kölner Mummenschanz
Fastnacht 1825

Da das Alter, wie wir wissen,
Nicht für Torheit helfen kann,
Wär es ein gefundner Bissen
Einem heitern alten Mann,

Daß am Rhein, dem viel beschwommnen,
Mummenschar sich zum Gefecht
Rüstet gegen angekommnen
Feind, zu sichern altes Recht.

Auch dem Weisen fügt behäglich
Sich die Torheit wohl zur Hand;
Und so ist es gar verträglich,
Wenn er sich mit euch verband.

Selbst Erasmus ging den Spuren
Der Moria scherzend nach;
Ulrich Hutten mit Obskuren
Derbe Lanzenkiele brach.

Löblich wird ein tolles Streben,
Wenn es kurz ist und mit Sinn;
Heiterkeit zum Erdeleben
Sei dem flüchtgen Rausch Gewinn!

Häufet nur an diesem Tage
Kluger Torheit Vollgewicht,
Daß mit uns die Nachwelt sage:
Jahre sind der Lieb und Pflicht!

Der Narr epilogiert

Manch gutes Werk hab ich verricht,
Ihr nehmt das Lob, das kränkt mich nicht.
Ich denke, daß sich in der Welt
Alles bald wieder ins Gleiche stellt.
Lobt man mich, weil ich was Dummes gemacht,
Dann mir das Herz im Leibe lacht;
Schilt man mich, weil ich was Gutes getan,
So nehm ich's ganz gemächlich an.
Schlägt mich ein Mächtiger, daß es schmerzt,
So tu ich, als hätt er nur gescherzt;
Doch ist es einer von meinesgleichen,
Den weiß ich wacker durchzustreichen.
Hebt mich das Glück, so bin ich froh
Und sing in dulci jubilo;
Senkt sich das Rad und quetscht mich nieder,
So denk ich: Nun, es hebt sich wieder!
Grille nicht bei Sommersonnenschein,
Daß es wieder werde Winter sein;
Und kommen die weißen Flockenscharen,
Da lieb ich mir das Schlittenfahren.
Ich mag mich stellen, wie ich will,
Die Sonne hält mir doch nicht still,
Und immer geht's den alten Gang
Das liebe lange Leben lang;
Der Knecht sowie der Herr vom Haus
Ziehen sich täglich an und aus,
Sie mögen sich hoch oder niedrig messen,
Müssen wachen, schlafen, trinken und essen.
Drum trag ich über nichts ein Leid;
Macht's wie der Narr, so seid ihr gescheit!

Demut

Seh ich die Werke der Meister an,
So seh ich das, was sie getan;
Betracht ich meine Siebensachen,
Seh ich, was ich hätt sollen machen.

Ein Gleichnis

Jüngst pflückt ich einen Wiesenstrauß,
Trug ihn gedankenvoll nach Haus;
Da hatten von der warmen Hand
Die Kronen sich alle zur Erde gewandt.
Ich setzte sie in frisches Glas,
Und welch ein Wunder war mir das!
Die Köpfchen hoben sich empor,
Die Blätterstengel im grünen Flor;
Und allzusammen so gesund,
Als stünden sie noch auf Muttergrund.

So war mir's, als ich wundersam
Mein Lied in fremder Sprache vernahm.

Feindseliger Blick

»Du kommst doch über so viele hinaus,
Warum bist du gleich außerm Haus,
Warum gleich aus dem Häuschen,
Wenn einer dir mit Brillen spricht?
Du machst ein ganz verflucht Gesicht
Und bist so still wie Mäuschen.«

Das scheint doch wirklich sonnenklar!
Ich geh mit Zügen frei und bar,
Mit freien, treuen Blicken;
Der hat eine Maske vorgetan,
Mit Späherblicken kommt er an –
Darein sollt ich mich schicken?
Was ist denn aber beim Gespräch,
Das Herz und Geist erfüllet,
Als daß ein echtes Wortgepräg
Von Aug zu Auge quillet!
Kommt jener nun mit Gläsern dort,
So bin ich stille, stille;
Ich rede kein vernünftig Wort
Mit einem durch die Brille.

Legende vom Hufeisen

Als noch, verkannt und sehr gering,
Unser Herr auf der Erde ging
Und viele Jünger sich zu ihm fanden,
Die sehr selten sein Wort verstanden,
Liebt' er sich gar über die Maßen,
Seinen Hof zu halten auf der Straßen,
Weil unter des Himmels Angesicht
Man immer besser und freier spricht.

Er ließ sie da die höchsten Lehren
Aus seinem heiligen Munde hören;
Besonders durch Gleichnis und Exempel
Macht' er einen jeden Markt zum Tempel.

So schlendert' er in Geistes Ruh
Mit ihnen einst einem Städtchen zu,
Sah etwas blinken auf der Straß,
Das ein zerbrochen Hufeisen was.
Er sagte zu Sankt Peter drauf:
Heb doch einmal das Eisen auf!
Sankt Peter war nicht aufgeräumt,
Er hatte soeben im Gehen geträumt
So was vom Regiment der Welt,
Was einem jeden wohl gefällt;
Denn im Kopf hat das keine Schranken;
Das waren so seine liebsten Gedanken.

Nun war der Fund ihm viel zu klein,
Hätte müssen Kron und Zepter sein;
Aber wie sollt er seinen Rücken
Nach einem halben Hufeisen bücken?
Er also sich zur Seite kehrt
Und tut, als hätt er's nicht gehört.
Der Herr, nach seiner Langmut, drauf
Hebt selber das Hufeisen auf.
Und tut auch weiter nicht dergleichen.
Als sie nun bald die Stadt erreichen,
Geht er vor eines Schmiedes Tür,
Nimmt von dem Mann drei Pfennig dafür.
Und als sie über den Markt nun gehen,
Sieht er daselbst schöne Kirschen stehen,
Kauft ihrer so wenig oder so viel,
Als man für einen Dreier geben will,
Die er sodann nach seiner Art
Ruhig im Ärmel aufbewahrt.

Nun ging's zum andern Tor hinaus,
Durch Wies und Felder ohne Haus,
Auch war der Weg von Bäumen bloß;
Die Sonne schien, die Hitz war groß,
So daß man viel an solcher Stätt
Für einen Trunk Wasser gegeben hätt.
Der Herr geht immer voraus vor allen,
Läßt unversehns eine Kirsche fallen.
Sankt Peter war gleich dahinter her,
Als wenn es ein goldner Apfel wär;
Das Beerlein schmeckte seinem Gaum.
Der Herr, nach einem kleinen Raum,
Ein ander Kirschlein zur Erde schickt,
Wornach Sankt Peter schnell sich bückt.
So läßt der Herr ihn seinen Rücken
Gar vielmal nach den Kirschen bücken.
Das dauert eine ganze Zeit;
Dann sprach der Herr mit Heiterkeit:
Tätst du zur rechten Zeit dich regen,
Hättst du's bequemer haben mögen.
Wer geringe Ding' wenig acht't,
Sich um geringere Mühe macht.

Fliegentod

Sie saugt mit Gier verrätrisches Getränke
Unabgesetzt, vom ersten Zug verführt;
Sie fühlt sich wohl, und längst sind die Gelenke
Der zarten Beinchen schon paralysiert;
Nicht mehr gewandt, die Flügelchen zu putzen,
Nicht mehr geschickt, das Köpfchen aufzustutzen –
Das Leben so sich im Genuß verliert.
Zum Stehen kaum wird noch das Füßchen taugen;
So schlürft sie fort, und mitten unterm Saugen
Umnebelt ihr der Tod die tausend Augen.

Neue Heilige

Alle schöne Sünderinnen,
Die zu Heiligen sich geweint,
Sind, um Herzen zu gewinnen,
All in eine nun vereint.
Seht die Mutterlieb, die Tränen,
Ihre Reu und ihre Pein!
Statt Marien Magdalenen
Soll nun Sankt Oliva sein.

Mädchenwünsche

O fände für mich
Ein Bräutigam sich!
Wie schön ist's nicht da!
Man nennt uns Mama;
Da braucht man zum Nähen
Zur Schul nicht zu gehen;
Da kann man befehlen,
Hat Mägde, darf schmälen;
Man wählt sich die Kleider,
Nach Gusto den Schneider;
Da läßt man spazieren,
Auf Bälle sich führen
Und fragt nicht erst lange
Papa und Mama.

Beruf des Storchs

Der Storch, der sich von Frosch und Wurm
An unserm Teiche nähret,
Was nistet er auf dem Kirchenturm,
Wo er nicht hingehöret?

Dort klappt und klappert er genung,
Verdrießlich anzuhören;
Doch wagt es weder alt noch jung,
Ihm in das Nest zu stören.

Wodurch – gesagt mit Reverenz –
Kann er sein Recht beweisen?
Als durch die löbliche Tendenz,
Aufs Kirchendach zu . . . ?

Vergeblich

Erinnr' ich mich doch spät und früh
Des lieblichsten Gesichts,
Sie denkt an mich, ich denk an sie,
Und beiden hilft es nichts.

Zwei Personen, ganz verschieden,
Luden sich bei mir zu Tafel,
Diesmal lebten sie in Frieden,
Fuchs und Kranich, sagt die Fabel.

Beiden macht ich was zurechte,
Rupfte gleich die jüngsten Tauben;

Weil er von Schakals Geschlechte,
Legt ich bei geschwollne Trauben.

Langgehälstes Glasgefäße
Setzt ich ungesäumt dagegen,
Wo sich klar im Elemente
Gold- und Silberfischlein regen.

Hättet ihr den Fuchs gesehen
Auf der flachen Schüssel hausen,
Neidisch müßtet ihr gestehen:
Welch ein Appetit zum Schmausen!

Wenn der Vogel, ganz bedächtig,
Sich auf einem Fuße wiegte,
Hals und Schnabel, zart und schmächtig,
Zierlich nach den Fischlein schmiegte.

Dankend freuten sie beim Wandern
Sich der Tauben, sich der Fischchen;
Jeder spottete des andern,
Als genährt am Katzentischchen.

Willst nicht Salz und Schmalz verlieren,
Mußt, gemäß den Urgeschichten,
Wenn die Leute willst gastieren,
Dich nach Schnauz und Schnabel richten.

Gleichgewinn

Geht einer mit dem andern hin
Und auch wohl vor dem andern;
Drum laßt uns, treu und brav und kühn,
Die Lebenspfade wandern.
Es fällt ein jüngerer Soldat
Wohl in den ersten Schlachten;
Der andre muß ins Alter spat
Im Biwak übernachten.
Doch weiß er eifrig seinen Ruhm
Und seines Herrn zu mehren,
So bleibt sein letztes Eigentum
Gewiß das Bett der Ehren.

Grabschrift

Als Knabe verschlossen und trutzig,
Als Jüngling anmaßlich und stutzig,
Als Mann zu Taten willig,
Als Greis leichtsinnig und grillig! –
Auf deinem Grabstein wird man lesen:
Das ist fürwahr ein Mensch gewesen!

Ein Meister einer ländlichen Schule

Ein Meister einer ländlichen Schule
Erhub sich einst von seinem Stuhle
Und hatte fest sich vorgenommen,
In bessere Gesellschaft zu kommen;

Deswegen er im nahen Bad
In den sogenannten Salon eintrat.
Verblüfft war er gleich an der Tür,
Als wenn's ihm zu vornehm widerführ;

Macht' daher dem ersten Fremden rechts
Einen tiefen Bückling, es war nichts Schlechts;
Aber hinten hätt er nicht vorgesehn,
Daß da auch wieder Leute stehn,

Gab einem zur Linken in den Schoß
Mit seinem Hintern einen derben Stoß.
Das hätt er schnell gern abgebüßt;
Doch, wie er eilig den wieder begrüßt,

So stößt er rechts einen andern an,
Er hat wieder jemand was Leids getan.
Und wie er's diesem wieder abbittet,
Er's wieder mit einem andern verschüttet.

Und komplimentiert sich zu seiner Qual
Von hinten und vorn so durch den Saal,
Bis ihm endlich ein derber Geist
Ungeduldig die Türe weist.

Möge doch mancher in seinen Sünden
Hievon die Nutzanwendung finden.

II.

Da er nun seine Straße ging,
Dacht er: ich machte mich zu gering;
Will mich aber nicht weiter schmiegen;
Denn wer sich grün macht, den fressen die Ziegen.

So ging er gleich frisch querfeldein,
Und zwar nicht über Stock und Stein,
Sondern über Äcker und gute Wiesen,
Zertrat das alles mit latschen Füßen.

Ein Besitzer begegnet ihm so
Und fragt nicht weiter, wie? noch wo?
Sondern schlägt ihn tüchtig hinter die Ohren.
Bin ich doch gleich wie neugeboren!

Ruft unser Wandrer hochentzückt.
Wer bist du, Mann, der mich beglückt?
Möchte mich Gott doch immer segnen,
Daß mir so fröhliche Gesellen begegnen!

Die Originalen

Ich trat in meine Gartentür,
Drei Freunde kamen, auch wohl vier,
Ich bat sie höflich zu mir ein
Und sagte: sie sollten willkommen sein;
Da in der Mitte, im heitern Saal,
Stünd gerade ein hübsches Frühstücksmahl.
Wollt jedem der Garten wohl gefallen,
Darin nach seiner Art zu wallen.

Der eine schlich in dichte Lauben,
Der andre kletterte nach Trauben,
Sein Bruder nach hohen Äpfeln schielt',
Die er für ganz vortrefflich hielt.
Ich sagte: die stünden alle frisch
Zusammen drin auf rundem Tisch
Und wären ihnen gar schön empfohlen.
Sie aber wollten sie selber holen;

Auch war der letzte, wie eine Maus,
Fort! wohl zur Hintertür hinaus.
Ich aber ging zum Saal hinein,
Verzehrte mein Frühstück ganz allein.

Drei Palinodien

Soll denn dein Opferrauch
Die Götter kränken?
Du hältst die Nase zu –
Was soll ich denken?
Den Weihrauch schätzet man
Vor allen Dingen;
Wer ihn nicht riechen kann,
Soll ihn nicht bringen.

Mit starrem Angesicht
Verehrst du Puppen;
Und riecht der Priester nicht,
So hat Gott den Schnuppen.

Schneider-Courage

»Es ist ein Schuß gefallen!
Mein! sagt, wer schoß da drauß?«
Es ist der junge Jäger,
Der schießt im Hinterhaus.

Die Spatzen in dem Garten,
Die machen viel Verdruß.
Zwei Spatzen und ein Schneider,
Die fielen von dem Schuß;

Die Spatzen von den Schroten,
Der Schneider von dem Schreck;
Die Spatzen in die Schoten,
Der Schneider in den –

POLITISCHES

Bei einer großen Wassersnot
Rief man zu Hilfe das Feuer;
Da ward sogleich der Himmel rot,
Und nirgend war es geheuer:

Durch Wälder und Felder kamen gerannt
Die Blitze zu flammenden Rotten,
Die ganze Erde, sie war verbrannt,
Noch eh die Fische gesotten.

Und als die Fische gesotten warn,
Bereitet' man große Feste;
Ein jeder brachte sein Schüsselein mit,
Groß war die Zahl der Gäste;

Ein jeder drängte sich herbei,
Hier gab es keine Faule;
Die Gröbsten aber schlugen sich durch
Und fraßen's den andern vom Maule.

Die Engel stritten für uns Gerechte,
Zogen den kürzern in jedem Gefechte;
Da stürzte denn alles drüber und drunter,
Dem Teufel gehörte der ganze Plunder.

Nun ging es an ein Beten und Flehen!
Gott ward bewegt, herein zu sehen.
Spricht Logos, dem die Sache klar
Von Ewigkeit her gewesen war:

Sie sollten sich keineswegs genieren,

Sich auch einmal als Teufel gerieren,
Auf jede Weise den Sieg erringen
Und hierauf das Tedeum singen.

Das ließen sie sich nicht zweimal sagen,
Und siehe! die Teufel waren geschlagen.
Natürlich fand man hinterdrein,
Es sei recht hübsch, ein Teufel zu sein.

Am jüngsten Tag vor Gottes Thron
Stand endlich Held Napoleon.
Der Teufel hielt ein großes Register
Gegen denselben und seine Geschwister,

War ein wundersam verruchtes Wesen:
Satan fing an, es abzulesen.

Gott Vater, oder Gott der Sohn,
Einer von beiden sprach vom Thron,
Wenn nicht etwa gar der heilige Geist
Das Wort genommen allermeist:

»Wiederhol's nicht vor göttlichen Ohren!
Du sprichst wie die deutschen Professoren.
Wir wissen alles, mach es kurz!
Am jüngsten Tag ist's nur ein ...
Getraust du dich, ihn anzugreifen,
So magst du ihn nach der Hölle schleifen.

Wolltet ihr in Leipzigs Gauen
Denkmal in die Wolken richten,
Wandert, Männer all und Frauen,
Frommen Umgang zu verrichten!

Jeder werfe dann die Narrheit,
Die ihn selbst und andre quälet,
Zu des runden Haufens Starrheit,
Nicht ist unser Zweck verfehlet.

Ziehen Junker auch und Fräulen
Zu der Wallfahrt stillem Frieden,
Wie erhabne Riesensäulen
Wachsen unsre Pyramiden.

Die Deutschen sind recht gute Leut:
Sind sie einzeln, sie bringen's weit;
Nun sind ihnen auch die größten Taten
Zum erstenmal im Ganzen geraten.
Ein jeder spreche Amen darein,
Daß es nicht möge das letzte Mal sein!

Dem Fürsten Blücher von Wahlstatt die Seinigen

In Harren und Krieg,
In Sturz und Sieg
Bewußt und groß!
So riß er uns
Von Feinden los.

Parabaste

Freudig war vor vielen Jahren
Eifrig so der Geist bestrebt,
Zu erforschen, zu erfahren,
Wie Natur im Schaffen lebt.

Und es ist das ewig Eine,
Das sich vielfach offenbart;
Klein das Große, groß das Kleine,
Alles nach der eignen Art.

Immer wechselnd, fest sich haltend,
Nah und fern und fern und nah;
So gestaltend, umgestaltend –
Zum Erstaunen bin ich da.

Epirrhema

Müsset im Naturbetrachten
Immer eins wie alles achten;
Nichts ist drinnen, nichts ist draußen;
Denn was innen, das ist außen.
So ergreifet ohne Säumnis
Heilig öffentlich Geheimnis.

Freuet euch des wahren Scheins,
Euch des ernsten Spieles:
Kein Lebendiges ist ein Eins,
Immer ist's ein Vieles.

SONETTE

Liebe will ich liebend loben;
Jede Form, sie kommt von oben.

I.

Mächtiges Überraschen

Ein Strom entrauscht umwölktem Felsensaale
Dem Ozean sich eilig zu verbinden;
Was auch sich spiegeln mag von Grund zu Gründen,
Er wandelt unaufhaltsam fort zu Tale.

Dämonisch aber stürzt mit einem Male –
Ihr folgen Berg und Wald in Wirbelwinden –
Sich Oreas, Behagen dort zu finden,
Und hemmt den Lauf, begrenzt die weite Schale.

Die Welle sprüht und staunt zurück und weichet
Und schwillt bergan, sich immer selbst zu trinken;
Gehemmt ist nun zum Vater hin das Streben.

Sie schwankt und ruht, zum See zurückgedeichet;
Gestirne, spiegelnd sich, beschaun das Blinken
Des Wellenschlags am Fels, ein neues Leben.

II.

Freundliches Begegnen

Im weiten Mantel bis ans Kinn verhüllet,
Ging ich den Felsenweg, den schroffen, grauen,
Hernieder dann zu winterhaften Auen,
Unruhgen Sinns, zur nahen Flucht gewillet.

Auf einmal schien der neue Tag enthüllet:
Ein Mädchen kam, ein Himmel anzuschauen,
So musterhaft, wie jene lieben Frauen
Der Dichterwelt. Mein Sehnen war gestillet.

Doch wandt ich mich hinweg und ließ sie gehen
Und wickelte mich enger in die Falten,
Als wollt ich trutzend in mir selbst erwarmen;

Und folgt ihr doch. Sie stand. Da war's geschehen!
In meiner Hülle konnt ich mich nicht halten,
Die warf ich weg, sie lag in meinen Armen.

III.

Kurz und gut

Sollt ich mich denn so ganz an sie gewöhnen?
Das wäre mir zuletzt doch reine Plage.
Darum versuch ich's gleich am heutgen Tage
Und nahe nicht dem vielgewohnten Schönen.

Wie aber mag ich dich, mein Herz, versöhnen,
Daß ich im wichtgen Fall dich nicht befrage?
Wohlan! Komm her! Wir äußern unsre Klage
In liebevollen, traurig heitern Tönen.

Siehst du, es geht! Des Dichters Wink gewärtig,
Melodisch klingt die durchgespielte Leier,
Ein Liebesopfer traulich darzubringen.

Du denkst es kaum, und sieh! das Lied ist fertig;
Allein, was nun? – Ich dächt, im ersten Feuer
Wir eilten hin, es vor ihr selbst zu singen.

IV.

Das Mädchen spricht

Du siehst so ernst, Geliebter! Deinem Bilde
Von Marmor hier möcht ich dich wohl vergleichen:
Wie dieses gibst du mir kein Lebenszeichen;
Mit dir verglichen zeigt der Stein sich milde.

Der Feind verbirgt sich hinter seinem Schilde,
Der Freund soll offen seine Stirn uns reichen.
Ich suche dich, du suchst mir zu entweichen;
Doch halte stand, wie dieses Kunstgebilde.

An wen von beiden soll ich nun mich wenden?
Sollt ich von beiden Kälte leiden müssen,
Da dieser tot und du lebendig heißest?

Kurz, um der Worte mehr nicht zu verschwenden,
So will ich diesen Stein so lange küssen,
Bis eifersüchtig du mich ihm entreißest.

V.

Wachstum

Als kleines artges Kind nach Feld und Auen
Sprangst du mit mir so manchen Frühlingsmorgen.
»Für solch ein Töchterchen, mit holden Sorgen,
Möcht ich als Vater segnend Häuser bauen!«

Und als du anfingst in die Welt zu schauen,
War deine Freude häusliches Besorgen.
»Solch eine Schwester! und ich wär geborgen:
Wie könnt ich ihr, ach! wie sie mir vertrauen!«

Nun kann den schönen Wachstum nichts beschränken;
Ich fühl im Herzen heißes Liebetoben.
Umfaß ich sie, die Schmazen zu beschwichtgen?

Doch, ach! nun muß ich dich als Fürstin denken:
Du stehst so schroff vor mir emporgehoben;
Ich beuge mich vor deinem Blick, dem flüchtgen.

VI.

Reisezehrung

Entwöhnen sollt ich mich vom Glanz der Blicke,
Mein Leben sollten sie nicht mehr verschönen.
Was man Geschick nennt, läßt sich nicht versöhnen,
Ich weiß es wohl und trat bestürzt zurücke.

Nun wußt ich auch von keinem weitern Glücke;
Gleich fing ich an von diesen und von jenen

Notwendgen Dingen sonst mich zu entwöhnen:
Notwendig schien mir nichts als ihre Blicke.

Des Weines Glut, den Vielgenuß der Speisen,
Bequemlichkeit und Schlaf und sonstge Gaben,
Gesellschaft wies ich weg, daß wenig bliebe.

So kann ich ruhig durch die Welt nun reisen:
Was ich bedarf, ist überall zu haben,
Und Unentbehrlichs bring ich mit – die Liebe.

VII.

Abschied

War unersättlich nach viel tausend Küssen
Und mußt mit einem Kuß am Ende scheiden;
Nach herber Trennung tiefempfundnen Leiden
War mir das Ufer, dem ich mich entrissen,

Mit Wohnungen, mit Bergen, Hügeln, Flüssen,
So lang ich's deutlich sah, ein Schatz der Freuden;
Zuletzt im Blauen blieb ein Augenweiden
An fernentwichnen lichten Finsternissen.

Und endlich, als das Meer den Blick umgrenzte,
Fiel mir zurück ins Herz mein heiß Verlangen;
Ich suchte mein Verlornes gar verdrossen.

Da war es gleich, als ob der Himmel glänzte;
Mir schien, als wäre nichts mir, nichts entgangen,
Als hätt ich alles, was ich je genossen.

VIII.

Die Liebende schreibt

Ein Blick von deinen Augen in die meinen,
Ein Kuß von deinem Mund auf meinem Munde –
Wer davon hat, wie ich, gewisse Kunde,
Mag dem was andres wohl erfreulich scheinen?

Entfernt von dir, entfremdet von den Meinen,
Führ ich stets die Gedanken in die Runde,
Und immer treffen sie auf jene Stunde,
Die einzige; da fang ich an zu weinen.

Die Träne trocknet wieder unversehens;
Er liebt ja, denk ich, her in diese Stille,
Und solltest du nicht in die Ferne reichen?

Vernimm das Lispeln dieses Liebewehens;
Mein einzig Glück auf Erden ist dein Wille,
Dein freundlicher zu mir; gib mir ein Zeichen!

IX.

Die Liebende abermals

Warum ich wieder zum Papier mich wende?
Das mußt du, Liebster, so bestimmt nicht fragen:
Denn eigentlich hab ich dir nichts zu sagen;
Doch kommt's zuletzt in deine lieben Hände.

Weil ich nicht kommen kann, soll, was ich sende,
Mein ungeteiltes Herz hinüber tragen

Mit Wonnen, Hoffnungen, Entzücken, Plagen:
Das alles hat nicht Anfang, hat nicht Ende.

Ich mag vom heutgen Tag dir nichts vertrauen,
Wie sich im Sinnen, Wünschen, Wähnen, Wollen
Mein treues Herz zu dir hinüber wendet:

So stand ich einst vor dir, dich anzuschauen,
Und sagte nichts. Was hätt ich sagen sollen
Mein ganzes Wesen war in sich vollendet.

X.

Sie kann nicht enden

Wenn ich nun gleich das weiße Blatt dir schickte,
Anstatt daß ich's mit Lettern erst beschreibe,
Ausfülltest du's vielleicht zum Zeitvertreibe
Und sendetest's an mich, die Hochbeglückte.

Wenn ich den blauen Umschlag dann erblickte,
Neugierig schnell, wie es geziemt dem Weibe,
Riß ich ihn auf, daß nichts verborgen bleibe;
Da läs ich, was mich mündlich sonst entzückte:

Lieb Kind! Mein artig Herz! Mein einzig Wesen!
Wie du so freundlich meine Sehnsucht stilltest
Mit süßem Wort und mich so ganz verwöhntest.

Sogar dein Lispeln glaubt ich auch zu lesen,
Womit du liebend meine Seele fülltest
Und mich auf ewig vor mir selbst verschöntest.

XI.

Nemesis

Wenn durch das Volk die grimme Seuche wütet,
Soll man vorsichtig die Gesellschaft lassen.
Auch hab ich oft mit Zaudern und Verpassen
Vor manchen Influenzen mich gehütet.

Und obgleich Amor öfters mich begütet,
Mocht ich zuletzt mich nicht mit ihm befassen.
So ging mir's auch mit jenen Lacrimassen,
Als vier- und dreifach reimend sie gebrütet.

Nun aber folgt die Strafe dem Verächter,
Als wenn die Schlangenfackel der Erinnen
Von Berg zu Tal, von Land zu Meer ihn triebe.

Ich höre wohl der Genien Gelächter;
Doch trennet mich von jeglichem Besinnen
Sonettenwut und Raserei der Liebe.

XII.

Christgeschenk

Mein süßes Liebchen! Hier in Schachtelwänden
Gar mannigfalt geformte Süßigkeiten:
Die Früchte sind es heilger Weihnachtszeiten,
Gebackne nur, den Kindern auszuspenden!

Dir möcht ich dann mit süßem Redewenden
Poetisch Zuckerbrot zum Fest bereiten;
Allein was soll's mit solchen Eitelkeiten?
Weg den Versuch, mit Schmeichelei zu blenden!

Doch gibt es noch ein Süßes, das vom Innern
Zum Innern spricht, genießbar in der Ferne,
Das kann nur bis zu dir hinüber wehen.

Und fühlst du dann ein freundliches Erinnern,
Als blinkten froh dir wohlbekannte Sterne,
Wirst du die kleinste Gabe nicht verschmähen.

XIII.

Warnung

Am Jüngsten Tag, wenn die Posaunen schallen
Und alles aus ist mit dem Erdeleben,
Sind wir verpflichtet, Rechenschaft zu geben
Von jedem Wort, das unnütz uns entfallen.

Wie wird's nun werden mit den Worten allen,
In welchen ich so liebevoll mein Streben
Um deine Gunst dir an den Tag gegeben,
Wenn diese bloß an deinem Ohr verhallen?

Darum bedenk, o Liebchen! dein Gewissen,
Bedenk im Ernst, wie lange du gezaudert,
Daß nicht der Welt solch Leiden widerfahre.

Werd ich berechnen und entschuldgen müssen,
Was alles unnütz ich vor dir geplaudert,
So wird der Jüngste Tag zum vollen Jahre.

XIV.

Die Zweifelnden

Ihr liebt, und schreibt Sonette! Weh der Grille!
Die Kraft des Herzens, sich zu offenbaren,
Soll Reime suchen, sie zusammenpaaren;
Ihr Kinder, glaubt, ohnmächtig bleibt der Wille.

Ganz ungebunden spricht des Herzens Fülle
Sich kaum noch aus: sie mag sich gern bewahren;
Dann Stürmen gleich durch alle Saiten fahren;
Dann wieder senken sich zu Nacht und Stille.

Was quält ihr euch und uns, auf jähem Stege
Nur Schritt vor Schritt den lästgen Stein zu wälzen,
Der rückwärts lastet, immer neu zu mühen?

Die Liebenden

Im Gegenteil, wir sind auf rechtem Wege!
Das Allerstarrste freudig aufzuschmelzen
Muß Liebesfeuer allgewaltig glühen.

XV.

Mädchen

Ich zweifle doch am Ernst verschränkter Zeilen!
Zwar lausch ich gern bei deinem Silbespielen
Allein mir scheint, was Herzen redlich fühlen
Mein süßer Freund, das soll man nicht befeilen.

Der Dichter pflegt, um nicht zu langeweilen,
Sein Innerstes von Grund aus umzuwühlen;
Doch seine Wunden weiß er auszukühlen,
Mit Zauberwort die tiefsten auszuheilen.

Dichter

Schau, Liebchen, hin! Wie geht's dem Feuerwerker?
Drauf ausgelernt, wie man nach Maßen wettert,
Irrgänglich-klug miniert er seine Grüfte;

Allein die Macht des Elements ist stärker
Und eh er sich's versieht, geht er zerschmettert
Mit allen seinen Künsten in die Lüfte.

XVI.

Epoche

Mit Flammenschrift war innigst eingeschrieben
Petrarcas Brust vor allen andern Tagen
Karfreitag. Eben so, ich darf's wohl sagen,
Ist mir Advent von Achtzehnhundertsieben.

Ich fing nicht an, ich fuhr nur fort zu lieben
Sie, die ich früh im Herzen schon getragen,
Dann wieder weislich aus dem Sinn geschlagen,
Der ich nun wieder bin ans Herz getrieben.

Petrarcas Liebe, die unendlich hohe,
War leider unbelohnt und gar zu traurig,
En Herzensweh, ein ewiger Karfreitag;

Doch stets erscheine, fort und fort, die frohe,
Süß, unter Palmenjubel, wonneschaurig,
Der Herrin Ankunft mir, ein ewger Maitag.

XVII.

Scharade

Zwei Worte sind es, kurz, bequem zu sagen,
Die wir so oft mit holder Freutd nennen,
Doch keineswegs die Dinge deutlich kennen,
Wovon sie eigentlich den Stempel tragen.

Es tut gar wohl in jung- und alten Tagen,
Eins an dem andern kecklich zu verbrennen;
Und kann man sie vereint zusammen nennen,
So drückt man aus ein seliges Behagen.

Nun aber such ich ihnen zu gefallen
Und bitte, mit sich selbst mich zu beglücken;
Ich hoffe still, doch hoff ich's zu erlangen:

Als Namen der Geliebten sie zu lallen,
In einem Bild sie beide zu erblicken,
In einem Wesen beide zu umfangen.

DIE ZAHMEN XENIEN

I.

Kennst du das Spiel, wo man im lustgen Kreis
Das Pfeifchen sucht und niemals findet,
Weiul man's dem Sucher, ohne daß er's weiß,
In seines Rockes hintre Falten bindet,
Das heißt: an seinen Steiß?

Mit Narren leben wird dir gar nicht schwer,
Versammle nur ein Tollhaus um dich her.
Bedenke dann – das macht dich gleich gelind –
Daß Narrenwärter selbst auch Narren sind.

Wo recht viel Widersprüche schwirren,
Mag ich am liebsten wandern;
Niemand gönnt dem andern –
Wie lustig! – das recht, zu irren.

Stämme wollen gegen Stämme pochen;
Kann doch einer, was der andre kann!
Steckt doch Mark in jedem Knochen,
Und in jedem Hemde steckt ein Mann.

Hat Welscher-Hahn an seinem Kropf,
Storch an dem Langhals Freude;
Der Kessel schilt den Ofentopf,
Schwarz sind sie alle beide.

Wie gerne säh ich jeden stolzieren,
Könnt er das Pfauenrad vollführen.

»**Warum** nur die hübschen Leute
Mir nicht gefallen sollen?«
Manchen hält man für fett,
Er ist nur geschwollen.

»**Da** reiten sie hin, wer hemmt den Lauf?«
Wer reitet denn? »Stolz und Unwissenheit.«
Laß sie reiten: da ist gute Zeit!
Schimpf und Schade sitzen hinten auf.

»**Wie** ist dir's doch so balde
Zur Ehr und Schmach gediehn?«
Blieb' der Wolf im Walde,
So würd er nicht beschrien.

Die Freunde.
Oh! Lass die Jammer-Klagen,
Da nach den schlimmsten Tagen
Man wieder froh genießt.

Hiob.
Ihr wollet meiner spotten;
Denn, ist der Fisch gesotten,
Was hilft es, daß die Quelle fließt?

Was willst du mit den alten Tröpfen!
Es sind Knöpfe, die nicht mehr knöpfen.

Lass im Irrtum sie gebettet,
Suche weislich zu entfliehn:
Bist ins Freie du gerettet,
Niemand sollst du nach dir ziehn.

Aber alles, was begegnet,
Froh, mit reinem Jugendsinn,
Sei belehrt, es sei gesegnet!
Und das bleibe dir Gewinn.

Ins Sichere willst du dich betten!
Ich liebe mir inneren Streit:
Denn, wenn wir die Zweifel nicht hätten,
Wo wäre denn frohe Gewißheit ?

»**Was** willst du, daß von deiner Gesinnung
Man dir nach ins Ewige sende?«
Er gehörte zu keiner Innung,
Blieb Liebhaber bis ans Ende.

»**Triebst** du doch bald dies, bald das!
War es ernstlich, war es Spaß ?
Daß ich redlich mich beflissen,
Was auch werde, Gott mag's wissen.

»**Dir** warum doch verliert
Gleich alles Wert und Gewicht?«
Das Tun interessiert,
Das Getane nicht.

»So still und so sinnig!
Es fehlt dir was, gesteh es frei.«
Zufrieden bin ich;
Aber mir ist nicht wohl dabei.

Weißt du, worin der Spaß des Lebens liegt?
Sei lustig! – geht es nicht, so sei vergnügt.

Wir sind vielleicht zu antik gewesen;
Nun wollen wir es moderner lesen.

»Sonst warst du so weit vom Prahlen entfernt,
Wo hast du das Prahlen so grausam gelernt?«
Im Orient lernt ich das Prahlen.
Doch seit ich zurück bin, im westlichen Land,
Zu meiner Beruhigung find ich und fand
Zu Hunderten Orientalen.

Und was die Menschen meinen,
Das ist mir einerlei;
Möchte mich mir selbst vereinen,
Allein wir sind zu zwei;
Und im lebendgen Treiben
Sind wir ein Hier, ein Dort:
Das eine liebt zu bleiben,
Das andre möchte fort;
Doch zu dem Selbstverständnis
Ist auch wohl noch ein Rat:
Nach fröhlichem Erkenntnis
Erfolge rasche Tat.

Und wenn die Tat bisweilen
Ganz etwas anders bringt,
So laßt uns das ereilen,
Was unverhofft gelingt.

Wie ihr denkt oder denken sollt,
Geht mich nichts an;
Was ihr Guten, ihr Besten wollt,
Hab ich zum Teil getan.
Viel übrig bleibt zu tun,
Möge nur keiner lässig ruhn! –
Was ich sag, ist Bekenntnis
Zu meinem und eurem Verständnis.
Die Welt wird täglich breiter und größer,
So macht's denn auch vollkommner und besser!
Besser sollt es heißen und vollkommner.
So sei denn jeder ein Willkommner.

Ich bin so guter Dinge,
So heiter und rein,
Und wenn ich einen Fehler beginge,
Könnt's keiner sein.

Ja, das ist das rechte Gleis,
Daß man nicht weiß,
Was man denkt,
Wenn man denkt;
Alles ist als wie geschenkt.

»**Warum** man so manches leidet,
Und zwar ohne Sünde?«
Niemand gibt uns Gehör.
Wie das Tätige scheidet,
Alles ist Pfründe,
Und es lebt nichts mehr.

Manches können wir nicht verstehn.
Lebt nur fort, es wird schon gehn.

»**Wie** weißt du dich denn so zu fassen?«
Was ich tadle, muß ich gelten lassen.

»**Bakis** ist wieder auferstanden!«
Ja, wie mir scheint, in allen Landen.
Überall hat er mehr Gewicht
Als hier im kleinen Reimgedicht.

Gott hat den Menschen gemacht
Nach seinem Bilde;
Dann kam er selbst herab,
Mensch, lieb und milde.

Barbaren hatten versucht,
Sich Götter zu machen;
Allein sie sahen verflucht,
Garstiger als Drachen.

Wer wollte Schand und Spott
Nun weiter steuern?
Verwandelte sich Gott
Zu Ungeheuern?

Und so will ich, ein- für allemal,
Keine Bestien in dem Göttersaal!
Die leidigen Elefantenrüssel,
Das umgeschlungene Schlangengenüssel,
Tief Urschildkröt im Weltensumpf,
Viel Königsköpf auf einem Rumpf,
Die müssen uns zur Verzweiflung bringen,
Wird sie nicht reiner Ost verschlingen.

Der Ost hat sie schon längst verschlungen:
Kalidas und andere sind durchgedrungen;
Sie haben mit Dichterzierlichkeit
Von Pfaffen und Fratzen uns befreit.
In Indien möcht ich selber leben,
Hätt es nur keine Steinhauer gegeben.
Was will man denn vergnüglicher wissen!
Sakontala, Nala, die muß man küssen;
Und Megha-Duta, den Wolkengesandten,
Wer schickt ihn nicht gerne zu Seelenverwandten!

»**Willst** du, was doch Genesene preisen,
Das Eisen und handhabende Weisen
So ganz entschieden fliehen und hassen?«
Da Gott mir höhere Menschheit gönnte,
Mag ich die täppischen Elemente
Nicht verkehrt auf mich wirken lassen.

Als hätte, da wär ich sehr erstaunt,
Der Nabel mir was ins Ohr geraunt,
Ein Rad zu schlagen, auf'm Kopf zu stehn:
Das mag für lustige Jungen gehn;
Wir aber lassen es wohl beim alten,
Den Kopf wo möglich oben zu halten.

Ich habe gar nichts gegen die Menge;
Doch kommt sie einmal ins Gedränge,
So ruft sie, um den Teufel zu bannen,
Gewiß die Schelme, die Tyrannen.

Seit sechzig Jahren seh ich gröblich irren
Und irre derb mit drein;
Da Labyrinthe nun das Labyrinth verwirren,
Wo soll euch Ariadne sein ?

»**Wie** weit soll das noch gehn!
Du fällst gar oft ins Abstruse,
Wir können dich nichr verstehn.«
Deshalb tu ich Buße:
Das gehört zu den Sünden.
Seht mich an als Propheten!
Viel Denken, mehr Empfinden
Und wenig Reden.

Was ich sagen wollt,
Verbietet mir keine Zensur!
Sagt verständig immer nur,
Was jedem frommt,
Was ihr und andere sollt;
Da kommt,
Ich versichr euch, so viel zur Sprache,
Was uns beschäftigt auf lange Tage.

O Freiheit süß der Presse!
Nun sind wir endlich froh;
Sie pocht von Messe zu Messe
iIn dulci jubilo.

Kommt, laßt uns alles drucken
Und walten für und für;
Nur sollte keiner mucken,
Der nicht so denkt wie wir.

Was euch die heilige Preßfreiheit
Für Frommen, Vorteil und Früchte beut
Davon habt ihr gewisse Erscheinung:
Tiefe Verachtung öffentlicher Meinung.

Nicht jeder kann alles ertragen:
Der weicht diesem, der jenem aus;
Warum soll ich nicht sagen:
Die indischen Götzen, die sind mir ein Graus?

Nichts schrecklicher kann den Menschen geschehn,
Als das Absurde verkörpert zu sehn.

Dummes Zeug kann man viel reden,
Kann es auch schreiben,
Wird weder Leib noch Seele töten,
Es wird alles beim alten bleiben.
Dummes aber, vors Auge gestellt,
Hat ein magisches Recht:
Weil es die Sinne gefesselt hält,
Bleibt der Geist ein Knecht.

Auch diese will ich nicht verschonen,
Die tollen Höhl-Exkavationen,
Das düstre Troglodyten-Gewühl,
Mit Schnauz und Rüssel ein albern Spiel;
Verrückte Zieratbrauerei,
Es ist eine saubre Bauerei.

Nehme sie niemand zum Exempel,
Die Elefanten, und Fratzentempel!
Mit heiligen Grillen trieben sie Spott,
Man fühlt weder Natur noch Gott.

Auf ewig hab ich sie vertrieben,
Vielköpfige Götter trifft mein Bann,
So Wischnu, Kama, Brama, Schiven,
Sogar den Affen Hannemann.
Nun soll am Nil ich mir gefallen,
Hundsköpfige Götter heißen groß:
Oh, wär ich doch aus meinen Hallen
Auch Isis und Osiris los!

Ihr guten Dichter ihr,
Seid nur in Zeiten zahm!
Sie machen Shakespeare
Auch noch am Ende lahm.

Im Auslegen seid frisch und munter!
Legt ihr's nicht aus, so legt was unter.

Was dem einen widerfährt,
Widerfährt dem andern;
Niemand wäre so gelehrt,
Der nicht sollte wandern;
Und ein armer Teufel kommt
Auch von Stell zu Stelle:
Frauen wissen, was ihm frommt,
Welle folgt der Welle.

»**Ich** zieh ins Feld!
Wie macht's der Held?«
Vor der Schlacht hochherzig,
Ist sie gewonnen, barmherzig,

Mit hübschen Kindern liebherzig.
Wär ich Soldat,
Das wär mein Rat.

»**Gib** eine Norm zur Bürgerführung!«
Hienieden
Im Frieden
Kehre jeder vor seiner Türe;
Bekriegt,
Besiegt,
Vertrage man sich mit der Einquartierung.

Wenn der Jüngling absurd ist,
Fällt er darüber in lange Pein;
Der Alte soll nicht absurd sein,
Weil das Leben ihm kurz ist.

»**Was** hast du uns absurd genannt!
Absurd allein ist der Pedant.«

Will ich euch aber Pedanten benennen,
Da muß ich mich erst besinnen können.

Titius, Cajus, die wohl Bekannten! –
Doch wenn ich's recht beim Licht besah,
Einer steht dem andern so nah,
Am Ende sind wir alle Pedanten.

Das mach ich mir denn zum reichen Gewinn,~
Daß ich getrost ein Pedante bin.

Tust deine Sache und tust sie recht,
Halt fest und ehre deinen Orden;
Hältst du aber die andern für schlecht,
So bist du selbst ein Pedant geworden.

Wie einer denkt, ist einerlei,
Was einer tut, ist zweierlei;
Macht er's gut, so ist es recht,
Gerät es nicht, so bleibt es schlecht.

Von Jahren zu Jahren
Muß man viel Fremdes erfahren;
Du trachte, wie du lebst und leibst,
Daß du nur immer derselbe bleibst.

Wenn ich kennte den Weg des Herrn,
Ich ging' ihn wahrhaftig gar zu gern;
Führte man mich in der Wahrheit Haus,
Bei Gott! ich ging' nicht wieder heraus.

»**Sei** deinen Worten Lob und Ehre!
Wir sehn, daß du ein Erfahrner bist.«
Sieht aus, als wenn es von gestern wäre,
Weil es von heut ist.

Das Beste möcht ich euch vertrauen:
Sollt erst in eignen Spiegel schauen.

Seid ihr, wie schön geputzte Braut,
Bei diesem Anblick froh geblieben,
Fragt, ob ihr alles, was ihr schaut,
Mit redlichem Gesicht mögt lieben.

Habt ihr gelogen in Wort und Schrift,
Andern ist es und euch ein Gift.

X. hat sich nie des Wahren beflissen,
Im Widerspruche fand er's;
Nun glaubt er alles besser zu wissen,
Und weiß es nur anders.

»**Du** hast nicht recht!« Das mag wohl sein;
Doch das zu sagen, ist klein;
Habe mehr recht als ich! Das wird was sein.

Da kommen sie von verschiedenen Seiten,
Nord, Ost, Süd, West und anderen Weiten,
Und klagen diesen und jenen an:
Er habe nicht ihren Willen getan!
Und was sie dann nicht gelten lassen,
Das sollen die übrigen gleichfalls hassen.
Warum ich aber mich Alter betrübe?
Daß man nicht liebt – was ich liebe.

Und doch bleibt was Liebes immer,
So im Reden, so im Denken,
Wie wir schöne Frauenzimmer
Mehr als garstige beschenken.

Bleibt so etwas, dem wir huldgen,
Wenn wir's auch nicht recht begreifen;
Wir erkennen, wir entschuldgen,
Mögen nicht zur Seite weichen.

»**Sagt!** wie könnten wir das Wahre,
- Denn es ist uns ungelegen –
Niederlegen auf die Bahre,
Daß es nie sich möchte regen?«

Diese Mühe wird nicht groß sein
Kultivierten deutschen Orten;
Wollt ihr es auf ewig los sein,
So erstickt es nur mit Worten.

Immer muß man wiederholen:
Wie ich sage, so ich denke!
Wenn ich diesen, jenen kränke,
Kränk auch er mich unverhohlen.

Störet ja – mir sagt's die Zeitung –
Unverletzten würdgen Ortes,
Dieser jenem, heftgen Wortes,
Die beliebige Bereitung.

Was der eine will bereiten
Einem andern will's nicht gelten;
Hüben, drüben muß man schelten:
Das ist nun der Geist der Zeiten.

Läßt mich das Alter im Stich?
Bin ich wieder ein Kind?
Ich weiß nicht, ob ich
Oder die andern verrückt sind.

»**Sag** nur, warum du in manchem Falle
So ganz untröstlich bist?«
Die Menschen bemühen sich alle,
Umzutun, was getan ist.

»**Und** wenn was umzutun wäre,
Das würde wohl auch getan;
Ich frage dich bei Wort und Ehre,
Wo fangen wir's an?«

Umstülpen führt nicht ins Weite:
Wir kehren frank und froh
Den Strumpf auf die linke Seite
Und tragen ihn so.

Und sollen das Falsche sie umtun,
So fangen sie wieder von vornen an;
Sie lassen immer das Wahre ruhn
Und meinen, mit Falschem wär's auch getan.

Da steht man denn von neuem still
Warum das auch nicht gehen will.

Niemand muß herein rennen
Auch mit den besten Gaben;
Sollen's die Deutschen mit Dank erkennen,
So wollen sie Zeit haben.

Das Tüchtige, und wenn auch falsch,
Wirkt Tag für Tag, von Haus zu Haus;
Das Tüchtige, wenn's wahrhaft ist,
Wirkt über alle Zeiten hinaus.

III.

Gönnet immer fort und fort
Bakis eure Gnade:
Des Propheten tiefstes Wort,
Oft ist's nur Scharade.

Willst du dich als Dichter beweisen,
So mußt du nicht Helden noch Hirten preisen;
Hier ist Rhodus! Tanze, du Wicht,
Und der Gelegenheit schaff ein Gedicht!

Man mäkelt an der Persönlichkeit,
Vernünftig, ohne Scheu;
Was habt ihr denn aber, was euch erfreut,
Als eure liebe Persönlichkeit?
Sie sei auch, wie sie sei.

Wer etwas taugt, der schweige still,
Im stillen gibt sich's schon;
Es gilt, man stelle sich, wie man will,
Doch endlich die Person.

»**Was** heißt du denn Sünde?«
Wie jedermann,
Wo ich finde,
Daß man's nicht lassen kann.

Hätte Gott mich anders gewollt,
So hätt er mich anders gebaut;
Da er mir aber Talent gezollt,
Hat er mir viel vertraut.
Ich brauch es zur Rechten und Linken,
Weiß nicht, was daraus kommt;
Wenn's nicht mehr frommt,
Wirt er schon winken.

An unsers himmlischen Vaters Tisch
Greift wacker zu und bechert frisch:
Denn Gut' und Böse sind abgespeist,
Wenn's: Jacet ecce Tibullus heißt!

Sage mir keiner:
Hier soll ich hausen!
Hier, mehr als draußen,
Bin ich alleiner.

Die echte Konversation
Hält weder früh noch abend Stich;
In der Jugend sind wir monoton,
Im Alter wiederholt man sich.

»**Alter** Mond, in deinen Phasen
Bist du sehr zurückgesetzt.«
Freunde, Liebchen auch zuletzt,
Haben nichts als Phrasen.

Erst singen wir: »Der Hirsch so frei
Fährt durch die Wälder – Lalla bei -«
Mit vollem Wohlbehagen;
Doch sieht es schon bedenklich aus
Wird aus dem Hirsch ein HirscheL,
Hat viel mehr Enden zu tragen!
In Lebens Wald und Dickicht-Graus
Er weiß nicht da noch dort hinaus,
Das geht aufeinen HirscheLL hinaus –
Heil unsern alten Tagen!!!

Habt ihr das alles recht bedacht?
Sowie der Tag ist wohl vollbracht,
Ist keiner überzählig;
Verstand und Sinn ist hehr und weit,
Doch wird euch zu gelegner Zeit
Auch das Absurde fröhlich.

Fehlst du, laß dich's nicht betrüben,
Denn der Mangel führt zum Lieben;
Kannst dich nicht vom Fehl befrein,
Wirst du andern gern verzeihn.

Die Jugend verwundert sich sehr,
Wenn Fehler zum Nachteil gedeihen:
Sie faßt sich, sie denkt zu bereuen;
Im Alter erstaunt und bereut man nicht mehr.

»**Wie** mag ich gern und lange leben?«
Mußt immer nach dem Trefflichsten streben:
Des unerkannt Trefflichen wirket so viel,
Und Zeit und Ewigkeit legt ihm kein Ziel.

Alt-Tümer sind ein böses Ding,
Ich schätze sie aber nicht gering;
Wenn nur Neu-Tümer in allen Ehren
Auch um so vieles besser wären.

»**Irrtümer** sollen uns plagen?
Ist nicht an unser Heil gedacht?«
Halb-Tümer solltet ihr sagen,
Wo Halb und Halb kein Ganzes macht.

Auf Pergament Lieb und Haß geschrieben,
Ist, was wir heute hassen und lieben;
Wo käme Lieb und Haß denn her,
Wenn er nicht schon von Alters wär!

Sagt nur nichts halb:
Ergänzen, welche Pein!
Sagt nur nichts grob:
Das Wahre spricht sich rein.

»**Entferne** dich nicht ganz und gar,
Beruhige dich in unserm Orden!
Es ist alles noch, wie es war.«

Nur ist es verworrner geworden.
Und was man für bedeutend hält,
Ist alles aufschwache Füße gestellt.

Was mich tröstet in solcher Not:
Gescheite Leute, sie finden ihr Brot,
Tüchtige Männer erhalten das Land,
Hübsche Mädchen verschlingen das Band;
Wird dergleichen noch ferner geschehn,
So kann die Welt nicht untergehn.

»**Wie** hast du an der Welt noch Lust,
Da alles schon dir ist bewußt?«
Gar wohl! Das Dümmste, was geschicht,
Weil ich es weiß, verdrießt mich nicht.
Mich könnte dies und das betrüben,
Hätt ich's nicht schon in Versen geschrieben.

Zum starren Brei erweitert
Sah ich den See gar eben:
Ein Stein, hineingeschleudert,
Konnte keine Ringe geben.

Ein Wut-Meer sah ich schwellend,
Gischend zum Strand es fuhr;
Der Fels, hinab zerschellend,
Ließ eben auch keine Spur.

Dreihundert Jahre sind vorbei,
Werden auch nicht wieder kommen;
Sie haben Böses frank und frei,
Auch Gutes mitgenommen.
Und doch von beiden ist auch euch
Der Fülle gnug geblieben:

Entzieht euch dem verstorbnen Zeug,
Lebendges laßt uns lieben!

Nichts ist zarter als die Vergangenheit;
Rühre sie an wie ein glühend Eisen:
Denn sie wird dir sogleich beweisen,
Du lebest auch in heißer Zeit.

Dreihundert Jahre sind vor der Türe,
Und wenn man das alles mit erführe,
Erführe man nur in solchen Jahren,
Was wir zusammen in dreißig erfahren.

Lieb und Leidenschaft können verfliegen,
Wohlwollen aber wird ewig siegen.

»**Entfernst** du dich, du liebe Seele,
Wie viel ist uns entrissen!«
Wenn ich euch auch nicht fehle,
Werdet ihr mich immer vermissen.

Ein Mann, der Tränen streng entwöhnt,
Mag sich ein Held erscheinen –
Doch wenn's im Innern sehnt und dröhnt,
Geb ihm ein Gott – zu weinen.

»**Du** hast Unsterblichkeit im Sinn
Kannst du uns deine Gründe nennen?«
Gar wohl! Der Hauptgrund liegt darin,
Daß wir sie nicht entbehren können.

Der Sinn ergreift und denkt sich was,
Die Feder eilt hiernach zu walten:
Ein flüchtig Bild, es ist gefaßt,
Allein es läßt sich nicht erhalten.

All unser redlichstes Bemühn
Glückt nur im unbewußten Momente.
Wie möchte denn die Rose blühn,
Wenn sie der Sonne Herrlichkeit erkennte!

Wär nicht das Auge sonnenhaft,
Die Sonne könnt es nie erblicken;
Läg nicht in uns des Gottes eigne Kraft,
Wie könnt uns Göttliches entzücken?

Was auch als Wahrheit oder Fabel
In tausend Büchern dir erscheint,
Das alles ist ein Turm zu Babel,
Wenn es die Liebe nicht vereint.

Das Beste in der Welt
Ist ohne Dank;
Gesunder Mensch ohne Geld
Ist halb krank.

Wohl! wer aufrechter Spur
Sich in der Stille siedelt;
Im Offnen tanzt sich's nur,
So lang Fortuna fiedelt.

Du irrest, Salomo!
Nicht alles nenn ich eitel:
Bleibt doch dem Greise selbst
Noch immer Wein und Beutel.

Überall trinkt man guten Wein,
Jedes Gefäß genügt dem Zecher;
Doch soll es mit Wonne getrunken sein,
So wünsch ich mir künstlichen griechischen Becher.

Modergrün aus Dantes Höllc
Bannet fern von eurem Kreis
Ladet zu der klaren Quelle
Glücklich Naturell und Fleiß!

Und so haltet, liebe Söhne,
Einzig euch auf eurem Stand;
Denn das Gute, Liebe, Schöne,
Leben ist's dem Lebens-Band.

»**Denkst** du nicht auch an ein Testament?«
Keineswegs! – Wie man vom Leben sich trennt,
So muß man sich trennen von Jungen und Alten,
Die werden's alle ganz anders halten.

»**Geht** dir denn das von Herzen,
Was man von dir hört und liest?«
Sollte man das nicht bescherzen,
Was uns verdrießt?

Sie schelten einander Egoisten;
Will jeder doch nur sein Leben fristen.
Wenn der und der ein Egoist,
So denke, daß du es selber bist.
Du willst nach deiner Art bestehn,
Mußt selbst auf deinen Nutzen sehn!
Dann werdet ihr das Geheimnis besitzen,
Euch sämtlich untereinander zu nützen;
Doch den laßt nicht zu euch herein,
Der andern schadet, um etwas zu sein.

»**Bei** so verworrnem Spiele
Wird mir wahrhaftig bang!«
Es gibt der Menschen so viele,
Und es ist der Tag so lang.

Volle sechsundsiebzig Jahre sind geschieden.
Und nun, dächt ich, wäre Zeit zum Frieden:
Tag für Tag wird wider Willen klüger,
Amor jubiliert und Mars den Krieger.

»**Was** lassen sie denn übrig zuletzt,
Jene unbescheidnen Besen?«
Behauptet doch Heute steif und fest,
Gestern sei nicht gewesen.

Es mag sich Feindliches ereignen,
Du bleibe ruhig, bleibe stumm;
Und wenn sie dir die Bewegung leugnen,
Geh ihnen vor der Nas herum.

Vieljähriges dürft ich euch wohl vertrauen!
Das Offenbare wäre leicht zu schauen,
Wenn nicht die Stunde sich selbst verzehrte
Und immer warnend wenig belehrte.
Wer ist der Kluge, wer ist der Tor?
Wir sind eben sämtlich als wie zuvor.

»**Was** hast du denn? Unruhig bist du nicht,
Und auch nicht ruhig, machst mir ein Gesicht,
Als schwanktest du, magnetischen Schlaf zu ahnen.«
Der Alte schlummert wie das Kind,
Und wie wir eben Menschen sind,
Wir schlafen sämtlich auf Vulkanen.

IV.

Laßt zahme Xenien immer walten,
Der Dichter nimmer gebückt ist.
Ihr ließt verückten Werther schalten,
So lernt nun, wie das Alter verrückt ist.

Den Vorteil hat der Dichter:
Wie die Gemeinde prüft und probt,
So ist sie auch sein Richter;
Da wird er nun gescholten, gelobt
Und bleibt immer ein Dichter.

Es schnurrt mein Tagebuch
Am Bratenwender:
Nichts schreibt sich leichter voll
Als ein Kalender.

»**Ruf** ich, da will mir keiner horchen:
Hab ich das um die Leute verdient ?«
Es möchte niemand mehr gehorchen,
Wären aber alle gern gut bedient.

»**Wann** wird der Herr seine Freude sehn?«
Wenn er befiehlt mit Sinnen
Ehrlichen Leuten, die's recht verstehn,
Und läßt sie was gewinnen.

»**Wer** ist ein unbrauchbarer Mann?«
Der nicht befehlen und auch nicht gehorchen kann.

»**Sage,** warum dich die Menschen verlassen
Glaubet nicht, daß sie mich deshalb hassen;
Auch bei mir will sich die Lust verlieren,
Mit irgend jemand zu konversieren.

So hoch die Nase reicht, da mag's wohl gehn;
Was aber drüber ist, können sie nicht sehn.

Wie einer ist, so ist sein Gott;
Darum ward Gott so oft zum Spott.

Geh ich, so wird der Schade größer;
Bleib ich, so wird es auch nicht besser.

»**Sei** einmal ehrlich nur:
Wo findest du in deutscher Literatur
Die größte Verfänglichkeit?«
Wir sind von vielen Seiten groß;
Doch hie und da gibt sich bloß
Bedauerlichste Unzulänglichkeit.

»**Verzeihe** mir, du gefällst mir nicht,
Und schiltst du nicht, so schneidst ein Gesicht,
Wo sämtliche loben und preisen!«
Daß, wenn man das eine von vornen bedeckt,
Das andre bleibt hinten hinaus gestreckt,
Das soll ein Anstand heißen!

»**Sage**, wie es dir nur gefällt,
Solch zerstückeltes Zeug zu treiben?«
Seht nur hin: für gebildete Welt
Darf man nichts anders beginnen und schreiben.

»**Warum** willst du das junge Blut
So schnöde von dir entfernen?«
Sie machen's alle hübsch und gut,
Aber sie wollen nichts lernen.

Die holden jungen Geister
Sind alle von einem Schlag:
Sie nennen mich ihren Meister
Und gehn der Nase nach.

Mit seltsamen Gebärden
Gibt man sich viele Pein,
Kein Mensch will etwas werden,
Ein jeder will schon was sein.

»**Willst** dich nicht gern vom Alten entfernen?
Hat denn das Neue so gar kein Gewicht?«
Umlernen müßte man immer, umlernen!
Und wenn man umlernt, da lebt man nicht.

»**Sag** uns Jungen doch auch was zuliebe!«
Nun! daß ich euch Jungen gar herzlichen liebe!
Denn als ich war als Junge gesetzt,
Hatt ich mich auch viel lieber als jetzt.

Ich neide nichts, ich laß es gehn
Und kann mich immer manchem gleich erhalten;
Zahnreihen aber, junge, neidlos anzusehn,
Das ist die größte Prüfung mein, des Alten.

Künstler! dich selbst zu adeln,
Mußt du bescheiden prahlen;
Laß dich heute loben, morgen tadeln
Und immer bezahlen.

Als Knabe nahm ich mir's zur Lehre,
Welt sei ein allerliebster Spaß,
Als wenn es Vater und Mutter wäre;
Dann – etwas anders fand ich das.

Die klugen Leute gefallen mir nicht:
(Ich tadle mich selbst auch wohl zuweilen)
Sie heißen das Vorsicht,
Wenn sie sich übereilen.

»**Anders** lesen Knaben den Terenz,
Anders Grotius«
Mich Knaben ärgerte die Sentenz,
Die ich nun gelten lassen muß.

»So widerstrebe! Das wird dich adeln;
Willst vor der Feierstunde schon ruhn?«
Ich bin zu alt, um etwas zu tadeln,
Doch immer jung genug, etwas zu tun.

»**Du** bist ein wunderlicher Mann,
Warum verstummst du vor diesem Gesicht?«
Was ich nicht loben kann,
Davon sprech ich nicht.

»**Bei** mancherlei Geschäftigkeit
Hast dich ungeschickt benommen.«
Ohne jene Verrücktheit
Wär ich nicht so weit gekommen.

»**Laß** doch, was du halb vollbracht,
Mich und andre kennen!«
Weil es uns nur irre macht,
Wollen wir's verbrennen.

»**Willst** du uns denn nicht auch was gönnen
Kannst ja, was mancher andre kann.«
Wenn sie mich heute verbrauchen können,
Dann bin ich ihnen ein rechter Mann.

Das alles ist nicht mein Bereich –
Was soll ich mir viel Sorge machen?
Die Fische schwimmen glatt im Teich
Und kümmern sich nicht um den Nachen.

Mit der Welt muß niemand leben,
Als wer sie brauchen will;
Ist er brauchbar und still,
Sollt er sich lieber dem Teufel ergeben,
Als zu tun, was sie will.

»**Was** lehr ich dich vor allen Dingen?«
Möchte über meinen eignen Schatten springen!

Sie möchten gerne frei sein.
Lange kann das einerlei sein;
Wo es aber drunter und drüber geht,
Ein Heiliger wird angefleht;
Und wollen die alten uns nicht befreien,
So macht man sich behend einen neuen;
Im Schiffbruch jammert jedermann,
Daß keiner mehr als der andre kann.

Grenzlose Lebenspein
Fast, fast erdrückt sie mich!
Das wollen alle Herren sein,
Und keiner ist Herr von sich.

Und wenn man auch den Tyrannen ersticht,
Ist immer noch viel zu verlieren.
Sie gönnten Cäsarn das Reich nicht
Und wußten's nicht zu regieren.

Warum mir aber in neuster Welt
Anarchie gar so wohl gefällt?
Ein jeder lebt nach seinem Sinn,
Das ist nun also auch mein Gewinn.
Ich laß einem jeden sein Bestreben,
Um auch nach meinem Sinne zu leben.

Da kann man frank und fröhlich leben:
Niemanden wird recht gegeben,
Dafür gibt man wieder niemand recht,
Macht's eben gut, macht's eben schlecht;
Im ganzen aber, wie man sieht,
Im Weltlauf immer doch etwas geschieht.
Was Kluges, Dummes auch je geschah,
Das nennt man Welthistoria:
Und die Herrn Bredows künftiger Zeiten
Werden daraus Tabellen bereiten,
Darin studiert die Jugend mit Fleiß,
Was sie nie zu begreifen weiß.

Das Weltregiment – über Nacht
Seine Formen hab ich durchgedacht.
Den hehren Despoten lieb ich im Krieg,
Verständigen Monarchen gleich hinter dem Sieg;
Dann wünscht ich jedoch, daß alle die Trauten
Sich nicht gleich neben und mit ihm erbauten.
Und wie ich das hoffe, so kommt mir die Menge,
Nimmt hüben und drüben mich derb ins Gedränge;

Von da verlier ich alle Spur. –
Was will mir Gott für Lehre daraus gönnen?
Daß wir uns eben alle nur
Auf kurze Zeit regieren können.

Ich tadl' euch nicht,
Ich lob euch nicht;
Aber ich spaße;
Dem klugen Wicht
Fährt's ins Gesicht
Und in die Nase.

Und wenn er ganz gewaltig niest,
Wer weiß, was dann daher entsprießt,
Und was er alles mache;
Besinnung aber hinterdrein,
Verstand, Vernunft, wo möglich rein,
Das ist die rechte Sache.

Soll man euch immer und immer beplappern?
Gewinnt ihr nie einen freien Blick?
Sie frieren, daß ihnen die Zähne klappern,
Das heißen sie nachher Kritik.

»**Du** sagst gar wunderliche Dinge!«
Beschaut sie nur, sie sind geringe;
Wird Vers und Reim denn angeklagt,
Wenn Leben und Prosa das Tollste sagt?

»**Du** gehst so freien Angesichts,
Mit muntern offnen Augen!«
Ihr tauget eben alle nichts,
Warum sollt ich was taugen?

»**Warum** bist du so hochmütig?
Hast sonst nicht so die Leute gescholten!«
Wäre sehr gerne demütig,
Wenn sie mich nur so lassen wollten.

Wenn ich dumm bin, lassen sie mich gelten;
Wenn ich recht hab, wollen sie mich schelten.

Überzeugung soll mir niemand rauben;
Wer's besser weiß, der mag es glauben.

Dem ist es schlecht in seiner Haut,
Der in seinen eignen Busen schaut.

»**Wohin** wir bei unsern Gebresten
Uns im Augenblick richten sollen?«
Denke nur immer an die Besten,
Sie mögen stecken, wo sie wollen.

Den Reichtum muß der Neid beteuern;
Denn er kreucht nie in leere Scheuern.

Soll der Neider zerplatzen,
Begib dich deiner Fratzen.

Soll es reichlich zu dir fließen,
Reichlich andre laß genießen.

»**Ist** dein Geschenk wohl angekommen?«
Sie haben es eben nicht übel genommen.

Der Teufel! sie ist nicht gering,
Wie ich von weitem spüre;
Nun schelten sie das arme Ding,
Daß sie euch so verführe.

Erinnert euch, verfluchtes Pack,
Des paradiesischen Falles!
Hat euch die Schöne nur im Sack,
So gilt sie euch für alles.

Wenn dir's bei uns nun nicht gefällt,
So geh in deine östliche Welt.

Ich wünsche mir eine hübsche Frau,
Die nicht alles nähme gar zu genau,
Doch aber zugleich am besten verstände,
Wie ich mich selbst am besten befände.

Wäre Gott und Eine,
So wäre mein Lied nicht kleine.

Gott hab ich und die Kleine
Im Lied erhalten reine.

So laßt mir das Gedächtnis
Als fröhliches Vermächtnis.

»**Sie** betrog dich geraume Zeit,
Nun siehst du wohl, sie war ein Schein.«
Was weißt du denn von Wirklichkeit?
War sie drum weniger mein?

»**Betrogen** bist du zum Erbarmen,
Nun läßt sie dich allein!«
Und war es nur ein Schein;
Sie lag in meinen Armen,
War sie drum weniger mein?

Gern hören wir allerlei gute Lehr,
Doch Schmähen und Schimpfen noch viel mehr.

Glaube dich nicht allzu gut gebettet;
Ein gewarnter Mann ist halb gerettet.

Wein macht munter geistreichen Mann;
Weihrauch ohne Feuer man nicht riechen kann.

Willst du Weihrauchs Geruch erregen,
Feurige Kohlen mußt unterlegen.

Wem ich ein besser Schicksal gönnte?
Es sind die erkünstelten Talente;
An diesem, an jenem, am Besten gebricht's,
Sie mühen und zwängen und kommen zu nichts.

»**Sage** deutlicher, wie und wenn;
Du bist uns nicht immer klar.
Gute Leute, wißt ihr denn,
Ob ich mir's selber war?

»**Wir** quälen uns immerfort
In des Irrtums Banden.«
Wie manches verständliche Wort
Habt ihr mißverstanden.

Einem unverständigen Wort
Habt ihr Sinn geliehen;
Und so geht's immer fort:
Verzeiht, euch wird verziehen.

Nehmt nur mein Leben hin in Bausch
Und Bogen, wie ich's führe:
Andre verschlafen ihren Rausch,
Meiner steht auf dem Papiere.

Besser betteln als borgen!
Warum sollen zwei denn sorgen?
Wenn einer sorgt und redlich denkt,
Kommt andrer wohl und heiter und schenkt.
Das sind die besten Intressen,
Die Schuldner und Gläubiger vergessen.

Ich bin ein armer Mann,
Schätze mich aber nicht gering;
Die Armut ist ein ehrlich Ding,
Wer mit umgehn kann.

Erlauchte Bettler hab ich gekannt,
Künstler und Philosophen genannt;
Doch wüßt ich niemand, ungeprahlt,
Der seine Zeche besser bezahlt.

»**Was** hat dich nur von uns entfernt?«
Hab immer den Plutarch gelesen.
»Was hast du denn dabei gelernt?«
Sind eben alles Menschen gewesen.

Cato wollte wohl andre strafen;
Selbander mocht er gerne schlafen.

Deshalb er sich zur Unzeit
Mit Schwiegertochter und Sohn entzweit,
Auch eine junge Frau genommen,
Welches ihm gar nicht wohl bekommen;
Wie Kaiser Friedrich der Letzte
Väterlich auseinandersetzte.

»**Was** willst du, redend zur Menge,
Dich selbst fürtrefflich preisen?«
Cato selbst war ruhmredig, der Strenge;
Plutarch will's ihm gar ernst verweisen.

Man könnt erzogne Kinder gebären,
Wenn die Eltern erzogen wären.

Was ich in meinem Haus ertrag,
Das sieht ein Fremder am ersten Tag;
Doch ändert er sich's nicht zuliebe,
Und wenn er hundert Jahre bliebe.

Wie auch die Welt sich stellen mag,
Der Tag immer belügt den Tag.

Dagegen man auch nicht gerne hört,
Wenn der Tag den Tag zerstört.

Ich bin euch sämtlichen zur Last,
Einigen auch sogar verhaßt;
Das hat aber gar nichts zu sagen:
Denn mir behagt's in alten Tagen,
So wie es mir in jungen behagte,
Daß ich nach alt und jung nicht fragte.

Mit sich selbst zu Rate gehn,
Immer wird's am besten stehn;
Gern im Freien, gern zu Haus,
Lausche da und dort hinaus
Und kontrolliere dich für und für:
Da horchen alt und jung nach dir.

Die Xenien, sie wandeln zahm,
Der Dichter hält sich nicht für lahm;
Belieben euch aber geschärftere Sachen,
So wartet, bis die wilden erwachen.

Sibyllinisch mit meinem Gesicht
Soll ich im Alter prahlen!
Je mehr es ihm an Fülle gebricht,
Desto öfter wollen sie's malen!

»**Ist's** in der Näh? Kam's aus der Ferne?
Was beugt dich heute so schwer?«
Ich spaßte wohl am Abend gerne,
Wenn nur der Tag nicht so ernsthaft wär.

Gott hat die Gradheit selbst ans Herz genommen:
Auf gradem Weg ist niemand umgekommen.

Wirst du die frommen Wahrheitswege gehen,
Dich selbst und andere trägst du nie.
Die Frömmelei läßt Falsches auch bestehen,
Derwegen haß ich sie.

Du sehnst dich, weit hinaus zu wandern,
Bereitest dich zu raschem Flug;
Dir selbst sei treu und treu den andern,
Dann ist die Enge weit genug.

Halte dich nur im stillen rein
Und laß es um dich wettern;
Je mehr du fühlst, ein Mensch zu sein,
Desto ähnlicher bist du den Göttern.

Was hätte man vom Zeitungstraum,
Der leidigen Ephemere,
Wenn es uns nicht im stillen Raum
Noch ganz behaglich wäre!

Das Schlimmste, was uns widerfährt,
Das werden wir vom Tag gelehrt.
Wer in dem Gestern Heute sah,
Dem geht das Heute nicht allzunah,
Und wer im Heute sieht das Morgen,
Der wird sich rühren, wird nicht sorgen.

Liegt dir Gestern klar und offen,
Wirkst du heute kräftig frei,
Kannst auch auf ein Morgen hoffen,
Das nicht minder glücklich sei.

Jedem redlichen Bemühn
Sei Beharrlichkeit verliehn.

Jeder Weg zum rechten Zwecke
Ist auch recht in jeder Strecke.

Das Opfer, das die Liebe bringt,
Es ist das teuerste von allen;
Doch wer sein Eigenstes bezwingt,
Dem ist das schönste Los gefallen.

Wer mit dem Leben spielt,
Kommt nie zurecht;
Wer sich nicht selbst befiehlt,
Bleibt immer ein Knecht.

Gut verloren — etwas verloren!
Mußt rasch dich besinnen
Und neues gewinnen.
Ehre verloren – viel verloren!
Mußt Ruhm gewinnen,
Da werden die Leute sich anders besinnen.
Mut verloren – alles verloren!
Da wär es besser, nicht geboren.

Willst du dir ein gut Leben zimmern,
Mußt ums Vergangne dich nicht bekümmern.
Und wäre dir auch was verloren,
Mußt immer tun wie neu geboren;
was jeder Tag will, sollst du fragen,
Was jeder Tag will, wird er sagen;
Mußt dich an eignem Tun ergetzen,
Was andre tun, das wirst du schätzen,
Besonders keinen Menschen hassen
Und das übrige Gott überlassen.

Kein Stündchen schleiche dir vergebens;
Benutze, was dir widerfahren.
Verdruß ist auch ein Teil des Lebens,
Den sollen die Xenien bewahren.
Alles verdienet Reim und Fleiß,
Wenn man es recht zu sondern weiß.

Gott grüß euch, Brüder,
Sämtliche Oner und Aner!
Ich bin Weltbewohner,
Bin Weimaraner;
Ich habe diesem edlen Kreis
Durch Bildung mich empfohlen,
Und wer es etwa besser weiß,
Der mag's wo anders holen.

»**Wohin** willst du dich wenden?«
Nach Weimar-Jena, der großen Stadt,
Die an beiden Enden
Viel Gutes hat.

Gar nichts Neues sagt ihr mir!
Unvollkommen war ich ohne Zweifel.
Was ihr an mir tadelt, dumme Teufel,
Ich weiß es besser als ihr!

Sag mir doch! von deinen Gegnern
Warum willst du gar nichts wissen
Sag mir doch! ob du dahin trittst,
Wo man in den Weg ....?

»**Was** ist denn die Wissenschaft?«
Sie ist nur des Lebens Kraft.
Ihr erzeuget nicht das Leben,
Leben erst muß Leben geben.

»**Wie** ist denn wohl ein Theaterbau?«
Ich weiß es wirklich sehr genau:
Man pfercht das Brennlichste zusammen,
Da steht's denn alsobald in Flammen.

»**Wie** reizt doch das die Leute so sehr?
Was laufen sie wieder ins Schauspielhaus?«
Es ist doch etwas Weniges mehr,
Als säh man grade zum Fenster hinaus.

Konversations-Lexikon heißt's mit Recht,
Weil, wenn die Konversation ist schlecht,
Jedermann
Zur Konversation es nutzen kann.

Wie sollen wir denn da gesunden?
Haben weder Außen noch Innen gefunden.

Was haben wir denn da gefunden?
Wir wissen weder oben noch unten.

Mit diesem Versatilen
Scheint nur das Wort zu spielen;
Doch wirkt ein Wort so mächtig,
Ist der Gedanke trächtig.

Wenn sie aus deinem Korbe naschen,
Behalte noch etwas in der Taschen.

Sollen dich die Dohlen nicht umschrein,
Mußt nicht Knopf auf dem Kirchturm sein.

Man zieht den Toten ihr ehrenvolles Gewand an
Und denkt nicht, daß man zunächst auch wohl balsamiert wird;
Ruinen sieht man als malerisch interessant an
Und fühlt nicht, daß man soeben auch ruiniert wird.

Und wo die Freunde verfaulen,
Das ist ganz einerlei,
Ob unter Marmor-Saulen
Oder im Rasen frei.
Der Lebende bedenke,
Wenn auch der Tag ihm mault,
Daß er den Freunden schenke,
Was nie und nimmer fault.

»**Hast** du das alles nicht bedacht
Wir haben's doch in unserm Orden.«
Ich hätt es gern euch recht gemacht,
Es wäre aber nichts geworden.

Noch bin ich gleich von euch entfernt,
Hass' euch Zyklopen und Silbenfresser!
Ich habe nichts von euch gelernt,
Ihr wußtet's immer besser.

Die Jugend ıst vergessen
Aus geteilten Interessen;
Das Alter ist vergessen
Aus Mangel an Interessen.

»**Brich** doch mit diesem Lump sogleich,
Er machte dir einen Schelmenstreich;
Wie kannst du mit ihm leben?«
Ich mochte mich weiter nicht bemühn;
Ich hab ihm verziehn,
Aber nicht vergeben.

»**Schneide** so kein Gesicht!
Warum bist du der Welt so satt?«
Das weiß alles nicht,
Was es neben und um sich hat.

»**Wie** soll ich meine Kinter unterrichten,
Unnützes, Schädliches zu sichten?
Belehre mich!«
Belehre sie von Himmel und Erden,
Was sie niemals begreifen werden!

Tadle nur nicht! Was tadelst du nur!
Bist mit Laternen auf der Spur
Dem Menschen, den sie nimmer finden;
Was willst ihn zu suchen dich unterwinden!

Die Bösen soll man nimmer schelten:
Sie werden zur Seite der Guten gelten;
Die Guten aber werden wissen,
Vor wem sie sich sorglich hüten müssen.

»**In** der Urzeit seien Menschen gewesen,
Seien mit Bestien zusammen gewesen.«

Bin ich für eine Sache eingenommen,
Die Welt, denk ich, muß mit mir kommen;
Doch welch ein Greuel muß mir erscheinen,
Wenn Lumpe sich wollen mit mir vereinen!

»**Sie** malträtieren dich spät und früh;
Sprichst du denn gar nicht mit ?«
+ + +Seliger Erben und Kompanie,
Die Firma hat immer Kredit.

Das Zeitungs-Geschwister,
Wie mag sich's gestalten,
Als um die Philister
Zum Narren zu halten?

Dem Arzt verzeiht! Denn doch einmal
Lebt er mit seinen Kindern.
Die Krankheit ist ein Kapital:
Wer wolte das vermindern!

»**Mit** unsern wenigen Gaben
Haben wir redlich geprahlt,
Und was wir dem Publikum gaben,
Sie haben es immer bezahlt.«

Frömmigkeit verbindet sehr;
Aber Gottlosigkeit noch viel mehr.

Verständige Leute kannst du irren sehn,
In Sachen nämlich, die sie nicht verstehn.

Der Achse wird mancher Stoß versetzt;
Sie rührt sich nicht – und bricht zuletzt.

Johannisfeuer sei unverwehrt,
Die Freude nie verloren!
Besen werden immer stumpf gekehrt
Und Jungen immer geboren.

Das Schlechte kannst du immer loben;
Du hast dafür sogleich den Lohn:
In deinem Pfuhle schwimmst du oben
Und bist der Pfuscher Schutzpatron.

Das Gute schelten? – Magst's probieren!
Es geht, wenn du dich frech erkühnst;
Doch treten, wenn's die Menschen spüren,
Sie dich in Quark, wie du's verdienst.

Jeder solcher Lumpenhunde
Wird vom zweiten abgetan;
Sei nur brav zu jeder Stunde,
Niemand hat dir etwas an.

Komm her! wir setzen uns zu Tisch
Wen möchte solche Narrheit rühren!
Die Welt geht auseinander wie ein fauler Fisch,
Wir wollen sie nicht balsamieren.

Sage mir ein weiser Mann,
Was das Mick,-Mack heißen kann?
Solch zweideutig Achseltragen
Nutzen wird's nicht, noch behagen.

Ihr seht uns an mit scheelem Blick,
Ihr schwanket vor, ihr schwankt zurück
Und häufet Zeil auf Zeile.
So zerret Lesers dürftig Ohr
Mit vielgequirltem Phrasen-Flor;
Uns habt ihr nicht am Seile!
Die W.K.F.s
Mit ihren Treff's,
Sie wirken noch eine Weile.

Der trockne Versemann
Weiß nur zu tadeln;
Ja, wer nicht ehren kann,
Der kann nicht adeln.

»**So** laß doch auch noch diese gelten,
Bist ja im Urteil sonst gelind!~
Sie sollen nicht die schlechten Dichter schelten,
Da sie nicht vielmal besser sind.

Deinen Vorteil zwar verstehst du,
Doch verstehst nicht, aufzuräumen;
Haß und Widerwillen säst du,
Und dergleichen wird auch keimen.

Will einer sich gewöhnen,
So sei's zum Guten, zum Schönen.
Man tue nur das Rechte,
Am Ende duckt, am Ende dient der Schlechte.

Es darf sich einer wenig bücken,
So hockt mit einem leichten Sprung
Der Teufel gleich dem Teufel auf dem Rücken.

Schilt nicht den Schelmen, der eifrig bemüht
Bald so, bald so sich zu wenden:
Wenn er den Teufel am Schwanze zieht,
Ihm bleibt ein Haar in dce Händen.
So sehr es auch widert, so sehr es auch stinkt –
Man kann es immer nicht wissen –
Es wird vielleicht, wenn es glückt und gelingt,
Für Moschus gelten müssen.

»**Der** Mond soll im Kalender stehn,
Doch auf den Straßen ist er nicht zu sehn!
Warum darauf die Polizei nicht achtet?«

Mein Freund, urteile nicht so schnell!
Du tust gewaltig klug und hell,
Wenn es in deinem Kopfe nachtet.

O Ihr Tags- und Splitterrichter,
Splittert nur nicht alles klein!
Denn, fürwahr, der schlechtste Dichter
Wird noch euer Meister sein.

Habe nichts dagegen, daß ihm so sei;
Aber daß mich's erfreut,
Das müßt ich lügen.
Eh ich's verstand, da sprach ich frei,

Und jetzt versteh ich mancherlei;
Warum sollt ich nun schweigen,
Uns neuen Weg zu zeigen?

Das ist doch nur der alte Dreck;
Werdet doch gescheiter!
Tretet nicht immer denselben Fleck,
So geht doch weiter!

Viel Wunderkuren gibt's jetzunder,
Bedenkliche, gesteh ich's frei!
Natur und Kunst tun große Wunder,
Und es gibt Schelme nebenbei.

Mit diesen Menschen umzugehen,
Ist wahrlich keine große Last:
Sie werden dich recht gut verstehen,
Wenn du sie nur zum besten hast.

O Welt, vor deinem häßlichen Schlund
Wird guter Wille selbst zunichte.
Scheint das Licht auf einen schwarzen Grund,
So sieht man nichts mehr von dem Lichte.

Mit Liebe nicht, nur mit Respekt
Werden wir uns mit dir vereinen.
O Sonne, tätest du deinen Effekt,
Ohne zu scheinen!

Sie täten gern große Männer verehren,
Wenn diese nur auch zugleich Lumpe wären.

Wie mancher auf der Geige fiedelt,
Meint er, er habe sich angesiedelt;
Auch in natürlicher Wissenschaft,

Da übt er seine geringe Kraft
Und glaubt, auf seiner Violin
Ein anderer, dritter Orpheus zu sin.
Jeder streicht zu, versucht sein Glück:
Es ist zuletzt eine Katzenmusik.

Alles will reden,
Jeder will wandeln.
Ich allein soll nicht sprechen
Noch handeln.

Sie kauen längst an dem schlechten Bissen;
Wir spaßen, die wir's besser wissen.

Das ist eine von den alten Sünden;
Sie meinen: Rechnen, das sei Erfinden.

Und weil sie so viel Recht gehabt,
Sei ihr Unrecht mit Recht begabt.

Und weil ihre Wissenschaft exakt,
So sei keiner von ihnen vertrackt.

Man soll nicht lachen!
Sich nicht von den Leuten trennen!
Sie wollen alle machen,
Was sie nicht können.

Wenn du hast, das ist wohl schön,
Doch du mußt es auch verstehn.
Können, das ist große Sache,
Damit das Wollen etwas mache.

Hier liegt ein überschlechter Poet.
Wenn er nur niemals aufersteht!

Hätt ich gezaudert, zu werden,
Bis man mir 's Leben gegönnt,
Ich wäre noch nicht auf Erden –
Wie ihr begreifen könnt,
Wenn ihr seht, wie sie sich gebärden,
Die, um etwas zu scheinen,
Mich gerne möchten verneinen.

Mag's die Welt zur Seite weisen,
Wenig Schüler werden's preisen,
Die an deinem Sinn entbrannt,
Wenn die vielen dich verkannt.

Ein reiner Reim wird wohl begehrt;
Doch den Gedanken rein zu haben,
Die edelste von allen Gaben,
Das ist mir alle Reime wert.

Allerlieblichste Trochäen
Aus der Zeile zu vertreiben
Und schwerfälligste Spondeen
An die Stelle zu verleiben,
Bis zuletzt ein Vers entsteht,
Wird mich immerfort verdrießen.
Laß die Reime lieblich fließen,
Laß mich des Gesangs genießen
Und des Blicks, der mich versteht!

»**Ein** Schnippchen schlägst du doch im Sack,
Der du so ruhig scheinest.
So sag doch frank und frei dem Pack,
Wie du 's mit ihnen meinest.«

Ich habe mir mit Müh und Fleiß
Gefunden, was ich suchte:
Was schiert es mich, ob jemand weiß,
Daß ich das Volk verfluchte.

Für mich hab ich genug erworben,
Soviel auch Widerspruch sich regt;
Sie haben meine Gedanken verdorben
Und sagen, sie hätten mich widerlegt.

Nur stille! nur bis morgen früh!
Denn niemand weiß recht, was er will.
Was für ein Lärm! was für eine Müh!
Ich sitze gleich und schlummre still.

Alles auch Meinende
Wird nicht vereint,
Weil das Erscheinende
Nicht mehr erscheint.

Reuchlin! wer will sich ihm vergleichen,
Zu seiner Zeit ein Wunderzeichen!
Das Fürsten- und das Städtewesen
Durchschlängelte sein Lebenslauf,
Die heiligen Bücher schloß er auf.
Doch Pfaffen wußten sich zu rühren,
Die alles breit ins Schlechte führen;
Sie finden alles da und hie
So dumm und so absurd wie sie.
Dergleichen will mir auch begegnen;
Bin unter Dache, laß es regnen:
»Denn gegen die obskuren Kutten,
Die mir zu schaden sich verquälen,
Auch mir kann es an Ulrich Hutten,
An Franz von Sickingen nicht fehlen.«

Am Lehrling mäkelten sie,
Nun mäkeln sie am Wandrer;
Jener lernte spät und früh,
Dieser wird kein andrer.
Beide wirken im schönen Kreise
Kräftig, wohlgemut und zart;
Lerne doch jeder nach seiner Weise,
Wandle doch jeder in seiner Art.

Nein, das wird mich nicht kränken,
Ich acht es für Himmelsgabe!
Soll ich geringer von mir denken,
Weil ich Feinde habe?

Warum ich Royaliste bin,
Das ist sehr simpel:
Als Poet fand ich Ruhms Gewinn,
Frei Segel, freie Wimpel;
Mußt aber alles selber tun,
Konnt niemand fragen;
Der alte Fritz wußt auch zu tun,
Durft ihm niemand was sagen.

»**Sie** wollten dir keinen Beifall gönnen,
Du warst niemals nach ihrem Sinn!«
Hätten sie mich beurteilen können,
So wär ich nicht, was ich bin.

Das Unvernünftige zu verbreiten,
Bemüht man sich nach allen Seiten;
Es täuschet eine kleine Frist,
Man sieht doch bald, wie schlecht es ist.

»**Der** Pseudo-Wandrer, wie auch dumm,
Versammelt sein Geschwister.«
Es gibt manch Evangelium,
Hab es auch der Philister!

Für und wider zu dieser Stunde
Quängelt ihr schon seit vielen Jahren:
Was ich getan, ihr Lumpenhunde,
Werdet ihr nimmermehr erfahren.

»**So** sei doch höflich!« – Höflich mit dem Pack?
Mit Seide näht man keinen groben Sack.

Wie mancher Mißwillige schnuffelt und wittert
Um das von der Muse verliehne Gedicht;
Sie haben Lessing das Ende verbittert,
Mir sollen sie's nicht!

Ihr edlen Deutschen wißt noch nicht,
Was eines treuen Lehrers Pflicht
Für euch weiß zu bestehen;

Zu zeigen, was moralisch sei,
Erlauben wir uns frank und frei,
Ein Falsum zu begehen.

Hiezu haben wir Recht und Titel:
Der Zweck heiligt die Mittel.

Verdammen wir die Jesuiten,
So gilt es doch in unsern Sitten.

Ist dem Gezücht Verdienst ein Titel
Ein Falsum wird ein heilig Mittel;
Das schmeichelt ja, sie wissen's schon,
Der frommen deutschen Nation,
Die sich erst recht erhaben fühlt,
Wenn all ihr Würdiges ist verspielt.

Ihr schmähet meine Dichtung;
Was habt ihr denn getan?
Wahrhaftig, die Vernichtung,
Verneinend fängt sie an.

Doch ihren scharfen Besen
Strengt sie vergebens an;
Ihr seid gar nicht gewesen!
Wo träfe sie euch an?

Haben da und dort zu mäkeln,
An dem äußern Rand zu häkeln,
Machen mir den kleinen Krieg.
Doch ihr schadet eurem Rufe;
Weilt nicht auf der niedern Stufe,
Die ich längst schon überstieg!

»**Die** Feinde, sie bedrohen dich,
Das mehrt von Tag zu Tage sich:
Wie dir doch gar nicht graut!«
Das seh ich alles unbewegt:
Sie zerren an der Schlangenhaut,
Die jüngst ich abgelegt.
Und ist die nächste reif genung,
Abstreif ich die sogleich
Und wandle neubelebt und jung
Im frischen Götterreich.

Ihr guten Kinder,
Ihr armen Sünder,
Zupft mir am Mantel –
Laßt nur den Handel!
Ich werde wallen
Und laß ihn fallen;
Wer ihn erwischet,
Der ist erfrischet.

Über Moses' Leichnam stritten
Selige mit Fluchdämonen;
Lag er doch in ihrer Mitten,
Kannten sie doch kein Verschonen!
Greift der stets bewußte Meister
Nochmals zum bewährten Stabe,
Hämmert aufdie Pustrichs-Geister;
Engel brachten ihn zu Grabe.

Lasset walten, lasset gelten,
Was ich wunderlich verkündigt!
Dürftet ihr den Guten schelten,
Der mit seiner Zeit gesündigt?

Nichts wird rechts und links mich kränken,
Folg ich kühn dem raschen Flug;
Wollte jemand anders denken,
Ist der Weg ja breit genug.

Schwärmt ihr doch zu ganzen Scharen
Lieber als in wenig Paaren,
Laßt mir keine Seite leer!
Sumst umher, es wird euch glücken!
Einzeln stechen auch die Mücken,
Braucht nicht gleich ein ganzes Heer.

Da ich viel allein verbleibe,
Pflege weniges zu sagen;
Da ich aber gerne schreibe,
Mögen's meine Leser tragen!
Sollte heißen: gern diktiere,
Und das ist doch auch ein Sprechen,
Wo ich keine Zeit verliere;
Niemand wird mich unterbrechen.

Wie im Auge mit fliegenden Mücken,
So ist's mit Sorgen ganz genau:
Wenn wir in die schöne Welt hineinblicken,
Da schwebt ein Spinneweben-Grau;
Es überzieht nicht, es zieht nur vorüber,
Das Bild ist gestört, wenn nur nicht trüber:
Die klare Welt bleibt klare Welt:
Im Auge nur ist's schlecht bestellt.

Trage dein Übel, wie du magst,
Klage niemand dein Mißgeschick;
Wie du dem Freunde ein Unglück klagst,
Gibt er dir gleich ein Dutzend zurück!

In keiner Gilde kann man sein,
Man wisse denn zu schultern fein;
Das, was sie lieben, was sie hassen,
Das muß man eben geschehen lassen;
Das, was sie wissen, läßt man gelten,
Was sie nicht wissen, muß man schelten,
Althergebrachtes weiterführen,
Das Neue klüglich retardieren:
Dann werden sie dir zugestehn,
Auch nebenher deinen Weg zu gehn.

Doch würden sie, könnt es gelingen,
Zum Widerruf dich pfäffisch zwingen.

Ist erst eine dunkle Kammer gemacht
Und finstrer als ägyptische Nacht,
Durch ein gar winzig Löchlein bringe
Den feinsten Sonnenstrahl herein,
Daß er dann durch das Prisma dringe:
Alsbald wird er gebrochen sein.
Aufgedröselt, bei meiner Ehr,
Siehst ihn, als ob er ein Stricklein wär,
Siebenfarbig statt weiß, oval statt rund.
Glaube hiebei des Lehrers Mund:
Was sich hier auseinander reckt,
Das hat alles in einem gesteckt.
Und dir, wie manchem seit hundert Jahr,
Wächst darüber kein graues Haar.

Hemmet ihr verschmähten Freier
Nicht die schlechtgestimmte Leier,
So verzweifl' ich ganz und gar;
Isis zeigt sich ohne Schleier,
Doch der Mensch, er hat den Star.

Die geschichtlichen Symbole –
Töricht, wer sie wichtig hält;
Immer forschet er ins Hohle
Und versäumt die reiche Welt.

Einheit ewigen Lichts zu spalten,
Müssen wir für töricht halten,
Wenn euch Irrtum schon genügt.
Hell und Dunkel, Licht und Schatten,
Weiß man klüglich sie zu gatten,
Ist das Farbenreich besiegt.

Die beiden lieben sich gar fein,
Mögen nicht ohne einander sein;
Wie eins im andern sich verliert,
Manch buntes Kind sich ausgebiert.
Im eignen Auge schaue mit Lust,
Was Plato von Anbeginn gewußt:
Denn das ist der Natur Gehalt,
Daß außen gilt, was innen galt.

Anschaun, wenn es dir gelingt,
Daß es erst ins Innre dringt,
Dann nach außen wiederkehrt,
Bist am herrlichsten belehrt.

Das wirst du sie nicht überreden,
Sie rechnen dich ja zu den Blöden,
Von blöden Augen, blöden Sinnen;
Die Finsternis im Lichte drinnen,
Die kannst du ewig nicht erfassen;
Mußt das den Herren überlassen,
Die's zu beweisen sind erbötig.
Gott sei den guten Schülern gnädig!

Mit Widerlegen, Bedingen, Begrimmen
Bemüht unt brüstet mancher sich;
Ich kann daraus nichts weiter gewinnen,
Als daß er anders denkt wie ich.

Wie man die Könige verletzt,
Wird der Granit auch abgesetzt,
Und Gneis der Sohn ist nun Papa!
Auch dessen Untergang ist nah:
Denn Plutos Gabel drohet schon
Dem Urgrund Revolution;
Basalt, der schwarze Teufelsmohr,
Aus tiefster Hölle bricht hervor,
Zerspaltet Fels, Gestein und Erden,
Omega muß zum Alpha werden.
Und so wäre denn die liebe Welt
Geognostisch auch auf den Kopfgestellt.

Kaum wendet der edle Werner den Rücken,
Zerstört man das poseidaonische Reich;
Wenn alle sich vor Hephästos bücken,
Ich kann es nicht sogleich;
Ich weiß nur in der Folge zu schätzen.
Schon hab ich manches Credo verpaßt;
Mir sind sie alle gleich verhaßt,
Neue Götter und Götzen.

Ursprünglich eignen Sinn
Laß dir nicht rauben!
Woran die Menge glaubt,
Ist leicht zu glauben.

Natürlich mit Verstand
Sei du beflissen;
Was der Gescheite weiß,
Ist schwer zu wissen.

Je mehr man kennt, je mehr man weiß,
Erkennt man: alles dreht im Kreis.
Erst lehrt man jenes, lehrt man dies;
Nun aber waltet ganz gewiß
Im innern Erdenspatium
Pyro-Hydrophylacium,
Damit's der Erden Oberfläche
An Feuer und Wasser nicht gebreche.
Wo käme denn ein Ding sonst her,
Wenn es nicht längst schon fertig wär
So ist denn, eh man sich's versah,
Der Pater Kircher wieder da.
Will mich jedoch des Worts nicht schämen:
Wir tasten ewig an Problemen.

Keine Gluten, keine Meere
Geb ich in dem Innern zu;
Doch allherrschend waltet Schwere,
Nicht verdammt zu Tod und Ruh.

Vom lebendigen Gott lebendig,
Durch den Geist, der alles regt,
Wechselt sie, nicht unbeständig,
Immer in sich selbst bewegt.

Seht nur hin! ihr werdet's fassen:
Wenn Merkur sich hebt und neigt,
Wird im Anziehn, im Entlassen
Atmosphäre schwer und leicht.

Mir genügt nicht eure Lehre:
Ebb und Flut der Atmosphäre,
Denk sich's jeder, wie er kann!
Will mich nur an Hermes halten,
Denn des Barometers Walten
Ist der Witterung Tyrann.

Westen mag die Luft regieren,
Sturm und Flut nach Osten führen,
Wenn Merkur sich schläfrig zeigt;
Alter Elemente Toben,
Osther ist es aufgehoben,
Wenn er aus dem Schlummer steigt.

Das Leben wohnt in jedem Sterne:
Er wandelt mit den andern gerne
Die selbsterwählte reine Bahn;
Im innern Erdenball pulsieren
Die Kräfte, die zur Nacht uns führen
Und wieder zu dem Tag heran.

Wenn im Unendlichen dasselbe
Sich wiederholend ewig fließt,
Das tausendfältige Gewölbe
Sich kräftig ineinander schließt:
Strömt Lebenslust aus allen Dingen,
Dem kleinsten wie dem größten Stern,
Und alles Drängen, alles Ringen
Ist ewige Ruh in Gott dem Herrn.

Nachts, wann gute Geister schweifen,
Schlaf dir von der Stirne streifen,
Mondenlicht und Sternenflimmern
Dich mit ewigem All umschimmern,
Scheinst du dir entkörpert schon,
Wagest dich an Gottes Thron.

Aber wenn der Tag die Welt
Wieder auf die Füße stellt,
Schwerlich möcht er dir's erfüllen
Mit der Frühe bestem Willen;
Zu Mittag schon wandelt sich
Morgentraum gar wunderlich.

Sei du im Leben wie im Wissen
Durchaus der reinen Fahrt beflissen;
Wenn Sturm und Strömung stoßen, zerrn,
Sie werden doch nicht deine Herrn;
Kompaß und Pol, Stern, Zeitenmesser
Und Sonn und Mond verstehst du besser,
Vollendest so nach deiner Art
Mit stillen Freuden deine Fahrt.
Besonders wenn dich's nicht verdrießt,
Wo sich der Weg im Kreise schließt;
Der Weltumsegler freudig trifft
Den Hafen, wo er ausgeschifft.

Wie fruchtbar ist der kleinste Kreis,
Wenn man ihn wohl zu pflegen weiß!

Wenn Kindesblick begierig schaut,
Er findet des Vaters Haus gebaut;
Und wenn das Ohr sich erst vertraut,
Ihm tönt der Muttersprache Laut;
Gewahrt es dies und jenes nah,
Man fabelt ihm, was fern geschah,
Umsittigt ihn, wächst er heran:
Er findet eben alles getan;
Man rühmt ihm dies, man preist ihm das:
Er wäre gar gern auch etwas.
Wie er soll wirken, schaffen, lieben,
Das stcht ja alles schon geschrieben
Und, was noch schlimmer ist, gedruckt
Da steht der junge Mensch verduckt,
Und endlich wird ihm offenbar:
Er sei nur, was ein andrer war.

Gern wär ich Überliefrung los
Und ganz original;
Doch ist das Unternehmen groß
Und führt in manche Qual.
Als Autochthone rechnet ich
Es mir zur höchsten Ehre,
Wenn ich nicht gar zu wunderlich
Selbst Überliefrung wäre.

Vom Vater hab ich die Statur,
Des Lebens ernstes Führen,
Von Mütterchen die Frohnatur
Und Lust zu fabulieren.
Urahnherr war der Schönsten hold,
Das spukt so hin und wieder;
Urahnfrau liebte Schmuck und Gold,
Das zuckt wohl durch die Glieder.
Sind nun die Elemente nicht

Aus dem Komplex zu trennen,
Was ist denn an dem ganzen Wicht
Original zu nennen?

Teilen kann ich nicht das Leben,
Nicht das Innen noch das Außen,
Allen muß das Ganze geben,
Um mit euch und mir zu hausen.
Immer hab ich nur geschrieben,
Wie ich fühle, wie ich's meine,
Und so spalt ich mich, ihr Lieben,
Und bin immerfort der eine.

Widmung

»Deine Werke zu höchster Belehrung
Studier ich bei Tag und bei Nacht;
Drum hab ich in tiefster Verehrung
Dir ganz was Absurdes gebracht.«

So wie der Papst auf seinem Thron,
So sitzt X-Y aufs einem Lohn:
Er ist bepfründet – hat er mehr zu hoffen?
»Die Welt ist weit, den Narren steht sie offen.
Wir sind behäglich, können tätig ruhn;
Macht euch, ihr Toren, Tag für Tag zu tun.

Autochthonisch, autodidaktisch
Lebst du so hin, verblendete Seele!
Komm nur heran, versuche dich! Praktisch
Merkst du verdrießlich. wie's überall fehle.

Das mußt du als ein Knabe leiden,
Daß dich die Schule tüchtig reckt.
Die alten Sprachen sind die Scheiden,
Darin das Messer des Geistes steckt.

»**Ich** hielt mich stets von Meistern entfernt;
Nachtreten wäre mir Schmach!
Hab alles von mir selbst gelernt.
Es ist auch darnach!

Niemand wird sich selber kennen,
Sich von seinem Selbst-Ich trennen;
Doch probier er jeden Tag,
Was nach außen endlich, klar,
Was er ist und was er war,
Was er kann und was er mag.

Wie sind die Vielen doch beflissen!
Und es verwirrt sie nur der Fleiß.
Sie möchten's gerne anders wissen
Als einer, der das Rechte weiß.

Verfahre ruhig, still,
Brauchst dich nicht anzupassen;
Nur wer was gelten will,
Muß andre gelten lassen.

Der Würdige, vom Rhein zum Belt
Reist er, die Natur zu ergründen!
Er reise durch die ganze Welt:
Seine Meinung wird er finden.

Denk an die Menschen nicht;
Denk an die Sachen!
Da kommt ein junger Mensch,
Wird was draus machen;
Das alte Volk, es ist
Ja selbst nur Sache;
Ich bin nur immer jung,
Daß ich was mache;
Wer jung verbleiben will,
Denk, daß er mache,
Und wenn's nicht Kinder sind,
In anderm Fache.

Anstatt daß ihr bedächtig steht,
Versucht's zusammen eine Strecke:
Wißt ihr auch nicht, wohin es geht,
So kommt ihr wenigstens vom Flecke.

Sage mir, mit wem zu sprechen
Dir genehm, gemütlich ist:
Ohne mir den Kopf zu brechen,
Weiß ich deutlich, wie du bist.

Jeder geht zum Theater hinaus,
Diesmal war es ein volles Haus;
Er lobt und schilt, wie er's gefühlt,
Er denkt, man habe für ihn gespielt.

Ob ich liebe, ob ich hasse!
Nur soll ich nicht schelten.
Wenn ich die Leute gelten lasse,
Läßt man mich gelten.

Du Narr! begünstige die Pfuscherei,
So bist du überall zu Hause.

Was die Weiber lieben und hassen,
Das wollen wir ihnen gelten lassen;
Wenn sie aber urteilen und meinen,
Da will's oft wunderlich erscheinen.

Und sie in ihrer warmen Sphäre
Fühlt sich behaglich, zierlich, fein;
Da sie nicht ohne den Menschen wäre,
So dünkt sie sich ein Mensch zu sein.

Totengräbers Tochter sah ich gehn;
Ihre Mutter hatte sich an keiner Leiche versehn.

Was helfen den Jungfern alle Gaben?~
Weder Augen noch Ohren sollten sie haben.

Sich läßt die junge Frau als Heloise malen:
Will sie mit ihrem Manne prahlen?

Die schönen Frauen, jung und alt,
Sind nicht gemacht, sich abzuhärmen;
Und sind einmal die edlen Helden kalt,
So kann man sich an Schluckern wärmen.

Ich ehre mir die Würde der Frauen;
Aber damit sie Würde hätten,
Sollten sie sich nicht alleine betten,
Sollten sich an Männerwürde erbauen.

Das Publikum.

»Wir haben dir Klatsch auf Geklatsche gemacht,
Wie schief!
Und haben dich schnell in die Patsche gebracht,
Wie tief!
Wir lachen dich aus,
Nun hilf dir heraus!
Ade!«

Herr Ego.

Und red ich dagegen, so wird nur der Klatsch
Verschlimmert,
Mein liebliches Leben im nichtigen Patsch
Verkümmert.
Schon bin ich heraus;
Ich mach mir nichts draus.
Ade.

Ich habe nie mit euch gestritten,
Philister-Pfaffen! Neiderbrut!
Unartig seid ihr, wie die Briten,
Doch zahlt ihr lange nicht so gut.
DerGottes-Erde lichten Saal
Verdüstern sie zum Jammertal;
Daran entdecken wir geschwind,
Wie jämmerlich sie selber sind.

Den Vereinigten Staaten

Amerika, du hast es besser
Als unser Kontinent, das alte,
Hast keine verfallene Schlösser
Und keine Basalte.
Dich stört nicht im Innern
Zu lebendiger Zeit
Unnützes Erinnern
Und vergeblicher Streit.

Benutzt die Gegenwart mit Glück!
Und wenn nun eure Kinder dichten,
Bewahre sie ein gut Geschick
Vor Ritter-, Räuber- und Gespenstergeschichten.

Da loben sie den Faust,
Und was noch sunsten
In meinen Schriften braust
Zu ihren Gunsten;
Das alte Mick und Mack,
Das freut sie sehr;
Es meint das Lumpenpack,
Man wär's nicht mehr!

»**Wie** bist du so ausgeartet?
Sonst warst du am Abend so herrlich und hehr!«
Wenn man kein Schätzchen erwartet,
Gibt's keine Nacht mehr.

Unbesonnenheit ziert die Jugend,
Sie will eben vorwärts leben:
Der Fehler wird zur Tugend;
Im Alter muß man auf sich acht geben.

»**Meinst** du es redlich mit solchem Schmerz? –
Geh! Heuchlerisch ist dein Bemühn.«
Der Schauspieler gewinnt das Herz,
Aber er gibt nicht seines hin.

Welch ein wunderlich Exempel! –
Hör ich, daß man sich mokiere,
Wie man mir den hehren Tempel,
Vestas Tempel, dediziere;
Doch ich übergehe diesen
Vorwurf mit gefaßter Miene;
Denn es muß mich sehr verdrießen,
Daß ich's nur zu wohl verdiene.

» **Zu** Goethes Denkmal was zahlst du jetzt?«
Fragt dieser, jener und der. –
Hätt ich mir nicht selbst ein Denkmal gesetzt,
Das Denkmal, wo käm es denn her

Ihr könnt mir immer ungescheut,
Wie Blüchern, Denkmal setzen;
Von Franzen hat er euch befreit,
Ich von Philisternetzen.

Was ist ein Philister
Ein hohler Darm,
Mit Furcht und Hoffnung ausgefüllt.
Daß Gott erbarm!

Bist undankbar, so hast nicht recht!
Bist du dankbar, so geht dir's schlecht:
Den rechten Weg wirst nie vermissen,
Handle nur nach Gefühl und Gewissen.

Wen die Dankbarkeit geniert,
Der ist übel dran;
Denke, wer dich erst geführt,
Wer für dich getan!

»**Ein** neu Projekt ward vorgebracht;
Willst du dich nicht damit befassen?«
Habe schon mal bankrott gemacht,
Nun will ich's andern überlassen.

Wie's aber in der Welt zugeht,
Eigentlich niemand recht versteht
Und auch bis aufden heutigen Tag
Niemand gerne verstehen mag.
Gehabe du dich mit Verstand,
Wie dir eben der Tag zur Hand;
Denk immer: Ist's gegangen bis jetzt,
So wird es auch wohl gehen zuletzt.

Der Pantheist

Was soll mir aber euer Hohn
Über das All und Eine!
Der Professor ist eine Person,
Gott ist keine.

Es lehrt ein großer Physikus
Mit seinen Schulverwandten:
«Nil luce obscurius!« –
Ja wohl! für Obskuranten.

Ich wollte gern sie gelten lassen,
Wenn nur auch andre sie gelten ließen;
Das will aber doch nirgend greifen und fassen –
Warum befaß ich mich mit diesen!

»**Sag** uns doch, warum deine Galle
Immerfort ins Ferne weist?«
Gefühl habt ihr alle,
Aber keinen Geist.

»**Warum,** o Steuermann, deinen Kiel
Wendest du gerad nach dem Riffe?«
Man begriffe nicht der Toren Ziel,
Wenn man sich nicht selbst begriffe.

Nicht Augenblicke steh ich still
Bei so verstockten Sündern,
Und wer nicht mit mir schreiten will,
Soll meinen Schritt nicht hindern.

Ja! ich rechne mir's zur Ehre,
Wandle fernerhin allein;
Und wenn es ein Irrtum wäre,
Soll es doch nicht eurer sein!

Zu verschweigen meinen Gewinn,
Muß ich die Menschen vermeiden;
Daß ich wisse, woran ich bin,
Das wollen die andern nicht leiden.

»**Wirst** nicht bei jedem Wanderschritt
Wie sonst wohl angezogen.«)
Ich bringe den Betrug nicht mit,
Drum werd ich nicht betrogen.

Der Dichter freut sich am Talent,
An schöner Geistesgabe;
Doch wann's ihm auf die Nägel brennt,
Begehrt er irdischer Habe.
Mit Recht soll der reale Witz
Urenkeln sich erneuern;
Es ist ein irdischer Besitz –
Muß ich ihn doch versteuern!

Was Alte lustig sungen,
Das zwitschern muntre Jungen;
Was tüchtige Herren taten,
Wird Knechten auch geraten;
Was einer kühn geleistet,
Gar mancher sich erdreistet.

»**Wohl** kamst du durch so ging es allenfalls.«
Mach's einer nach und breche nicht den Hals.

Was viele singen und sagen,
Das müssen wir eben ertragen!

Ihr Guten – Großer und Kleiner –
Ihr singt euch müde und matt;
Und singt doch keiner,
Als was er zu sagen hat.

»**Wie** hast du's denn so weit gebracht?
Sie sagen, du habest es gut vollbracht!«
Mein Kind! ich hab es klug gemacht,
Ich habe nie über das Denken gedacht.

Was wir Dichter ins Enge bringen,
Wird von ihnen ins Weite geklaubt.
Das Wahre klären sie an den Dingen,
Bis niemand mehr dtan glaubt.

Ein bißchen Ruf, ein wenig Ehre,
Was macht es euch für Not und Pein!
Und wenn ich auch nicht Goethe wäre,
So möcht ich doch nicht ... sein.

»**Sag**, was enthält die Kirchengeschichte?
Sie wird mir in Gedanken zunichte;
Es gibt unendlich viel zu lesen,
Was ist denn aber das alles gewesen?«

Zwei Gegner sind es, die sich boxen,
Die Arianer und Orthodoxen.
Durch viele Säkla dasselbe geschicht,
Es dauert bis an das Jüngste Gericht.

Mit Kirchengeschichte was hab ich zu schaffen?
Ich sehe weiter nichts als Pfaffen;
Wie's um die Christen steht, die Gemeinen,
Davon will mir gar nichts erscheinen.

Ich hätt auch können Gemeinde sagen,
Ebenso wenig wäre zu erfragen.

Glaubt nicht, daß ich fasele, daß ich dichte;
Seht hin und findet mir andre Gestalt!
Es ist die ganze Kirchengeschichte
Mischmasch von Irrtum und von Gewalt.

Ihr Gläubigen, rühmt nur nicht euren Glauben
Als einzigen! Wir glauben auch wie ihr;
Der Forscher läßt sich keineswegs berauben
Des Erbteils, aller Welt gegönnt – und mir.

Ein Sadduzäer will ich bleiben! –
Das könnte mich zur Verzweiflung treiben,
Wenn von dem Volk, das hier mich bedrängt.
Auch würde die Ewigkeit eingeengt;
Das wäre doch nur der alte Patsch,
Droben gäb's nur verklärten Klatsch.

»**Sei** nicht so heftig, sei nicht so dumm!
Da drüben bildet sich alles um.«

Ich habe nichts gegen die Frömmigkeit,
Sie ist zugleich Bequemlichkeit.
Wa ohne Frömmigkeit will leben,
Muß großer Mühe sich ergeben:
Auf seine eigne Hand zu wandern,
Sich selbst genügen und den andern
Und freilich auch dabei vertraun:
Gott werde wohl auf ihn niederschaun.

Wer Wissenschaft und Kunst besitzt,
Hat auch Religion;
Wer jene beiden nicht besitzt,
Der habe Religion.

Niemand soll ins Kloster gehn,
Als er sei denn wohl versehn
Mit gehörigem Sündenvorrat,
Damit es ihm so früh als spat
Nicht mög am Vergnügen fehlen,
Sich mit Reue durchzuquälen.

Laßt euch nur von Pfaffen sagen,
Was die Kreuzigung eingetragen!

Niemand kommt zum höchsten Flor
Von Kranz und Orden,
Wenn einer nicht zuvor
Derb gedroschen worden.

Den deutschen Mannen gereicht's zum Ruhm,
Daß sie gehaßt das Christentum,
Bis Herrn Karolus' leidigem Degen
Die edlen Sachsen unterlegen.
Doch haben sie lange genug gerungen,
Bis endlich die Pf..ffen sie bezwungcn
Und sie sich unters Joch geduckt;
Doch haben sie immer einmal gemuckt.
Sie lagen nur im halben Schlaf,
Als Luther die Bibel verdeutscht so brav.
Sankt Paulus, wie ein Ritter derb,
Erschien den Rittern minder herb.
Freiheit erwacht in jeder Brust,
Wir protestieren all mit Lust.

»**Ist** Konkordat und Kirchenplan
Nicht glücklich durchgeführt?«
Ja, fangt einmal mit Rom nur an,
Da seid ihr angeführt.

Ein lutherischer Geistlicher spricht:
Heiliger, lieber Luther,
Du schabtest die Butter
Deinen Kollegen vom Brot!
Das verzeihe dir Gott!

»**Meinst** du denn alles, was du sagst?«)
Meinst du denn ernstlich, was du fragst
Wen kümmert's, was ich meine und sage?
Denn alles Meinen ist nur Frage.

Ich wollt euch große Namen sagen,
Die sollten sich gar sehr beklagen,
Wenn ich sänge, wie ich's meine;
Und doch mein ich's nicht alleine:
Gar manche sind im stillen beflissen,
Bedenken Seele, Gott und Welt
Und sind zufrieden, rein zu wissen,
Was andern mißfällt.

Wartet nur! alles wird sich schicken,
Was man von mir auch denken mag;
Mein Buch bringt es einmal zu Tag
In Usum Delphini mit Lücken.

Den Reim-Kollegen

Möchte gern lustig zu euch treten,
Ihr macht mir's sauer und wißt nicht wie.
Gibt's denn einen modernen Poeten
Ohne Heautontimorumenie?

Wer hätte auf deutsche Blätter acht,
Morgens, Mittag, Abend und Mitternacht,
Der wär um alle seine Zeit gebracht,
Hätte weder Stunde, noch Tag, noch Nacht
Und wär ums ganze Jahr gebracht;
Das hätt ich ihm gar sehr verdacht.

Was reimt der Junge, der Franzos,
Uns alte Herren zu belehren!
Die Zeit ist wie der Teufel los,
Die weiß allein uns zu bekehren.

Seid ihr verrückt? was fällt euch ein,
Den alten Faustus zu verneinen!
Der Teufelskerl muß eine Welt sein,
Dergleichen Widerwärtges zu vereinen.

Ein jeder denkt in seinem Dunst,
Andrer Verdienst sei winzig klein.
Bewahre jeder die Vergunst,
Auf seine Weise toll zu sein.

Nach Lord Byron

Nein! für den Poeten ist's zuviel,
Dieses entsetzliche Strafgericht!
Verdammt ist mein Trauerspiel,
Und die alte Tante nicht.

Geburt und Tod betrachtet ich
Und wollte das Leben vergessen;
Ich armer Teufel konnte mich
Mit einem König messen.

Ist der Vater auf Geld ersessen
Und nutzt sogar die Lampenschnuppen:
Kriegen sie den Sohn in die Kluppen,
Juden und Huren, die werden's fressen.

»**Mephisto** scheint ganz nah zu sein!«
Es deucht mich fast, er spricht mit ein.
In manchen wunderlichen Stunden
Hat er sich selbst das Maul verbunden;
Doch blickt er über die Binde her,
Als wenn er ein doppelter Teufel wär.

Wenn auch der Held sich selbst genug ist,
Verbunden geht es doch geschwinder;
Und wenn der Überwundne klug ist,
Gesellt er sich zum Überwinder.

Die reitenden Helden vom festen Land
Haben jetzt gar viel zu bedeuten;
Doch stünd es ganz in meiner Hand,
Ein Meerpferd möcht ich reiten.

Hatte sonst einer ein Unglück getragen,
So durft er es wohl dem andern klagen;
Mußte sich einer im Felde quälen,
Hatt er im Alter was zu erzählen.
Jetzt sind sie allgemein, die Plagen,
Der einzelne darf sich nicht beklagen;
Im Felde darf nun niemand fehlen –
Wer soll denn hören, wenn sie erzählen?

Die Franzosen verstehn uns nicht;
Drum sagt man ihnen deutsch ins Gesicht,
Was ihnen wär verdrießlich gewesen,
Wenn sie es hätten französisch gelesen.

Die Sprachreiniger

Gott Dank! daß uns so wohl geschah,
Der Tyrann sitzt auf Helena!
Doch ließ sich nur der eine bannen;
Wir haben jetzo hundert Tyrannen,
Die schmieden, uns gar unbequem,
Ein neues Kontinentalsystem.
Deutschland soll rein sich isolieren,
Einen Pestkordon um die Grenze führen,
Daß nicht einschleiche fort und fort
Kopf, Körper und Schwanz vom fremden Wort.
Wir sollen auf unsern Lorbeern ruhn,
Nichts weiter denken, als was wir tun.

Epimenides' Erwachen

Verflucht sei, wer nach falschem Rat
Mit überfrechem Mut
Das, was der Korse-Franke tat,
Nun als ein Deutscher tut!
Er fühle spät, er fühle früh,
Es sei ein dauernd Recht;
Ihm geh es, trotz Gewalt und Müh,
Ihm und den Seinen schlecht.

Was haben wir nicht für Kränze gewunden!
Die Fürsten, sie sind nicht gekommen;
Die glücklichen Tage, die himmlischen Stunden,
Wir haben voraus sie genommen.
So geht es wahrscheinlich mit meinem Bemühn,
Den lyrischen Siebensachen;
Epimenides, denk ich, wird in Berlin
Zu spät, zu früh erwachen.

Ich war von reinem Gefühl durchdrungen;
Bald schein ich ein schmeichelnder Lober;
Ich habe der Deutschen Juni gesungen,
Das hält nicht bis in Oktober.

An die T... und D...

Verfluchtes Volk! kaum bist du frei,
So brichst du dich in dir selbst entzwei.
War nicht der Not, des Glücks genug
Deutsch oder teutsch, du wirst nicht klug.

Sagst du: Gott, so sprichst du vom Ganzen,
Sagst du: Welt, so sprichst du von Schranzen.
Hofschranzen sind noch immer die besten;
Volksschranzen fürchte, die allerletzten!

Calan empfahl sich Alexandern,
Um jenen Rogus zu besteigen;
Der König fragte, so die andern
Des Heeres auch: Was willst du zeigen?
»Nichts zeigen will ich, aber zeigen,
Daß vor dem Könige, dem Heere,
Vor blinkend blitzendem Gewehre
Dem Weisen sich's geziemt zu schweigen.«

Was die Großen Gutes taten,
Sah ich oft in meinem Leben;
Was uns nun die Völker geben,
Deren auserwählte Weisen
Nun zusammen sich beraten,
Mögen unsre Enkel preisen,
Die's erleben.

Sonst, wie die Alten sungen,
So zwitscherten dieJungen;
Jetzt, wie die Jungen singen,
Soll's bei den Alten klingen.
Bei solchem Lied und Reigen
Das Beste – ruhn und schweigen.

»**Warum** denn aber bei unsern Sitzen
Bist du so selten gegenwärtig?«
Mag nicht für Langerweile schwitzen,
Der Mehrheit bin ich immer gewärtig.

Was doch die größte Gesellschaft beut?
Es ist die Mittelmäßigkeit.

Konstitutionell sind wir alle auf Erden;
Niemand soll besteuert werden,
Als wer repräsentiert ist.
Da dem also ist,
Frag ich und werde kühner:
Wer repräsentierl denn die Diener?

Wie alles war in der Welt entzweit,
Fand jeder in Mauern gute Zeit;
Der Ritter duckte sich hinein,
Bauer in Not fand's auch gar fein.
Wo kam die schönste Bildung her,
Und wenn sie nicht vom Bürger wär?
Wenn aber sich Ritter und Bauern verbinden,
Da werden sie freilich die Bürger schinden.

Laßt euch mit dem Volk nur ein,
Popularischen! Entschied' es,
Wellington und Aristides
Werden bald beiseite sein.

Anbete du das Feuer hundert Jahr,
Dann fall hinein. dich frißt's mit Haut und Haar.

Besonders wenn die Liberalen
Die Pinsel fassen, kühnlich malen,
Man freut sich am Originalen;
Da zeigt sich uns ein jeder frei:
Er ist von Kindesbeinen tüchtig,
Besieht sich Erd und Himmel richtig,
Sein Urteil ist ihm nur gewichtig,
Die Kunst ist selbst schon Tyrannei.

Bürgerpflicht

Ein jeder kehre vor seiner Tür,
Und rein ist jedes Stadtquartier.
Ein jeder übe seine Lektion,
So wird es gut im Rate stohn!

Ich bin so sehr geplagt
Und weiß nicht, was sie wollen,
Daß man die Menge fragt,
Was einer hätte tun sollen.

Mir ist das Volk zur Last,
Meint es doch dies und das:
Weil es die Fürsten haßt,
Denkt es, es wäre was.

»**Sage** mir, was das für Pracht ist?
Äußre Größe, leerer Schein!« –
O zum Henker! Wo die Macht ist,
Ist doch auch das Recht zu sein.

Die gute Sache kommt mir vor
Als wie Saturn, der Sünder:
Kaum sind sie an das Licht gebracht,
So frißt er seine Kinder.

Daß du die gute Sache liebst,
Das ist nicht zu vermeiden;
Doch von der schlimmsten ist sie nicht
Bis jetzt zu unterscheiden.

Ich kann mich nicht bereden lassen,
Macht mir den Teufel nur nicht klein:
Ein Kerl, den alle Menschen hassen,
Der muß was sein!

»**Warum** denn wie mit einem Besen
Wird so ein König hinausgekehrt?«
Wären's Könige gewesen,
Sie stünden alle noch unversehrt.

ELEGIEN

1. Elegie

Saget, Steine, mir an, o sprecht, ihr hohen Paläste!
  Straßen, redet ein Wort! Genius, regst du dich nicht?
Ja, es ist alles beseelt in deinen heiligen Mauern,
  Ewige Roma; nur mir schweiget noch alles so still.
O wer flüstert mir zu, an welchem Fenster erblick ich
  Einst das holde Geschöpf, das mich versengend erquickt?
Ahn ich die Wege noch nicht, durch die ich immer und immer,
  Zu ihr und von ihr zu gehn, opfre die köstliche Zeit?
Noch betracht ich Kirch und Palast, Ruinen und Säulen,
  Wie ein bedächtiger Mann schicklich die Reise benutzt.
Doch bald ist es vorbei, dann wird ein einziger Tempel,
  Amors Tempel nur sein, der den Geweihten empfängt.
Eine Welt zwar bist du, o Rom; doch ohne die Liebe
  Wäre die Welt nicht die Welt, wäre denn Rom auch nicht Rom.

2. *Elegie*

Ehret, wen ihr auch wollt! Nun bin ich endlich geborgen!
Schöne Damen und ihr, Herren der feineren Welt,
Fraget nach Oheim und Vetter und alten Muhmen und Tanten;
Und dem gebundnen Gespräch folge das traurige Spiel.
Auch ihr übrigen fahret mir wohl, in großen und kleinen
Zirkeln, die ihr mich oft nah der Verweiflung gebracht.
Wiederholet, politisch unt zwecklos, jegliche Meinung,
Die den Wandrer mit Wut über Europa verfolgt.
So verfolgte das Liedchen Malbrough den reisenden Briten
Einst von Paris nach Livorn, dann von Livorno nach Rom,
Weiter nach Napel hinunter; und wär er nach Smyrna gesegelt,
Malbrough! empfing ihn auch dort, Malbrough! im Hafen das Lied.
Und so mußt ich bis jetzt auf allen Tritten und Schritten
Schelten hören das Volk, schelten der Könige Rat.
Nun entdeckt ihr mich nicht so bald in meinem Asyle,
Das mir Amor der Fürst, königlich schützend, verlieh.
Hier bedecket er mich mit seinem Fittich; die Liebste
Fürchtet, römisch gesinnt, wütende Gallier nicht;
Sie erkundigt sich nie nach neuer Märe, sie spähet
Sorglich den Wünschen des Manns, dem sie sich eignete, nach.
Sie ergötzt sich an ihm, dem freien, rüstigen Fremden,
Der von Bergen und Schnee, hölzernen Häusern erzählt;
Teilt die Flammen, die sie in seinem Busen entzündet,
Freut sich, daß er das Gold nicht wie der Römer bedenkt.
Besser ist ihr Tisch nun bestellt; es fehlet an Kleidern,
Fehlet am Wagen ihr nicht, der nach der Oper sie bringt.
Mutter und Tochter erfreun sich ihres nordischen Gastes,
Und der Barbare beherrscht römischen Busen und Leib.

3. *Elegie*

Laß dich, Geliebte, nicht reun, daß du mir so schnell dich ergeben!
Glaub es, ich denke nicht frech, denke nicht niedrig von dir.
Vielfach wirken die Pfeile des Amor: einige ritzen,
Und vom schleichenden Gift kranket auf Jahre das Herz.
Aber mächtig befiedert, mit frisch geschliffener Schärfe
Dringen die andern ins Mark, zünden behende das Blut.
In der heroischen Zeit, da Götter und Göttinnen liebten,
Folgte Begierde dem Blick, folgte Genuß der Begier.
Glaubst du, es habe sich lange die Göttin der Liebe besonnen,
Als im Idäischen Hain einst ihr Anchises gefiel?
Hätte Luna gesäumt, den schönen Schläfer zu küssen,
Oh, so hätt ihn geschwind, neidend, Aurora geweckt.
Hero erblickte Leandern am lauten Fest, und behende
Stürzte der Liebende sich heiß in die nächtliche Flut.
Rhea Silvia wandelt, die fürstliche Jungfrau, der Tiber
Wasser zu schöpfen, hinab, und sie ergreifet der Gott.
So erzeugte die Söhne sich Mars! – Die Zwillinge tränket
Eine Wölfin, und Rom nennt sich die Fürstin der Welt.

4. Elegie

Fromm sind wir Liebende, still verehren wir alle Dämonen,
Wünschen uns jeglichen Gott, jegliche Göttin geneigt.
Und so gleichen wir euch, o römische Sieger! Den Göttern
Aller Völker der Welt bietet ihr Wohnungen an,
Habe sie schwarz und streng aus altem Basalt der Ägypter,
Oder ein Grieche sie weiß, reizend, aus Marmor geformt.
Doch verdrießet es nicht die Ewigen, wenn wir besonders
Weihrauch köstlicher Art einer der Göttlichen streun.
Ja, wir bekennen euch gern, es bleiben unsre Gebete,
Unser täglicher Dienst einer besonders geweiht.
Schalkhaft, munter und ernst begehen wir heimliche Feste,
Und das Schweigen geziemt allen Geweihten genau.
Eh an die Ferse lockten wir selbst durch gräßliche Taten
Uns die Erinnyen her, wagten es eher, des Zeus
Hartes Gericht am rollenden Rad und am Felsen zu dulden,
Als dem reizenden Dienst unser Gemüt zu entziehn.
Diese Göttin, sie heißt Gelegenheit, lernet sie kennen!
Sie erscheinet euch oft, immer in andrer Gestalt.
Tochter des Proteus möchte sie sein, mit Thetis gezeuget,
Deren verwandelte List manchen Heroen betrog.
So betrügt nun die Tochter den Unerfahrnen, den Blöden:
Schlummernde necket sie stets, Wachende fliegt sie vorbei;
Gern ergibt sie sich nur dem raschen, tätigen Manne;
Dieser findet sie zahm, spielend und zärtlich und hold.
Einst erschien sie auch mir, ein bräunliches Mädchen, die Haare
Und ich verkannte sie nicht, ergriff die Eilende; lieblich
Gab sie Umarmung und Kuß bald mir gelehrig zurück.
Oh, wie war ich beglückt! – Doch stille, die Zeit ist vorüber,
Und umwunden bin ich, römische Flechten, von euch.

5. *Elegie*

Froh empfind ich mich nun auf klassischem Boden begeistert,
Vor- und Mitwelt spricht lauter und reizender mir.
Hier befolg ich den Rat, durchblättre die Werke der Alten
Mit geschäftiger Hand, täglich mit neuem Genuß.
Aber die Nächte hindurch hält Amor mich anders beschäftigt;
Werd ich auch halb nur gelehrt, bin ich doch doppelt beglückt.
Und belehr ich mich nicht, indem ich des lieblichen Busens
Formen spähe, die Hand leite die Hüften hinab?
Dann versteh ich den Marmor erst recht; ich denk und vergleiche,
Sehe mit fühlendem Aug, fühle mit sehender Hand.
Raubt die Liebste denn gleich mir einige Stunden des Tages,
Gibt sie Stunden der Nacht mir zur Entschädigung hin.
Wird doch nicht immer geküßt, es wird vernünftig gesprochen;
Überfällt sie der Schlaf, lieg ich und denke mir viel.
Oftmals hab ich auch schon in ihren Armen gedichtet
Und des Hexameters Maß leise mit fingernder Hand
Ihr auf den Rücken gezählt. Sie atmet in lieblichem Schlummer,
Und es durchglühet ihr Hauch mir bis ins Tiefste die Brust.
Amor schüret die Lamp indes und denket der Zeiten,
Da er den nämlichen Dienst seinen Triumvirn getan.

6. Elegie

»Kannst du, o Grausamer! mich in solchen Worten betrüben?
  Reden so bitter und hart liebende Männer bei euch?
Wenn das Volk mich verklagt, ich muß es dulden! und bin ich
  Etwa nicht schuldig? Doch, ach! schuldig nur bin ich mit dir!
Diese Kleider, sie sind der neidischen Nachbarin Zeugen,
  Daß die Witwe nicht mehr einsam den Gatten beweint.
Bist du ohne Bedacht nicht oft bei Mondschein gekommen,
  Grau, im dunkeln Sürtout, hinten gerundet das Haar?
Hast du dir scherzend nicht selbst die geistliche Maske gewählet?
  Solls ein Prälate denn sein, gut, der Prälate bist du.
In dem geistlichen Rom, kaum scheint es zu glauben, doch schwör ich:
  Nie hat ein Geistlicher sich meiner Umarmung gefreut.
Arm war ich, leider! und jung und wohl bekannt den Verführern:
  Falconieri hat mir oft in die Augen gegafft,
Und ein Kuppler Albanis mich mit gewichtigen Zetteln
  Bald nach Ostia, bald nach den vier Brunnen gelockt.
Aber wer nicht kam, war das Mädchen. So hab ich von Herzen
  Rotstrumpf immer gehaßt und Violettstrumpf dazu.
Denn »ihr Mädchen bleibt am Ende doch die Betrognen«,
  Sagte der Vater, wenn auch leichter die Mutter es nahm.
Und so bin ich denn auch am Ende betrogen! Du zürnest
  Nur zum Scheine mit mir, weil du zu fliehen gedenkst.
Geh! Ihr seid der Frauen nicht wert! Wir tragen die Kinder
  Unter dem Herzen, und so tragen die Treue wir auch;
Aber ihr Männer, ihr schüttet mit eurer Kraft und Begierde
  Auch die Liebe zugleich in den Umarmungen aus!«
Also sprach die Geliebte und nahm den Kleinen vom Stuhle,
  Drückt' ihn küssend ans Herz, Tränen entquollen dem Blick.
Und wie saß ich beschämt, daß Reden feindlicher Menschen
  Dieses liebliche Bild mir zu beflecken vermocht!
Dunkel brennt das Feuer nur augenblicklich und dampfet,
  Wenn das Wasser die Glut stürzend und jählings verhüllt;
Aber sie reinigt sich schnell, verjagt die trübenden Dämpfe,
  Neuer und mächtiger dringt leuchtende Flamme hinauf.

7. Elegie

O wie fühl ich in Rom mich so froh! gedenk ich der Zeiten,
  Da mich ein graulicher Tag hinten im Norden umfing,
Trübe der Himmel und schwer auf meine Scheitel sich senkte,
  Farb- und gestaltlos die Welt um den Ermatteten lag
Und ich über mein Ich, des unbefriedigten Geistes
  Düstre Wege zu spähn, still in Betrachtung versank.
Nun umleuchtet der Glanz des helleren Äthers die Stirne;
  Phöbus rufet, der Gott, Formen und Farben hervor.
Sternhell glänzet die Nacht, sie klingt von weichen Gesängen,
  Und mir leuchtet der Mond heller als nordischer Tag.
Welche Seligkeit ward mir Sterblichem! Träum ich? Empfänget
  Dein ambrosisches Haus, Jupiter Vater, den Gast?
Ach ! hier lieg ich und strecke nach deinen Knieen die Hände
  Flehend aus. O vernimm, Jupiter Xenius, mich!
Wie ich hereingekommen? Ich kanns nicht sagen; es faßte
  Hebe den Wandrer und zog mich in die Hallen heran.
Hast du ihr einen Heroen herauf zu führen geboten?
  Irrte die Schöne? Vergib! Laß mir des Irrtums Gewinn!
Deine Tochter Fortuna, sie auch! Die herrlichsten Gaben
  Teilt als ein Mädchen sie aus, wie es die Laune gebeut.
Bist du der wirtliche Gott? O dann, so verstoße den Gastfreund
  Nicht von deinem Olymp wieder zur Erde hinab!
»Dichter! wohin versteigest du dich? – Vergib mir; der hohe
  Kapitolinische Berg ist dir ein zweiter Olymp.
Dulde mich, Jupiter, und Heres führe mich später
  Cestius' Mal vorbei, leise zum Orkus hinab.

8. Elegie

Wenn du mir sagst, du habest als Kind, Geliebte, den Menschen
Nicht gefallen, und dich habe die Mutter verschmäht,
Bis du größer geworden und still dich entwickelt, ich glaub es:
Gern denk ich mir dich als ein besonderes Kind.
Fehlet Bildung und Farbe doch auch der Blüte des Weinstocks,
Wenn die Beere, gereift, Menschen und Götter entzückt.

9. Elegie

Herbstlich leuchtet die Flamme vom ländlich geselligen Herde,
Knistert und glänzet, wie rasch! sausend vom Reisig empor.
Diesen Abend erfreut sie mich mehr; denn eh noch zur Kohle
Sich das Bündel verzehrt, unter die Asche sich neigt,
Kommt mein liebliches Mädchen. Dann flammen Reisig und Scheite,
Und die erwärmete Nacht wird uns ein glänzendes Fest.
Morgen frühe geschäftig verläßt sie das Lager der Liebe,
Weckt aus der Asche behend Flammen aufs neue hervor.
Denn vor andern verlieh der Schmeichlerin Amor die Gabe,
Freude zu wecken, die kaum still wie zu Asche versank.

10. Elegie

Alexander und Cäsar und Heinrich und Friedrich, die Großen,
  Gäben die Hälfte mir gern ihres erworbenen Ruhms,
Könnt ich auf eine Nacht dies Lager jedem vergönnen;
  Aber die Armen, sie hält strenge des Orkus Gewalt.
Freue dich also, Lebendger, der lieberwärmeten Stätte,
  Ehe den fliehenden Fuß schauerlich Lethe dir netzt.

11. Elegie

Euch, o Grazien, legt die wenigen Blätter ein Dichter
  Auf den reinen Altar, Knospen der Rose dazu.
Und er tut es getrost. Der Künstler freuet sich seiner
  Werkstatt, wenn sie um ihn immer ein Pantheon scheint.
Jupiter senket die göttliche Stirn, und Juno erhebt sie;
  Phöbus schreitet hervor, schüttelt das lockige Haupt;
Trocken schauet Minerva herab, und Hermes, der leichte,
  Wendet zur Seite den Blick, schalkisch und zärtlich zugleich.
Aber nach Bacchus, dem weichen, dem träumenden, hebet Cythere
  Blicke süßer Begier, selbst in dem Marmor noch feucht.
Seiner Umarmung gedenket sie gern und scheinet zu fragen:
  Sollte der herrliche Sohn uns an der Seite nicht stehn?

12. Elegie

Hörest du, Liebchen, das muntre Geschrei den Flaminischen Weg her?
Schnitter sind es; sie ziehn wieder nach Hause zurück,
Weit hinweg. Sie haben des Römers Ernte vollendet,
Der für Ceres den Kranz selber zu flechten verschmäht.
Keine Feste sind mehr der großen Göttin gewidmet,
Die, statt Eicheln, zur Kost goldenen Weizen verlieh.
Laß uns beide das Fest im stillen freudig begehen!
Sind zwei Liebende doch sich ein versammeltes Volk.
Hast du wohl je gehört von jener mystischen Feier,
Die von Eleusis hierher frühe dem Sieger gefolgt?
Griechen stifteten sie, und immer riefen nur Griechen,
Selbst in den Mauern Roms: »Kommt zur geheiligten Nacht!«
Fern entwich der Profane; da bebte der wartende Neuling,
Den ein weißes Gewand, Zeichen der Reinheit, umgab.
Wunderlich irrte darauf der Eingeführte durch Kreise
Seltner Gestalten; im Traum schien er zu wallen: denn hier
Wanden sich Schlangen am Boden umher, verschlossene Kästchen,
Reich mit Ähren umkränzt, trugen hier Mädchen vorbei;
Vielbedeutend gebärdeten sich die Priester und summten;
Ungeduldig und bang harrte der Lehrling auf Licht.
Erst nach mancherlei Proben und Prüfungen ward ihm enthüllet,
Was der geheiligte Kreis seltsam in Bildern verbarg.
Und was war das Geheimnis? als daß Demeter, die große,
Sich gefällig einmal auch einem Helden bequemt,
Als sie dem Jasion einst, dem rüstigen König der Kreter,
Ihres unsterblichen Leibs holdes Verborgne gegönnt.
Da war Kreta beglückt! das Hochzeitbette der Göttin
Schwoll von Ähren, und reich drückte den Acker die Saat.
Aber die übrige Welt verschmachtete – denn es versäumte
Über der Liebe Genuß Ceres den schönen Beruf.
Voll Erstaunen vernahm der Eingeweihte das Märchen,
Winkte der Liebsten – Verstehst du nun, Geliebte, den Wink?
Jene buschige Myrte beschattet ein heiliges Plätzchen;
Unsre Zufriedenheit bringt keine Gefährde der Welt.

13. Elegie

Amor bleibet ein Schalk, und wer ihm vertraut, ist betrogen!
Heuchelnd kam er zu mir: »Diesmal nur traue mir noch.
Redlich mein ichs mit dir: du hast dein Leben und Dichten,
Dankbar erkenn ich es wohl, meiner Verehrung geweiht.
Siehe, dir bin ich nun gar nach Rom gefolget; ich möchte
Dir im fremden Gebiet gern was Gefälliges tun.
Jeder Reisende klagt, er finde schlechte Bewirtung;
Welchen Amor empfiehlt, köstlich bewirtet ist er.
Du betrachtest mit Staunen die Trümmer alter Gebäude
Und durchwandelst mit Sinn diesen geheiligten Raum.
Du verehrst noch mehr die werten Reste des Bildens
Einziger Künstler, die stets ich in der Werkstatt besucht.
Diese Gestalten, ich formte sie selbst! Verzeih mir, ich prahle
Diesmal nicht; du gestehst, was ich dir sage,sei wahr.
Nun du mir lässiger dienst, wo sind die schönen Gestalten,
Wo die Farben, der Glanz deiner Erfindungen hin?
Denkst du nun wieder zu bilden, o Freund? Die Schule der Griechen
Blieb noch offen, das Tor schlossen die Jahre nicht zu.
Ich, der Lehrer, bin ewig jung und liebe die Jungen.
Altklug lieb ich dich nicht! Munter! Begreife mich wohl!
War das Antike doch neu, da jene Glücklichen lebten!
Lebe glücklich, und so lebe die Vorzeit in dir!
Stoff zum Liede, wo nimmst du ihn her? Ich muß dir ihn geben,
Und den höheren Stil lehret die Liebe dich nur.«
Also sprach der Sophist. Wer widersprách ihm? und leider
Bin ich zu folgen gewöhnt, wenn der Gebieter befiehlt.
Nun, verräterisch hält er seinWort, gibt Stoff zu Gesängen,
Ach! und raubt mir die Zeit, Kraft und Besinnung zugleich.
Blick und Händedruck und Küsse, gemütliche Worte,
Silben köstlichen Sinns wechselt ein liebendes Paar.
Da wird Lispeln Geschwätz, wird Stottern liebliche Rede:
Solch ein Hymnus verhallt ohne prosodisches Maß.
Dich, Aurora, wie kannt ich dich sonst als Freundin der Musen!

Hat, Aurora, dich auch Amor, der lose, verführt?
Du erscheinest mir nun als seine Freundin und weckest
Mich an seinem Altar wieder zum festlichen Tag.
Find ich die Fülle der Locken an meinem Busen! das Köpfchen
Ruhet und drucket den Arm, der sich dem Halse bequemt
Welch ein freudig Erwachen, erhieltet ihr, ruhige Stunden,
Mir das Denkmal der Lust, die in den Schlaf uns gewiegt! –
Sie bewegt sich im Schlummer und sinkt auf die Breite des Lagers,
Weggewendet; und doch läßt sie mir Hand noch in Hand.
Herzliche Liebe verbindet uns stets und treues Verlangen,
Und den Wechsel behielt nur die Begierde sich vor.
Einen Druck der Hand, ich sehe die himmlischen Augen
Wieder offen. – O nein! laßt auf der Bildung mich ruhn!
Bleibt geschlossen! Ihr macht mich verwirrt und trunken, ihr raubet
Mir den stillen Genuß reiner Betrachtung zu früh.
Diese Formen, wie groß! wie edel gewendet die Glieder!
Schlief Ariadne so schön: Theseus, du konntest entfliehn?
Diesen Lippen ein einziger Kuß! – O Theseus, nun scheide!
Blick ihr ins Auge! Sie wacht! – Ewig nun hält sie dich fest.

14. Elegie

Zünde mir Licht an, Knabe! – »Noch ist es hell; Ihr verzehret
Öl und Docht nur umsonst. Schließet die Läden doch nicht!
Hinter die Häuser entwich, nicht hinter den Berg, uns die Sonne!
Ein halb Stündchen noch währts bis zum Geläute der Nacht.«
Unglückseliger! geh und gehorch! Mein Mädchen erwart ich;
Tröste mich, Lämpchen, indes, lieblicher Bote der Nacht!

15. Elegie

Cäsarn wär ich wohl nie zu fernen Britannen gefolget,
Florus hätte mich leicht in die Popine geschleppt!
Denn mir bleiben weit mehr die Nebel des traurigen Nordens,
Als ein geschäftiges Volk südlicher Flöhe verhaßt.
Und noch schöner von heut an seid mir gegrüßet, ihr Schenken,
Osterien, wie euch schicklich der Römer benennt;
Denn ihr zeigtet mir heute die Liebste, begleitet vom Oheim,
Den die Gute so oft, mich zu besitzen, betrügt.
Hier stand unser Tisch, den Deutsche vertraulich umgaben;
Drüben suchte das Kind neben der Mutter den Platz,
Rückte vielmals die Bank und wußte es artig zu machen,
Daß ich halb ihr Gesicht, völlig den Nacken gewann.
Lauter sprach sie, als hier die Römerin pfleget, kredenzte,
Blickte gewendet nach mir, goß und verfehlte das Glas.
Wein floß über den Tisch, und sie mit zierlichem Finger
Zog auf dem hölzernen Blatt Kreise der Feuchtigkeit hin.
Meinen Namen verschlang sie dem ihrigen; immer begierig
Schaut ich dem Fingerchen nach, und sie bemerkte mich wohl.
Endlich zog sie behende das Zeichen der römischen Fünfe
Und ein Strichlein davor. Schnell, und sobald ich's gesehn,
Schlang sie Kreise durch Kreise, die Lettern und Ziffern zu löschen;
Aber die köstliche Vier blieb mir ins Auge geprägt.
Stumm war ich sitzen geblieben und biß die glühende Lippe,
Halb aus Schalkheit und Lust, halb aus Begierde, mir wund.
Erst noch so lange bis Nacht! dann noch vier Stunden zu warten!
Hohe Sonne, du weilst, und du beschauest dein Rom!
Größeres sahest du nichts und wirst nichts Größeres sehen,
Wie es dein Priester Horaz in der Entzückung versprach.
Aber heute verweile mir nicht und wende die Blicke
Von dem Siebengebirg früher und williger ab!
Einem Dichter zuliebe verkürze die herrlichen Stunden,
Die mit begierigem Blick selig der Maler genießt;
Glühend blicke noch schnell zu diesen hohen Fassaden,

Kuppeln und Säulen zuletzt und Obelisken herauf!
Stürze dich eilig ins Meer, um morgen früher zu sehen,
Was Jahrhunderte schon göttliche Lust dir gewährt:
Diese feuchten, mit Rohr so lange bewachsnen Gestade,
Diese mit Bäumen und Busch düster beschatteten Höhn.
Wenig Hütten zeigten sie erst; dann sahst du auf einmal
Sie vom wimmelnden Volk glücklicher Räuber belebt.
Alles schleppten sie drauf an diese Stätte zusammen;
Kaum war das übrige Rund deiner Betrachtung noch wert.
Sahst eine Welt hier entstehn, sahst dann eine Welt hier in Trümmern,
Aus den Trümmern aufs neu fast eine größere Welt!
Daß ich diese noch lange, von dir beleuchtet, erblicke,
Spinne die Parze mir klug langsam den Faden herab.
Aber sie eile herbei, die schön bezeichnete Stunde! –
Glücklich! Hör ich sie schon? Nein; doch ich höre schon Drei.
So, ihr lieben Musen, betrogt ihr wieder die Länge
Dieser Weile, die mich von der Geliebten getrennt?
Lebet wohl! Nun eil ich und fürcht euch nicht zu beleidgen!
Denn, ihr Stolzen, ihr gebt Amorn doch immer den Rang.

16. Elegie

»Warum bist du, Geliebter, nicht heute zur Vigne gekommen?
Einsam, wie ich versprach, wartet ich oben auf dich.
Beste, schon war ich hinein; da sah ich zum Glücke den Oheim
Neben den Stöcken, bemüht, hin sich und her sich zu drehn.
Schleichend eilt ich hinaus! – » Oh, welch ein Irrtum ergriff dich!
Eine Scheuche nur wars, was dich vertrieb! Die Gestalt
Flickten wir emsig zusammen aus alten Kleidern und Rohren;
Emsig half ich daran, selbst mir zu schaden bemüht.
Nun, des Alten Wunsch ist erfüllt; den losesten Vogel
Scheucht' er heute, der ihm Gärtchen und Nichte bestiehlt.«

17. Elegie

Manche Töne sind mir Verdruß, doch bleibet am meisten
  Hundegebell mir verhaßt; kläffend zerreißt es mein Ohr.
Einen Hund nur hör ich sehr oft mit frohem Behagen
  Bellend kläffen, den Hund, den sich der Nachbar erzog;
Denn er bellte mir einst mein Mädchen an, da sie sich heimlich
  Zu mir stahl, und verriet unser Geheimnis beinah.
Jetzo, hör ich ihn bellen, so denk ich mir immer: sie kommt wohl!
  Oder ich denke der Zeit, da die Erwartete kam.

18. Elegie

Eines ist mir verdrießlich vor allen Dingen; ein andres
  Bleibt mir abscheulich, empört jegliche Faser in mir,
Nur der bloße Gedanke. Ich will es euch, Freunde, gestehen:
  Gar verdrießlich ist mir einsam das Lager zu Nacht.
Aber ganz abscheulich ists, auf dem Wege der Liebe
  Schlangen zu fürchten und Gift unter den Rosen der Lust,
Wenn im schönsten Moment der hin sich gebenden Freude
  Deinem sinkenden Haupt lispelnde Sorge sich naht.
Darum macht Faustine mein Glück; sie teilet das Lager
  Gerne mit mir und bewahrt Treue dem Treuen genau.
Reizendes Hindernis will die rasche Jugend; ich liebe,
  Mich des versicherten Guts lange bequem zu erfreun.
  Welche Seligkeit ists! wir wechseln sichere Küsse
Atem und Leben getrost saugen und ßößen wir ein.
  So erfreuen wir uns der langen Nächte, wir lauschen,
Busen an Busen gedrängt, Stürmen und Regen und Guß.
  Und so dämmert der Morgen heran; es bringen die Stunden
Neue Blumen herbei, schmücken uns festlich den Tag.
  Gönnet mir, o Quiriten! das Glück, und jedem gewähre
Aller Güter der Welt erstes und letztes der Gott!

19. Elegie

Schwer erhalten wir uns den guten Namen, denn Fama
　Steht mit Amorn, ich weiß, meinem Gebieter, in Streit.
Wißt auch ihr, woher es entsprang, daß beide sich hassen?
　Alte Geschichten sind das, und ich erzähle sie wohl.
Immer die mächtige Göttin, doch war sie für die Gesellschaft
　Unerträglich, denn gern führt sie das herrschende Wort;
Und so war sie von je bei allen Göttergelagen
　Mit der Stimme von Erz Großen und Kleinen verhaßt.
So berühmte sie einst sich übermütig, sie habe
　Jovis herrlichen Sohn ganz sich zum Sklaven gemacht.
»Meinen Herkules führ ich dereinst, o Vater der Götter,
　Rief triumphierend sie aus, »wiedergeboren dir zu.
Herkules ist es nicht mehr, den dir Alkmene geboren;
　Seine Verehrung für mich macht ihn auf Erden zum Gott.
Schaut er nach dem Olymp, so glaubst du, er schaue nach deinen
　Mächtigen Knien; vergib! nur in den Äther nach mir
Blickt der würdigste Mann; nur mich zu verdienen, durchschreitet
　Leicht sein mächtiger Fuß Bahnen, die keiner betrat;
Aber auch ich begegn' ihm auf seinen Wegen und preise
　Seinen Namen voraus, eh er die Tat noch beginnt.
Mich vermählst du ihm einst, der Amazonen Besieger
　Werd auch meiner, und ihn nenn ich mit Freuden Gemahl!«
Alles schwieg; sie mochten nicht gern die Prahlerin reizen:
　Denn sie denkt sich, erzürnt, leicht was Gehässiges aus.
Amorn bemerkte sie nicht: er schlich beiseite; den Helden
　Bracht er mit weniger Kunst unter der Schönsten Gewalt.
Nun vermummt er sein Paar; ihr hängt er die Bürde des Löwen
　Über die Schultern und lehnt mühsam die Keule dazu.
Drauf bespickt er mit Blumen des Helden sträubende Haare,
　Reichet den Rocken der Faust, die sich dem Scherze bequemt.
So vollendet er bald die neckische Gruppe; dann läuft er,
　Ruft durch den ganzen Olymp: »Herrliche Taten geschehn!
Nie hat Erd und Himmel, die unermüdete Sonne

Hat auf der ewigen Bahn keines der Wunder erblickt.«
Alles eilte; sie glaubten dem losen Knaben, denn ernstlich
Hatt er gesprochen; und auch Fama, sie blieb nicht zurück.
Wer sich freute, den Mann so tief erniedrigt zu sehen,
Denkt ihr? Juno. Es galt Amorn ein freundlich Gesicht.
Fama daneben, wie stand sie beschämt, verlegen, verzweifelnd!
Anfangs lachte sie nur: »Masken, ihr Götter, sind das!
Meinen Helden, ich kenn ihn zu gut! Es haben Tragöden
Uns zum besten!« Doch bald sah sie mit Schmerzen, er wars!
Nicht den tausendsten Teil verdroß es Vulkanen, sein Weibchen
Mit dem rüstigen Freund unter den Maschen zu sehn,
Als das verständige Netz im rechten Moment sie umfaßte,
Rasch die Verschlungnen umschlang, fest die Genießenden hielt.
Wie sich die Jünglinge freuten, Merkur und Bacchus! sie beide
Mußten gestehn: es sei, über dem Busen zu ruhn
Dieses herrlichen Weibes, ein schöner Gedanke. Sie baten:
Löse, Vulkan, sie noch nicht! Laß sie noch einmal besehn!
Und der Alte war so Hahnrei und hielt sie nur fester. –
Aber Fama, sie floh rasch und voll Grimmes davon.
Seit der Zeit ist zwischen den Zweien der Fehde nicht Stillstand;
Wie sie sich Helden erwählt, gleich ist der Knabe darnach.
Wer sie am höchsten verehrt, den weiß er am besten zu fassen,
Und den Sittlichsten greift er am gefährlichsten an.
Will ihm einer entgehn, den bringt er vom Schlimmen ins Schlimmste.
Mädchen bietet er an; wer sie ihm töricht verschmäht,
Muß erst grimmige Pfeile von seinem Bogen erdulden;
Mann erhitzt er auf Mann, treibt die Begierden aufs Tier.
Wer sich seiner schämt, der muß erst leiden; dem Heuchler
Streut er bittern Genuß unter Verbrechen und Not.
Aber auch sie, die Göttin, verfolgt ihn mit Augen und Ohren;
Sieht sie ihn einmal bei dir, gleich ist sie feindlich gesinnt,
Schreckt dich mit ernstem Blick, verachtenden Mienen, und heftig
Strenge verruft sie das Haus, das er gewöhnlich besucht.

Und so geht es auch mir: schon leid ich ein wenig; die Göttin,
Eifersüchtig, sie forscht meinem Geheimnisse nach.
Doch es ist ein altes Gesetz: ich schweig und verehre;
Denn der Könige Zwist büßten die Griechen, wie ich.

20. Elegie

Zieret Stärke den Mann und freies mutiges Wesen,
Oh! so ziemet ihm fast tiefes Geheimnis noch mehr.
Städtebezwingerin du, Verschwiegenheit! Fürstin der Völker!
Teure Göttin, die mich sicher durchs Leben geführt,
Welches Schicksal erfahr ich! Es löset scherzend die Muse,
Amor löset, der Schalk, mir den verschlossenen Mund.
Ach, schon wird es so schwer, der Könige Schande verbergen!
Weder die Krone bedeckt, weder ein phrygischer Bund
Midas' verlängertes Ohr; der nächste Diener entdeckt es,
Und ihm ängstet und drückt gleich das Geheimnis die Brust.
In die Erde vergrüb er es gern, um sich zu erleichtern;
Doch die Erde verwahrt solche Geheimnisse nicht;
Rohre sprießen hervor und rauschen und lispeln im Winde:
Midas! Midas, der Fürst, trägt ein verlängertes Ohr!
Schwerer wird es nun mir, ein schönes Geheimnis zu wahren;
Ach, den Lippen entquillt Fülle des Herzens so leicht!
Keiner Freundin darf ichs vertraun: sie möchte mich schelten;
Keinem Freunde: vielleicht brächte der Freund mir Gefahr.
Mein Entzücken dem Hain, dem schallenden Felsen zu sagen,
Bin ich endlich nicht jung, bin ich nicht einsam genug.
Dir, Hexameter, dir, Pentameter, sei es vertrauet,
Wie sie des Tags mich erfreut, wie sie des Nachts mich beglückt.
Sie, von vielen Männern gesucht, vermeidet die Schlingen,
Die ihr der Kühnere frech, heimlich der Listige legt;
Klug und zierlich schlüpft sie vorbei und kennet die Wege,
Wo sie der Liebste gewiß lauschend begierig empfängt.
Zaudre, Luna, sie kommt! damit sie der Nachbar nicht sehe;

Rausche, Lüftchen, im Laub! niemand vernehme den Tritt.
Und ihr, wachset und blüht, geliebte Lieder, und wieget
Euch im leisesten Hauch lauer und liebender Luft,
Und entdeckt den Quiriten, wie jene Rohre geschwätzig,
Eines glücklichen Paars schönes Geheimnis zuletzt.

VENETIANISCHE EPIGRAMME

Wie man Geld und Zeit vertan,
Zeigt das lustig Büchlein an.

I.

Sarkophagen und Urnen verzierte der Heide mit Leben:
Faunen tanzen umher, mit der Bacchantinnen Chor
Machen sie bunte Reihe; der ziegengefüßete Pausback
Zwingt den heiseren Ton wild aus dem schmetternden Horn.
Zimbeln, Trommeln erklingen; wir sehen und hören den Marmor.
Flatternde Vögel, wie schmeckt herrlich dem Schnabel die Frucht!
Euch verscheuchet kein Lärm, noch weniger scheucht er den Amor,
Der in dem bunten Gewühl erst sich der Fackel erfreut.
So überwältiget Fülle den Tod; und die Asche da drinnen
Scheint im stillen Bezirk noch sich des Lebens zu freun.
So umgebe denn spät den Sarkophagen des Dichters
Diese Rolle, von ihm reichlich mit Leben geschmückt.

2.

Kaum an dem blaueren Himmel erblickt ich die glänzende Sonne,
Reich, vom Felsen herab, Efeu zu Kränzen geschmückt,
Sah den emsigen Winzer die Rebe der Pappel verbinden,
Über die Wiege Virgils kam mir ein laulicher Wind:
Da gesellten die Musen sich gleich zum Freunde; wir pflogen
Abgerißnes Gespräch, wie es den Wanderer freut.

3.

Immer halt ich die Liebste begierig im Arme geschlossen,
Immer drängt sich mein Herz fest an den Busen ihr an,
Immer lehnet mein Haupt an ihren Knien, ich blicke
Nach dem lieblichen Mund, ihr nach den Augen hinauf.
Weichling! schölte mich einer, und so verbringst du die Tage?
Ach, ich verbringe sie schlimm! Höre nur, wie mir geschieht:
Leider wend ich den Rücken der einzigen Freude des Lebens;
Schon den zwanzigsten Tag schleppt mich der Wagen dahin.
Vetturine trotzen mir nun, es schmeichelt der Kämmrer,
Und der Bediente vom Platz sinnet auf Lügen und Trug.
Will ich ihnen entgehn, so faßt mich der Meister der Posten,
Postillone sind Herrn, dann die Dogane dazu!
»Ich verstehe dich nicht! du widersprichst dir! du schienest
Paradiesisch zu ruhn, ganz wie Rinaldo beglückt.«
Ach, ich verstehe mich wohl: es ist mein Körper auf Reisen,
Und es ruhet mein Geist stets der Geliebten im Schoß.

4.

Das ist Italien, das ich verließ. Noch stäuben die Wege,
Noch ist der Fremde geprellt, stell er sich, wie er auch will.
Deutsche Redlichkeit suchst du in allen Winkeln vergebens;
Leben und Weben ist hier, aber nicht Ordnung und Zucht;
Jeder sorgt nur für sich, mißtrauet dem andern, ist eitel,
Und die Meister des Staats sorgen nur wieder für sich.
Schön ist das Land; doch, ach, Faustinen find ich nicht wieder.
Das ist Italien nicht mehr, das ich mit Schmerzen verließ.

5.

In der Gondel lag ich gestreckt und fuhr durch die Schiffe,
Die in dem großen Kanal, viele befrachtete, stehn.
Mancherlei Ware findest du da für manches Bedürfnis,
Weizen, Wein und Gemüs, Scheite, wie leichtes Gesträuch.
Pfeilschnell drangen wir durch; da traf ein verlorener Lorbeer
Derb mir die Wangen. Ich rief: Daphne, verletzest du mich?
Lohn erwartet ich eher! Die Nymphe lispelte lächelnd:
Dichter sündgen nicht schwer; leicht ist die Strafe. Nur zu!

6.

Seh ich den Pilgrim, so kann ich mich nie der Tränen enthalten.
O wie beseliget uns Menschen ein falscher Begriff!

7.

Eine Liebe hatt ich, sie war mir lieber als alles!
Aber ich hab sie nicht mehr! Schweig und ertrag den Verlust!

8.
Diese Gondel vergleich ich der sanft einschaukelnden Wiege,
Und das Kästchen darauf scheint ein geräumiger Sarg.
Recht so! Zwischen der Wieg und dem Sarg wir schwanken und schweben
Auf dem großen Kanal sorglos durchs Leben dahin.

9.
Feierlich sehn wir neben dem Doge den Nuntius gehen;
Sie begraben den Herrn, einer versiegelt den Stein.
Was der Doge sich denkt, ich weiß es nicht; aber der andre
Lächelt über den Ernst dieses Gepränges gewiß.

10.
Warum treibt sich das Volk so und schreit? Es will sich ernähren,
Kinder zeugen und die nähren, so gut es vermag.
Merke dir, Reisender, das und tue zu Hause desgleichen!
Weiter bringt es kein Mensch, stell er sich, wie er auch will.

11.
»Wie sie klingeln, die Pfaffen! Wie angelegen sie's machen,
Daß man komme, nur ja plappre, wie gestern so heut!«
Scheltet mir nicht die Pfaffen! sie kennen des Menschen Bedürfnis:
Denn wie ist er beglückt, plappert er morgen wie heut!

12.
Mache der Schwärmer sich Schüler wie Sand am Meere – der Sand ist
Sand; die Perle sei mein, du, o vernünftiger Freund!

13.

Süß, den sprossenden Klee mit weichlichen Füßen im Frühling
   Und die Wolle des Lamms tasten mit zärtlicher Hand;
Süß, voll Blüten zu sehn die neulebendigen Zweige,
   Dann das grünende Laub locken mit sehnendem Blick.
Aber süßer, mit Blumen dem Busen der Schäferin schmeicheln;
   Und dies vielfache Glück läßt mich entbehren der Mai.

14.

Diesem Amboß vergleich ich das Land, den Hammer dem Herrscher,
   Und dem Volke das Blech, das in der Mitte sich krümmt.
Wehe dem armen Blech! wenn nur willkürliche Schläge
   Ungewiß treffen und nie fertig der Kessel erscheint.

15.

Schüler macht sich der Schwärmer genug und rühret die Menge,
   Wenn der vernünftige Mann einzelne Liebende zählt.
Wundertätige Bilder sind meist nur schlechte Gemälde:
   Werke des Geists und der Kunst sind für den Pöbel nicht da.

16.

Mache zum Herrscherr sich der, der seinen Vorteil verstehet;
   Doch wir wählten uns den, der sich auf unsern versteht.

17.

Not lehrt beten, man sagt's; will einer es lernen, er gehe
   Nach Italien! Not findet der Fremde gewiß.

18.

Welch ein heftig Gedränge nach diesem Laden! wie emsig
Wägt man, empfängt man das Geld, reicht man die Ware dahin!
Schnupftabak wird hier verkauft. Das heißt sich selber erkennen!
Nieswurz holt sich das Volk, ohne Verordnung und Arzt.

19.

Jeder Edle Venedigs kann Doge werden; das macht ihn
Gleich als Knaben so fein, eigen, bedächtig und stolz.
Darum sind die Oblaten so zart im katholischen Welschland:
Denn aus demselbigen Teig weihet der Priester den Gott.

20.

Ruhig am Arsenal stehn zwei altgriechische Löwen;
Klein wird neben dem Paar Pforte, wie Turm undKanal.
Käme die Mutter der Götter herab, es schmiegten sich beide
Vor den Wagen, und sie freute sich ihres Gespanns.
Aber nun ruhen sie traurig; der neue geflügelte Kater
Schnurrt überall, und ihn nennet Venedig Patron.

21.

Emsig wallet der Pilger! Und wird er den Heiligen finden?
Hören und sehen den Mann, welcher die Wunder getan?
Nein, es führte die Zeit ihn hinweg; du findest nur Reste,
Seinen Schädel, ein paar seiner Gebeine verwahrt.
Pilgrime sind wir alle, die wir Italien suchen;
Nur ein zerstreutes Gebein ehren wir gläubig und froh.

22.

Jupiter Pluvius, heut erscheinst du ein freundlicher Dämon;
Denn ein vielfach Geschenk gibst du in einem Moment:
Gibst Venedig zu trinken, dem Lande grünendes Wachstum;
Manches kleine Gedicht gibst du dem Büchelchen hier.

23.

Gieße nur, tränke nur fort die rotbemäntelten Frösche,
Wäßre das durstende Land, daß es uns Broccoli schickt.
Nur durchwäßre mir nicht dies Büchlein; es sei mir ein Fläschchen
Reinen Arraks, und Punsch mache sich jeder nach Lust.

24.

Sankt Johannes im Kot heißt jene Kirche; Venedig
Nenn ich mit doppeltem Recht heute Sankt Markus im Kot.

25.

Hast du Bajä gesehn, so kennst du das Meer und die Fische.
Hier ist Venedig; du kennst nun auch den Pfuhl und den Frosch.

26.

»Schläfst du noch immer?« Nur still, und laß mich ruhen; erwach ich
Nun, was soll ich denn hier? Breit ist das Bette, doch leer.
Ist überall ja doch Sardinien, wo man allein schläft;
Tibur, Freund, überall, wo dich die Liebliche weckt.

27.

Alle Neun, sie winkten mir oft, ich meine die Musen;
Doch ich achtet es nicht, hatte das Mädchen im Schoß.
Nun verließ ich mein Liebchen; mich haben die Musen verlassen,
Und ich schielte verwirrt, suchte nach Messer und Strick.
Doch von Göttern ist voll der Olymp; du kamst, mich zu retten,
Langeweile! du bist Mutter der Musen gegrüßt.

28.

Welch ein Mädchen ich wünsche zu haben? ihr fragt mich. Ich hab sie,
Wie ich sie wünsche; das heißt, dünkt mich, mit wenigem viel.
An dem Meere ging ich und suchte mir Muscheln. In einer
Fand ich ein Perlchen; es bleibt nun mir am Herzen verwahrt.

29.

Vieles hab ich versucht, gezeichnet, in Kupfer gestochen,
Öl gemalt, in Ton habe ich auch manches gedruckt,
Unbeständig jedoch, und nichts gelernt noch geleistet;
Nur ein einzig Talent bracht ich der Meisterschaft nah:
Deutsch zu schreiben. Und so verderb ich unglücklicher Dichter
In dem schlechtesten Stoff leider nun Leben und Kunst.

30.

Schöne Kinder tragt ihr und steht mit verdeckten Gesichtern,
Bettelt: das heißt mit Macht reden ans männliche Herz.
Jeder wünscht sich ein Knäbchen, wie ihr das dürftige zeiget,
Und ein Liebchen, wie ma's unter dem Schleier sich denkt.

31.

Das ist dein eigenes Kind nicht, worauf du bettelst, und rührst mich.
Oh, wie rührt mich erst die, die mir mein eigenes bringt!

32.

Warum leckst du dein Mäulchen, indem du mir eilig begegnest?
Wohl, dein Züngelchen sagt mir, wie gesprächig es sei.

33.

Sämtliche Künste lernt und treibet der Deutsche; zu jeder
Zeigt er ein schönes Talent, wenn er sie ernstlich ergreift.
Eine Kunst nur treibt er und will sie nicht lernen, die Dichtkunst.
Darum pfuscht er auch so; Freunde, wir habens erlebt.

34.

Oft erkläret ihr euch als Freunde des Dichters, ihr Götter;
Gebt ihm auch, was er bedarf! Mäßiges braucht er, doch viel:
Erstlich freundliche Wohnung, dann leidlich zu essen, zu trinken
Gut; der Deutsche versteht sich auf den Nektar, wie ihr.
Dann geziemende Kleidung und Freunde, vertraulich zu schwatzen;
Dann ein Liebchen des Nachts, das ihn von Herzen begehrt.
Diese fünf natürlichen Dinge verlang ich vor allem.
Gebet mir ferner dazu Sprachen, die alten und neu'n,
Daß ich der Völker Gewerb und ihre Geschichten vernehme;
Gebt mir ein reines Gefühl, was sie in Künsten getan.
Ansehn gebt mir im Volke, verschafft bei Mächtigen Einfluß,
Oder was sonst noch bequem unter den Menschen erscheint.
Gut – schon dank ich euch, Götter; ihr habt den glücklichsten Menschen
Ehstens fertig: denn ihr gönntet das meiste mir schon.

35.

Klein ist unter den Fürsten Germaniens freilich der meine;
Kurz und schmal ist sein Land, mäßig nur, was er vermag.
Aber so wende nach innen, so wende nach außen die Kräfte
Jeder; da wär es ein Fest, Deutscher mit Deutschen zu sein.
Doch was priesest du Ihn, den Taten und Werke verkünden?

Und bestochen erschien deine Verehrung vielleicht;
Denn mir hat er gegeben, was Große selten gewähren,
Neigung, Muße, Vertraun, Felder und Garten und Haus.
Niemand braucht ich zu danken als Ihm, und manches bedurft ich,
Der ich mich auf den Erwerb schlecht, als ein Dichter, verstand.
Hat mich Europa gelobt, was hat mir Europa gegeben?
Nichts! Ich habe, wie schwer! meine Gedichte bezahlt.
Deutschland ahmte mich nach, und Frankreich mochte mich lesen.
England! freundlich empfingst du den zerrütteten Gast.
Doch was fördert es mich, daß auch sogar der Chinese
Malet mit ängstlicher Hand Werthern und Lotten auf Glas?
Niemals frug ein Kaiser nach mir, es hat sich kein König
Um mich bekümmert, und Er war mir August und Mäzen.

36.

Eines Menschen Leben, was ists? Doch Tausende können
Reden über den Mann, was er und wie ers getan.
Weniger ist ein Gedicht; doch können es Tausend genießen,
Tausende tadeln. Mein Freund, lebe nur, dichte nur fort!

37.

Müde war ich geworden, nur immer Gemälde zu sehen,
Herrliche Schätze der Kunst, wie sie Venedig bewahrt.
Denn auch dieser Genuß verlangt Erholung und Muße;
Nach lebendigem Reiz suchte mein schmachtender Blick.
Gauklerin! da ersah ich in dir zu den Bübchen das Urbild.
Wie sie Johannes Bellin reizend mit Flügeln gemalt,
Wie sie Paul Veronese mit Bechern dem Bräutigam sendet
Dessen Gäste, getäuscht, Wasser genießen für Wein.

38.

Wie, von da künstlichsten Hand geschnitzt, das liebe Figürchen,
Weich und ohne Gebein, wie die Molluska nur schwimmt!
Alles ist Glied und alles gelenk und alles gefällig,
Alles nach Maßen gebaut, alles nach Willkür bewegt.
Menschen hab ich gekannt und Tiere, so Vögel als Fische,
Manches besondre Gewürm, Wunder der großen Natur;
Und doch staun ich dich an, Bettine, liebliches Wunder,
Die du alles zugleich bist und ein Engel dazu.

39.

Kehre nicht, liebliches Kind, die Beinchen hinauf zu dem Himmel!
Jupiter sieht dich, der Schalk, und Ganymed ist besorgt.

40.

Wende die Füßchen zum Himmel nur ohne Sorge! Wir strecken
Arme betend empor, aber nicht schuldlos wie du.

41.

Seitwärts neigt sich dein Hälschen. Ist das ein Wunder? Es träget
Oft dich Ganze; du bist leicht, nur dem Hälschen zu schwer.
Mir ist sie gar nicht zuwider, die schiefe Stellung des Köpfchens;
Unter schönerer Last beugte kein Nacken sich je.

42.

So verwirret mit dumpf willkürlich verwebten Gestalten,
Höllisch und trübe gesinnt, Breughel den schwankenden Blick;
So zerrüttet auch Dürer mit apokalyptischen Bildern,
Menschen und Grillen zugleich, unser gesundes Gehirn;
So erreget ein Dichter, von Sphinxen, Sirenen, Zentauren
Singend, mit Macht Neugier in dem verwunderten Ohr;

So beweget ein Traum den Sorglichen, wenn er zu greifen,
Vorwärts glaubet zu gehn, alles veränderlich schwebt:
So verwirrt uns Bettine, die holden Glieder verwechselnd;
Doch erfreut sie uns gleich, wenn sie die Sohlen betritt.

43.

Gern überschreit ich die Grenze, mit breiter Kreide gezogen.
Macht sie Bottegha, das Kind, drängt sie mich artig zurück.

44.

»Ach! mit diesen Seelen, was macht er? Jesus Maria!
Bündelchen Wäsche sind das, wie man zum Brunnen sie trägt.
Wahrlich, sie fällt! Ich halt es nicht aus! Komm, gehn wir! Wie zierlich!
Sieh nur, wie steht sie, wie leicht! Alles mit Lächeln und Lust!«
Altes Weib, du bewunderst mit Recht Bettinen; du scheinst mir
Jünger zu werden und schön, da dich mein Liebling erfreut.

45.

Alles seh ich so gerne von dir; doch seh ich am liebsten,
Wenn der Vater behend über dich selber dich wirft,
Du dich im Schwung überschlägst und nach dem tödlichen Sprunge
Wieder stehest und läufst, eben ob nichts wär geschehn.

46.

Schon entrunzelt sich jedes Gesicht; die Furchen der Mühe,
Sorgen und Armut fliehn, Glückliche glaubt man zu sehn.
Dir erweicht sich der Schiffer und klopft dir die Wange; der Säckel
Tut sich dir kärglich zwar, aber er tut sich doch auf,
Und der Bewohner Venedigs entfaltet den Mantel und reicht dir,
Eben als flehtest du laut bei den Mirakeln Antons,

Bei des Herrn fünf Wunden, dem Herzen der seligsten Jungfrau,
  Bei der feurigen Qual, welche die Seelen durchfegt.
Jeder kleine Knabe, der Schiffer, der Höke, der Bettler
  Drängt sich und freut sich bei dir, daß er ein Kind ist, wie du.

47.

Dichten ist ein lustig Metier; nur find ich es teuer:
  Wie dies Büchlein mir wächst, gehn die Zechinen mir fort.

48.

»Welch ein Wahnsinn ergriff dich Müßigen? Hältst du nicht inne?
  Wird dies Mädchen ein Buch? Stimme was Klügeres an!«
Wartet, ich singe die Könige bald, die Großen der Erde,
  Wenn ich ihr Handwerk einst besser begreife wie jetzt.
Doch Bettinen sing ich indes; denn Gaukler und Dichter
  Sind gar nahe verwandt, suchen und finden sich gern.

49.

Böcke, zur Linken mit euch! so ordnet künftig der Richter,
  Und ihr Schäfchen, ihr sollt ruhig zur Rechten mir stehn!
Wohl! Doch eines ist noch von ihm zu hoffen; dann sagt er:
  Seid, Vernünftige, mir grad gegenüber gestellt!

50.

Wißt ihr, wie ich gewiß zu Hunderten euch Epigramme
  Fertige? Führet mich nur weit von der Liebsten hinweg!

51.

Alle Freiheitsapostel, sie waren mir immer zuwider;
Willkür suchte doch nur jeder am Ende für sich.
Willst du viele befrein, so wag es, vielen zu dienen.
Wie gefährlich das sei, willst du es wissen? Versuch's!

52.

Könige wollen das Gute, die Demagogen desgleichen,
Sagt man; doch irren sie sich: Menschen, ach, sind sie wie wir.
Nie gelingt es der Menge, für sich zu wollen, wir wissen's;
Doch wer verstehet, für uns alle zu wollen, er zeig's.

53.

Jeglichen Schwärmer schlagt mir ans Kreuz im dreißigsten Jahre;
Kennt er nur einmal die Welt, wird der Betrogne der Schelm.

54.

Frankreichs traurig Geschick, die Großen mögen's bedenken;
Aber bedenken fürwahr sollen es Kleine noch mehr.
Große gingen zugrunde; doch wer beschützte die Menge
Gegen die Menge? Da war Menge der Menge Tyrann.

55.

Tolle Zeiten hab ich erlebt und hab nicht ermangelt,
Selbst auch töricht zu sein, wie es die Zeit mir gebot.

56.

»Sage, tun wir nicht recht? Wir müssen den Pöbel betrügen.
Sieh nur, wie ungeschickt, sieh nur, wie wild er sich zeigt!«
Ungeschickt und wild sind alle rohen Betrognen;
Seid nur redlich und so führt ihn zum Menschlichen an.

57.

Fürsten prägen so oft auf kaum versilbertes Kupfer
Ihr bedeutendes Bild; lange betrügt sich das Volk.
Schwärmer prägen den Stempel des Geists auf Lügen und Unsinn.
Wem der Probierstein fehlt, hält sie für redliches Gold.

58.

Jene Menschen sind toll, so sagt ihr von heftigen Sprechern,
Die wir in Frankreich laut hören auf Straßen und Markt.
Mir auch scheinen sie toll; doch redet ein Toller in Freiheit
Weise Sprüche, wenn, ach! Weisheit im Sklaven verstummt.

59.

Lange haben die Großen der Franzen Sprache gesprochen,
Halb nur geachtet den Mann, dem sie vom Munde nicht floß.
Nun lallt alles Volk entzückt die Sprache der Franken;
Zürnet, Mächtige, nicht! Was ihr verlangtet, geschieht.

60.

»Seid doch nicht so frech, Epigramme!« Warum nicht? Wir sind nur
Überschriften; die Welt hat die Kapitel des Buchs.

61.
Wie dem hohen Apostel ein Tuch voll Tiere gezeigt ward,
Rein und unrein, zeigt, Lieber, das Büchlein sich dir.

62.
Ein Epigramm, ob wohl es gut sei, kannst du's entscheiden?
Weiß man doch eben nicht stets, was er sich dachte, der Schalk.

63.
Um so gemeiner es ist und näher dem Neide, der Mißgunst,
um so eher begreifst du das Gedichtchen gewiß.

64.
Chloe schwöret, sie liebt mich, ich glaub's nicht. Aber sie liebt dich!
Sagt mir ein Kenner. Schon gut; glaubt ich's, da wär es vorbei.

65.
Niemand liebst du, und mich, Philarchos, liebst du so heftig.
Ist denn kein anderer Weg, mich zu bezwingen, als der?

66.
Ist denn so groß das Geheimnis, was Gott und der Mensch und die Welt sei?
Nein! Doch niemand hört's gerne; da bleibt es geheim.

67.
Vieles kann ich ertragen. Die meisten beschwerlichen Dinge
Duld ich mit ruhigem Mut, wie es ein Gott mir gebeut.
Wenige sind mir jedoch wie Gift und Schlange zuwider;
Viere: Rauch des Tabaks, Wanzen und Knoblauch und +

68.

Längst schon hätt ich euch gern von jenen Tierchen gesprochen,
Die so zierlich und schnell fahren dahin und daher.
Schlängelchen scheinen sie gleich, doch viergefüßet; sie laufen,
Kriechen und schleichen, und leicht schleppen die Schwänzchen sie nach.
Seht, hier sind sie! und hier! Nun sind sie verschwunden! Wo sind sie?
Welche Ritze, welch Kraut nahm die entfliehenden auf?
Wollt ihr mir's künftig erlauben, so nenn ich die Tierchen Lazerten;
Denn ich brauche sie oft noch als gefälliges Bild.

69.

Wer Lazerten gesehn, der kann sich die zierlichen Mädchen
Denken, die über den Platz fahren dahin und daher.
Schnell und beweglich sind sie und gleiten, stehen und schwatzen,
Und es rauscht das Gewand hinter den eilenden drein.
Sieh! hier ist sie! und hier! Verlierst du sie einmal, so suchst du
Sie vergebens; so bald kommt sie nicht wieder hervor.
Wenn du aber die Winkel nicht scheust, nicht Gäßchen und Treppchen,
Folg ihr, wie sie dich lockt, in die Spelunke hinein!

70.

Was Spelunke nun sei, verlangt ihr zu wissen? Da wird ja
Fast zum Lexikon dies epigrammatische Buch.
Dunkele Häuser sind's in engen Gäßchen; zum Kaffee
Führt dich die Schöne, und sie zeigt sich geschäftig, nicht du.

71.

Zwei der feinsten Lazerten, sie hielten sich immer zusammen;
Eine beinahe zu groß, eine beinahe zu klein.
Siehst du beide zusammen, so wird die Wahl dir unmöglich;
Jede besonders, sie schien einzig die schönste zu sein.

72.

Heilige Leute, sagt man, sie wollten besonders dem Sünder
Und der Sünderin wohl. Geht's mir doch eben auch so.

73.

Wär ich ein häusliches Weib und hätte, was ich bedürfte,
Treu sein wollt ich und froh, herzen und küssen den Mann.
So sang, unter andern gemeinen Liedern, ein Dirnchen
Mir in Venedig, und nie hört ich ein frömmer Gebet.

74.

Wundern kann es mich nicht, daß Menschen die Hunde so lieben,
Denn ein erbärmlicher Schuft ist, wie der Mensch, so der Hund.

75.

Frech wohl bin ich geworden; es ist kein Wunder. Ihr Götter,
Wißt, und wißt nicht allein, daß ich auch fromm bin und treu.

76.

Hast du nicht gute Gesellschaft gesehn? Es zeigt uns dein Büchlein
Fast nur Gaukler und Volk, ja, was noch niedriger ist.
Gute Gesellschaft hab ich gesehn; man nennt sie die gute,
Wenn sie zum kleinsten Gedicht keine Gelegenheit gibt.

77.

Was mit mir das Schicksal gewollt? Es wäre verwegen,
Das zu fragen; denn meist will es mit vielen nicht viel.
Einen Dichter zu bilden, die Absicht wär ihm gelungen,
Hätte die Sprache sich nicht unüberwindlich gezeigt.

78.

»Mit Botanik gibst du dich ab? mit Optik? Was tust du?
Ist es nicht schönrer Gewinn, rühren ein zärtliches Herz?«
Ach, die zärtlichen Herzen! Ein Pfuscher vermag sie zu rühren;
Sei es mein einziges Glück, dich zu berühren, Natur!

79.

Weiß hat Newton gemacht aus allen Farben. Gar manches
Hat er euch weis gemacht, das ihr ein Säkulum glaubt.

80.

»Alles erklärt sich wohl«, so sagt mir ein Schüler, »aus jenen
Theorien, die uns weislich der Meister gelehrt.«
Habt ihr einmal das Kreuz von Holze tüchtig gezimmert,
Paßt ein lebendiger Leib freilich zur Strafe daran.

81.

Wenn auf beschwerlichen Reisen ein Jüngling zur Liebsten sich windet,
Hab er dies Büchlein; es ist reizend und tröstlich zugleich.
Und erwartet dereinst ein Mädchen den Liebsten, sie halte
Dieses Büchlein, und nur, kommt er, so werfe sie's weg.

82.

Gleich den Winken des Mädchens, des eilenden, welche verstohlen
Im Vorbeigehn nur freundlich mir streifet den Arm,
So vergönnt, ihr Musen, dem Reisenden kleine Gedichte:
O behaltet dem Freund größere Gunst noch bevor!

83.
Wenn, in Wolken und Dünste verhüllt, die Sonne nur trübe
Stunden sendet, wie still wandeln die Pfade wir fort!
Dränget Regen den Wandrer, wie ist uns des ländlichen Daches
Schirm willkommen! Wie sanft ruht sich's in stürmischer Nacht!
Aber die Göttin kehret zurück; schnell scheuche die Nebel
Von der Stirne hinweg! gleiche der Mutter Natur!

84.
Willst du mit reinem Gefühl der Liebe Freuden genießen,
O laß Frechheit und Ernst ferne vom Herzen dir sein.
Die will Amorn verjagen, und der gedenkt ihn zu fesseln;
Beiden das Gegenteil lächelt der schelmische Gott.

85.
Göttlicher Morpheus, umsonst bewegst du die lieblichen Mohne;
Bleibt das Auge doch wach, wenn mir es Amor nicht schließt.

86.
Liebe flößest du ein und Begier; ich fühl es und brenne.
Liebenswürdige, nun flöße Vertrauen mir ein!

87.
Ha! ich kenne dich, Amor, so gut als einer! Da bringst du
Deine Fackel, und sie leuchtet im Dunkel uns vor.
Aber du führest uns bald verworrene Pfade; wir brauchten
Deine Fackel erst recht, ach! und die falsche verlischt.

88.

Eine einzige Nacht an deinem Herzen! – Das andre
Gibt sich. Es trennet uns noch Amor in Nebel und Nacht.
Ja, ich erlebe den Morgen, an dem Aurora die Freunde
Busen an Busen belauscht, Phöbus, der frühe, sie weckt.

89.

Ist es dir Ernst, so zaudre nun länger nicht; mache mich glücklich!
Wolltest du scherzen? Es sei, Liebchen, des Scherzes genug!

90.

Daß ich schweige, verdrießt dich? Was soll ich reden? Du merkest
Auf der Seufzer, des Blicks leise Beredsamkeit nicht.
Eine Göttin vermag der Lippe Siegel zu lösen;
Nur Aurora, sie weckt einst dir am Busen mich auf.
Ja, dann töne mein Hymnus den frühen Göttern entgegen,
Wie das Memnonische Bild lieblich Geheimnisse sang.

91.

Welch ein lustiges Spiel! Es windet am Faden die Scheibe,
Die von der Hand entfloh, eilig sich wieder herauf!
Seht, so schein ich mein Herz bald dieser Schönen, bald jener
Zuzuwerfen; doch gleich kehrt es im Fluge zurück.

92.

O wie achtet ich sonst auf alle Zeiten des Jahres,
Grüßte den kommenden Lenz, sehnte dem Herbste mich nach!
Aber nun ist nicht Sommer noch Winter, seitdem mich Beglückten
Amors Fittich bedeckt, ewiger Frühling umschwebt.

93.

Sage, wie lebst du? Ich lebe! und wären hundert und hundert
Jahre dem Menschen gegönnt, wünscht ich mir morgen wie heut.

94.

Götter! wie soll ich euch danken! Ihr habt mir alles gegeben,
Was der Mensch sich erfleht; nur in der Regel fast nichts.

95.

In der Dämmrung des Morgens den höchsten Gipfel erklimmen,
Frühe den Boten des Tags grüßen, dich freundlichen Stern!
Ungeduldig die Blicke der Himmelsfürstin erwarten,
Wonne des Jünglings, wie oft locktest du nachts mich heraus!
Nun erscheint ihr mir, Boten des Tags, ihr himmlischen Augen
Meiner Geliebten, und stets kommt mir die Sonne zu früh.

96.

Du erstaunest und zeigst mir das Meer; es scheinet zu brennen.
Wie bewegt sich die Flut flammend ums nächtliche Schiff!
Mich verwundert es nicht, das Meer gebar Aphroditen,
Und entsprang nicht aus ihr uns eine Flamme, der Sohn?

97.

Glänzen sah ich das Meer und blinken die liebliche Welle;
Frisch mit günstigem Wind zogen die Segel dahin.
Keine Sehnsucht fühlte mein Herz; es wendete rückwärts,
Nach dem Schnee des Gebirgs, bald sich der schmachtende Blick.
Südwärts liegen der Schätze wie viel! Doch einer im Norden
Zieht, ein großer Magnet, unwiderstehlich zurück.

98.
Ach! mein Mädchen verreist! Sie steigt zu Schiffe! – Mein König,
Äolus, mächtiger Fürst! halte die Stürme zurück!
Törichter! ruft mir der Gott, befürchte nicht wütende Stürme!
Fürchte den Hauch, wenn sanft Amor die Flügel bewegt!

99.
Arm und kleiderlos war, als ich sie geworben, das Mädchen;
Damals gefiel sie mir nackt, wie sie mir jetzt noch gefällt.

100.
Oftmals hab ich geirrt und habe mich wieder gefunden,
Aber glücklicher nie; nun ist dies Mädchen mein Glück!
Ist auch dieses ein Irrtum, so schont mich, ihr klügeren Götter,
Und benehmt mir ihn erst drüben am kalten Gestad.

101.
Traurig, Midas, war dein Geschick: in bebenden Händen
Fühltest du, hungriger Greis, schwere verwandelte Kost.
Mir, im ähnlichen Fall, geht's lustger; denn was ich berühre,
Wird mir unter der Hand gleich ein behendes Gedicht.
Holde Musen, ich sträube mich nicht; nur daß ihr mein Liebchen,
Drück ich es fest an die Brust, nicht mir zum Märchen verkehrt.

102.
Ach, mein Hals ist ein wenig geschwollen! so sagte die Beste
Ängstlich. – Stille, mein Kind! still! und vernehme das Wort:
Dich hat die Hand der Venus berührt; sie deutet dir leise,
Daß sie das Körperchen bald, ach! unaufhaltsam verstellt.
Bald verdirbt sie die schlanke Gestalt, die zierlichen Brüstchen;
Altes schwillt nun; es paßt nirgends das neuste Gewand.

Sei nur ruhig! Es deutet die fallende Blüte dem Gärtner,
Daß die liebliche Frucht schwellend im Herbste gedeiht.

103.

Wonniglich ist's, die Geliebte verlangend im Arme zu halten,
Wenn ihr klopfendes Herz Liebe zuerst dir gesteht.
Wonniglicher, das Pochen des Neulebendigen fühlen,
Das in dem lieblichen Schoß immer sich nährend bewegt.
Schon versucht es die Sprünge der raschen Jugend; es klopfet
Ungeduldig schon an, sehnt sich nach himmlischem Licht.
Harre noch wenige Tage! Auf allen Pfaden des Lebens
Führen die Horen dich streng, wie es das Schicksal gebeut.
Widerfahre dir, was dir auch will, du wachsender Liebling –
Liebe bildete dich; werde dir Liebe zuteil!

104.

Und so tändelt ich mir, von allen Freunden geschieden,
In der neptunischen Stadt Tage wie Stunden hinweg.
Alles, was ich erfuhr, ich würzt es mit süßer Erinnrung,
Würzt es mit Hoffnung; sie sind lieblichste Würzen der Welt.

WEISSAGUNGEN DES BAKIS

Seltsam ist Propheten Lied;
Doppelt seltsam, was geschieht.

1.

Wahnsinn ruft man dem Kalchas, und Wahnsinn ruft man Kassandren,
Eh man nach Ilion zog, wenn man von Ilion kommt.
Wer kann hören das Morgen und Übermorgen? Nicht einer!
Denn, was gestern und ehgestern gesprochen – wer hört's?

2.

Lang und schmal ist ein Weg. Sobald du ihn gehest, so wird er
Breiter; aber du ziehst Schlangengewinde dir nach.
Bist du ans Ende gekommen, so werde der schreckliche Knoten
Dir zur Blume, und du gib sie dem Ganzen dahin.

3.

Nicht Zukünftiges nur verkündet Bakis, auch jetzt noch
Still Verborgenes zeigt er als ein Kundiger an.
Wünschelruten sind hier: sie zeigen am Stamm nicht die Schätze;
Nur in der fühlenden Hand regt sich das magische Reis.

4.
Wenn sich der Hals des Schwanes verkürzt und, mit Menschengesichte,
Sich der prophetische Gast über den Spiegel bestrebt,
Läßt den silbernen Schleier die Schöne dem Nachen entfallen,
Ziehen dem Schwimmenden gleich goldene Ströme sich nach.

5.
Zweie seh ich! den Großen! ich seh den Größern! Die beiden
Reiben mit feindlicher Kraft, einer den andern, sich auf.
Hier ist Felsen und Land, und dort sind Felsen und Wellen!
Welcher der Größere sei, redet die Parze nur aus.

6.
Kommt ein wandernder Fürst, auf kalter Schwelle zu schlafen,
Schlinge Ceres den Kranz, stille verflechtend, um ihn;
Dann verstummen die Hunde; es wird ein Geier ihn wecken,
Und ein tätiges Volk freut sich des neuen Geschicks.

7.
Sieben gehn verhüllt und sieben mit offnem Gesichte;
Jene fürchtet das Volk, fürchten die Großen der Welt.
Aber die andern sind's, die Verräter! von keinem erforschet;
Denn ihr eigen Gesicht birget, als Maske, den Schalk.

8.
Gestern war es noch nicht, und weder heute noch morgen
Wird es, und jeder verspricht Nachbarn und Freunden es schon;
Ja, er verspricht es den Feinden. So edel gehn wir ins neue
Säklum hinüber, und leer bleibet die Hand und der Mund.

9.
Mäuse laufen zusammen auf offnem Markte; der Wandrer
  Kommt auf hölzernem Fuß vierfach und klappernd heran.
Fliegen die Tauben der Saat in gleichem Momente vorüber,
  Dann ist, Tola, das Glück unter der Erde dir hold.

10.
Einsam schmückt sich zu Hause mit Gold und Seide die Jungfrau;
  Nicht vom Spiegel belehrt, fühlt sie das schickliche Kleid.
Tritt sie hervor, so gleicht sie der Magd; nur einer von allen
  Kennt sie: es zeiget sein Aug ihr das vollendete Bild.

11.
Ja, vom Jupiter rollt ihr, mächtig strömende Fluten,
  Über Ufer und Damm, Felder und Gärten mit fort.
Einen seh ich; er sitzt und harfeniert der Verwüstung;
  Aber der reißende Strom nimmt auch die Lieder hinweg.

12.
Mächtig bist du! gebildet zugleich, und alles verneigt sich,
  Wenn du mit herrlichem Zug über den Markt dich bewegst.
Endlich ist er vorüber. Da lispelt fragend ein jeder:
War denn Gerechtigkeit auch in der Tugenden Zug?

13.
Mauern seh ich gestürzt, und Mauern seh ich errichtet,
  Hier Gefangene, dort auch der Gefangenen viel.
Ist vielleicht nur die Welt ein großer Kerker? und frei ist
  Wohl der Tolle, der sich Katen zu Kränzen erkiest.

14.

Laß mich ruhen, ich schlafe. – »Ich aber wache.« – Mit nichten! –
»Träumst du?« – Ich werde geliebt! – »Freilich, du redest im Traum.« –
Wachender, sage, was hast du? – »Da sieh nur alle die Schätze!« –
Sehen soll ich? Ein Schatz, wird er mit Augen gesehn?

15.

Schlüssel liegen im Buche zerstreut, das Rätsel zu lösen;
Denn der prophetische Geist ruft den Verständigen an.
Jene nenn ich die Klügsten, die leicht sich vom Tage belehren
Lassen; es bringt wohl der Tag Rätsel und Lösung zugleich.

16.

Auch Vergangenes zeigt euch Bakis; denn selbst das Vergangne
Ruht, verblendete Welt, oft als ein Rätsel vor dir.
Wer das Vergangene kennte, der wüßte das Künftige; beides
Schließt an heute sich rein, als ein Vollendetes, an.

17.

Tun die Himmel sich auf und regnen, so träufelt das Wasser
Über Felsen und Gras, Mauern und Bäume zugleich.
Kehret die Sonne zurück, so verdampfet vom Steine die Wohltat;
Nur das Lebendige hält Gabe der Göttlichen fest.

18.

Sag, was zählst du? – Ich zähle, damit ich die Zehne begreife,
Dann ein anderes Zehn, Hundert und Tausend hernach.
Näher kommst du dazu, sobald du mir folgest. – » Und wie denn?«
Sage zur Zehne: sei zehn. Dann sind die Tausende dein.

19.

Hast du die Welle gesehen, die über das Ufer einher schlug?
Siehe die zweile, sie kommt! rollet sich sprühend schon aus.
Gleich erhebt sich die dritte! Fürwahr, du erwartest vergebens,
Daß die letzte sich heut ruhig zu Füßen dir legt.

20.

Einem möcht ich gefallen! so denkt das Mädchen; den zweiten
Find ich edel und gut, aber er reizet mich nicht.
Wäre der dritte gewiß, so wäre mir dieser der Liebste.
Ach, daß der Unbestand immer das Lieblichste bleibt!

21.

Blaß erscheinest du mir und tot dem Auge. Wie rufst du
Aus der innern Kraft heiliges Leben empor?
»Wär ich dem Auge vollendet, so könntest du ruhig genießen;
Nur der Mangel erhebt über dich selbst dich hinweg.«

22.

Zweimal färbt sich das Haar; zuerst aus dem blonden ins braune.
Bis das braune sodann silbergediegen sich zeigt.
Halb errate das Rätsel! so ist die andere Hälfte
Völlig dir zu Gebot, daß du die erste bezwingst.

23.

Was erschrickst du? – »Hinweg, hinweg mit diesen Gespenstern!
Zeige die Blume mir doch, zeig mir ein Menschengesicht!
Ja, nun seh ich die Blumen; ich sehe die Menschengesichter.« –
Aber ich sehe dich nun selbst als betrognes Gespenst.

24.
Einer rollet daher; es stehen ruhig die Neune:
Nach vollendetem Lauf liegen die Viere gestreckt.
Helden finden es schön, gewaltsam treffend zu wirken;
Denn es vermag nur ein Gott, Kegel und Kugel zu sein.

25.
Wieviel Äpfel verlangst du für diese Blüten? – »Ein Tausend;
Denn der Blüten sind wohl zwanzig der Tausende hier.
Und von zwanzig nur einen, das find ich billig.« — Du bist schon
Glücklich, wenn du dereinst einen von tausend behältst.

26.
Sprich, wie werd ich die Sperlinge los? so sagte der Gärtner,
Und die Raupen dazu, ferner das Käfergeschlecht,
Maulwurf, Erdfloh, Wespe, die Würmer, das Teufelsgezüchte? –
»Laß sie nur alle, so frißt einer den anderen auf.«

27.
Klingeln hör ich; es sind die lustigen Schlittengeläute.
Wie sich die Torheit doch selbst in der Kälte noch rührt!
»Klingeln hörst du? Mich deucht, es ist die eigene Kappe,
Die sich am Ofen dir leis um die Ohren bewegt.«

28.
Seht den Vogel! er fliegt von einem Baume zum andern,
Nascht mit geschäftigem Pick unter den Früchten umher.
Frag ihn, er plappert auch wohl und wird dir offen versichern,
Daß er der hehren Natur herrliche Tiefen erpickt.

29.

Eines kenn ich verehrt, ja angebetet zu Fuße;
  Auf die Scheitel gestellt, wird es von jedem verflucht.
Eines kenn ich, und fest bedruckt es zufrieden die Lippe;
  Doch in dem zweiten Moment ist es der Abscheu der Welt.

30.

Dieses ist es, das Höchste, zu gleicher Zeit das Gemeinste;
  Nun das Schönste, sogleich auch das Abscheulichste nun.
Nur im Schlürfen genieße du das und koste nicht tiefer;
  Unter dem reizenden Schaum sinket die Neige zu Gtund.

31.

Ein beweglicher Körper erfreut mich, ewig gewendet
  Erst nach Norden und dann ernst nach der Tiefe hinab.
Doch ein andrer gefällt mir nicht so; er gehorchet den Winden,
  Und sein ganzes Talent löst sich in Bücklingen auf.

32.

Ewig wird er euch sein der eine, der sich in viele
  Teilt und einer jedoch, ewig da einzige bleibt.
Findet in einem die vielen, empfindet die viele wie einen;
  Und ihr habt den Beginn, habet das Ende der Kunst.

VIER JAHRESZEITEN

Alle viere, mehr und minder,
Necken wie die hübschen Kinder.

Frühling

1.
Auf, ihr Distichen, frisch! Ihr muntern, lebendigen Knaben!
Reich ist Garten und Feld! Blumen zum Kranze herbei!

2.
Reich ist an Blumen die Flur; doch einige sind nur dem Auge,
Andre dem Herzen nur schön; wähle dir, Leser, nun selbst!

3.
Rosenknospe, du bist dem blühenden Mädchen gewidmet,
Die als die Herrlichste sich, als die Bescheidenste zeigt.

4.
Viele der Veilchen zusammengeknüpft, das Sträußchen erscheinet
Erst als Blume; du bist, häusliches Mädchen, gemeint.

5.
Eine kannt ich, sie war wie die Lilie schlank, und ihr Stolz war
Unschuld; herrlicher hat Salomo keine gesehn.

6.
Schön erhebt sich der Aglei und senkt das Köpfchen herunter.
Ist es Gefühl? oder ist's Mutwill? Ihr ratet es nicht.

7.
Viele duftende Glocken, o Hyazinthe, bewegst du;
   Aber die Glocken ziehn, wie die Gerüche, nicht an.

8.
Nachtviole, dich geht man am blendenden Tage vorüber;
   Doch bei der Nachtigall Schlag hauchest du köstlichen Geist.

9.
Tuberose, du ragest hervor und ergötzest im Freien;
   Aber bleibe vom Haupt, bleibe vom Herzen mir fern!

10.
Fern erblick ich den Mohn; er glüht. Doch komm ich dir näher,
   Ach! so seh ich zu bald, daß du die Rose nur lügst.

11.
Tulpen, ihr werdet gescholten von sentimentalischen Kennern;
   Aber ein lustiger Sinn wünscht auch ein lustiges Blatt.

12.
Nelken, wie find ich euch schön! Doch alle gleicht ihr einander,
   Unterscheidet euch kaum, und ich entscheide mich nicht.

13.
Prangt mit den Farben Aurorens, Ranunkeln, Tulpen und Astern!
   Hier ist ein dunkles Blatt, das euch an Dufte beschämt.

14.
Keine lockt mich, Ranunkeln, von euch, und keine begehr ich;
   Aber im Beete vermischt sieht euch das Auge mit Lust.

15.
Sagt! was fülle das Zimmer mit Wohlgerüchen? Reseda,
   Farblos, ohne Gestalt, stilles, bescheidenes Kraut.

16.
Zierde wärst du der Gärten; doch, wo du erscheinest, da sagst du:
Ceres streute mich selbst aus mit der goldenen Saat.

17.
Deine liebliche Kleinheit, dein holdes Auge, sie sagen
Immer: Vergiß mein nicht! immer: Vergiß nur nicht mein!

18.
Schwänden dem inneren Auge die Bilder sämtlicher Blumen,
Eleonore, dein Bild brächte das Herz sich hervor.

Sommer

19.
Grausam erweiset sich Amor an mir! O spielet, ihr Musen,
Mit den Schmerzen, die er, spielend, im Busen erregt!

20.
Manuskripte besitz ich, wie kein Gelehrter noch König;
Denn mein Liebchen, sie schreibt, was ich ihr dichtete, mir.

21.
Wie im Winter die Saat nur langsam keimet, im Sommer
Lebhaft treibet und reift, so war die Neigung zu dir.

22.
Immer war mir das Feld und der Wald und der Fels und die Gärten
Nur ein Raum, und du machst sie, Geliebte, zum Ort.

23.
Raum und Zeit, ich empfind es, sind bloße Formen des Anschauns,
Da das Eckchen mit dir, Liebchen, unendlich mir scheint.

24.
Sorge, sie steiget mit dir zu Roß, sie steiget zu Schiffe;
Viel zudringlicher noch packet sich Amor uns auf.

25.
Neigung besiegen ist schwer; gesellet sich aber Gewohnheit,
Wurzelnd, allmählich zu ihr, unüberwindlich ist sie.

26.
Welche Schrift ich zwei-, ja dreimal hintereinander
Lese? Das herzliche Blatt, das die Geliebte mir schreibt.

27.
Sie entzückt mich, und täuschet vielleicht. O Dichter und Sänger,
Mimen! lerntet ihr doch meiner Geliebten was ab!

28.
Alle Freude des Dichters, ein gutes Gedicht zu erschaffen,
Fühle das liebliche Kind, das ihn begeisterte, mit.

29.
Ein Epigramm sei zu kurz, mir etwas Herzlichs zu sagen?
Wie, mein Geliebter, ist nicht kürzer der herzliche Kuß?

30.
Kennst du das herrliche Gift der unbefriedigten Liebe?
Es versengt und erquickt, zehret am Mark und erneut's.

31.
Kennst du die herrliche Wirkung der endlich befriedigten Liebe?
Körper verbindet sie schön, wenn sie die Geister befreit.

32.
Das ist die wahre Liebe, die immer und immer sich gleich bleibt,
Wenn man ihr alles gewährt, wenn man ihr alles versagt.

33.
Alles wünscht ich zu haben, um mit ihr alles zu teilen;
Alles gäb ich dahin, wär sie, die Einzige, mein.

34.
Kränken ein liebendes Herz und schweigen müssen: geschärfter
Können die Qualen nicht sein, die Rhadamanth sich ersinnt.

35.
Warum bin ich vergänglich, o Zeus? so fragte die Schönheit.
Macht ich doch, sagte da Gott, nur das Vergängliche schön.

36.
Und die Liebe, die Blumen, der Tau und dieJugend vernahmen's,
Alle gingen sie weg, weinend, von Jupiters Thron.

37.
Leben muß man und lieben; es endet Leben und Liebe.
Schnittest du, Parze, doch nur beiden die Fäden zugleich.

Herbst

38.
Früchte bringet das Leben dem Mann; doch hangen sie selten
Rot und lustig am Zweig, wie uns ein Apfel begrüßt.

39.
Richtet den herrschenden Stab auf Leben und Handeln und lasset
Amorn, dem lieblichen Gott, doch mit der Muse das Spiel!

40.
Lehret! Es ziemet euch wohl, auch wir verehren die Sitte;
Aber die Muse läßt nicht sich gebieten von euch.

41.
Nimm dem Prometheus die Fackel, beleb, o Muse, die Menschen!
Nimm sie dem Amor und rasch quäl und beglücke wie er!

42.
Alle Schöpfung ist Werk der Natur. Von Jupiters Throne
Zuckt der allmächtige Strahl, nährt und erschüttert die Welt.

43.
Freunde, treibet nur alles mit Ernst und Liebe; die beiden
Stehen dem Deutschen so schön, den, ach! so vieles entstellt.

44.
Kinder werfen den Ball an die Wand und fangen ihn wieder;
Aber ich lobe das Spiel, wirft mir der Freund ihn zurück.

45.
Immer strebe zum Ganzen, und kannst du selber kein Ganzes
Werden, als dienendes Glied schließ an ein Ganzes dich an.

46.
Wärt ihr, Schwärmer, imstande, die Ideale zu fassen,
O so verehrtet ihr auch, wie sich's gebührt, die Natur.

47.
Wem zu glauben ist, redlicher Freund, das kann ich dir sagen:
Glaube dem Leben; es lehrt besser als Redner und Buch.

48.
Alle Blüten müssen vergehn, daß Früchte beglücken;
Blüten und Frucht zugleich gebet ihr, Musen, allein.

49.
Schädliche Wahrheit, ich ziehe sie vor dem nützlichen Irrtum.
Wahrheit heilet den Schmerz, den sie vielleicht uns erregt.

50.
Schadet ein Irrtum wohl? Nicht immer! aber das Irren,
Immer schadet's; wie sehr, sieht man am Ende des Wegs.

51.
Fremde Kinder, wir lieben sie nie so sehr als die eignen;
Irrtum, das eigene Kind, ist uns dem Herzen so nah.

52.
Irrtum verläßt uns nie; doch ziehet ein höher Bedürfnis
Immer den strebenden Geist leise zur Wahrheit hinan.

53.
Gleich sei keiner dem andern; doch gleich sei jeder dem Höchsten.
Wie das zu machen? Es sei jeder vollendet in sich.

54.
Warum will sich Geschmack und Genie so selten vereinen?
Jener fürchtet die Kraft, dieses verachtet den Zaum.

55.
Fortzupflanzen die Welt sind alle vernünftgen Diskurse
Unvermögend; durch sie kommt auch kein Kunstwerk hervor.

56.
Welchen Leser ich wünsche? Den unbefangensten, der mich,
Sich und die Welt vergißt und in dem Buche nur lebt.

57.
Dieser ist mir der Freund, der mit mir Strebendem wandelt;
Lädt er zum Sitzen mich ein, stehl ich für heute mich weg.

58.
Wie beklag ich es tief, daß diese herrliche Seele,
Wert, mit zum Zwecke zu gehn, mich nur als Mittel begreift.

59.
Preise dem Kinde die Puppen, wofür es begierig die Groschen
Hinwirft; wahrlich, du wirst Krämern und Kindern ein Gott.

60.
Wie verfährt die Natur, um Hohes und Niedres im Menschen
Zu verbinden? Sie stellt Eitelkeit zwischen hinein.

61.
Auf das empfindsame Volk hab ich nie was gehalten; es werden,
Kommt die Gelegenheit, nur schlechte Gesellen daraus.

62.
Franztum drängt in diesen verworrenen Tagen, wie ehmals
Luthertum es getan, ruhige Bildung zurück.

63.
Wo Parteien entstehn, hält jeder sich hüben und drüben;
Viele Jahre vergehn, eh sie die Mitte vereint.

64.
»Jene machen Partei; welch unerlaubtes Beginnen!
Aber unsre Partei, freilich, versteht sich von selbst.«

65.
Willst du, mein Sohn, frei bleiben, so lerne was Rechtes und halte
Dich genügsam und nie blicke nach oben hinauf!

66.
Wer ist der edlere Mann in jedem Stande ? Der stets sich
Neiget zum Gleichgewicht, was er auch habe voraus.

67.
Wißt ihr, wie auch der Kleine was ist? Er mache das Kleine
Recht, der Große begehrt just so das Große zu tun.

68.
Was ist heilig? Das ist's, was viele Seelen zusammen
Bindet; bänd es auch nur leicht, wie die Binse den Kranz.

69.
Was ist das Heiligste? Das, was heut und ewig die Geister,
Tiefer und tiefer gefühlt, immer nur einiger macht.

70.
Wer ist das würdigste Glied des Staats? Ein wackerer Bürger;
Unter jeglicher Form bleibt er der edelste Stoff.

71.
Wer ist denn wirklich ein Fürst? Ich hab es immer gesehen:
Der nur ist wirklich Fürst, der es vermochte zu sein.

72.
Fehlet die Einsicht oben, der gute Wille von unten,
Führt sogleich die Gewalt, oder sie endet den Streit.

73.
Republiken hab ich gesehn, und das ist die beste,
Die dem regierenden Teil Lasten, nicht Vorteil, gewährt.

74.
Bald, es kenne nur jeder den eigenen, gönne dem andern
Seinen Vorteil, so ist ewiger Friede gemacht.

75.
Keiner bescheidet sich gern mit dem Teile, der ihm gebühret,
Und so habt ihr den Stoff immer und ewig zum Krieg.

76.
Zweierlei Arten gibt es, die treffende Wahrheit zu sagen:
Öffentlich immer dem Volk, immer dem Fürsten geheim.

77.

Wenn du laut den Einzelnen schiltst, er wird sich verstocken,
Wie sich die Menge verstockt, wenn da im ganzen sie lobst.

78.

Du bist König und Ritter und kannst befehlen und streiten;
Aber zu jedem Vertrag rufe den Kanzler herbei.

79.

Klug und tätig und fest, bekannt mit allem, nach oben
Und nach unten gewandt, sei er Minister und bleib's.

80.

Welchen Hofmann ich ehre? Den klärsten und feinsten Das andre,
Was er noch sonst besitzt, kommt ihm als Menschen zugut.

81.

Ob du der Klügste seist, daran ist wenig gelegen;
Aber der Biederste sei, so wie bei Rate, zu Haus.

82.

Ob du wachst, das kümmert uns nicht, wofern du nur singest.
Singe, Wächter, dein Lied schlafend, wie mehrere tun.

83.

Diesmal streust du, o Herbst, nur leichte, welkende Blätter;
Gib mir ein andermal schwellende Früchte dafür.

Winter

84.
Wasser ist Körper und Boden der Fluß. Das neuste Theater
Tut in der Sonne Glanz zwischen den Ufern sich auf.

85.
Wahrlich, es scheint nur ein Traum! Bedeutende Bilder des Lebens
Schweben, lieblich und ernst, über die Fläche dahin.

86.
Eingefroren sahen wir so Jahrhunderte starren,
Menschengefühl und Vernunft schlich nur verborgen amGrund.

87.
Nur die Fläche bestimmt die kreisenden Bahnen des Lebens;
Ist sie glatt, so vergißt jeder die nahe Gefahr.

88.
Alle streben und eilen und suchen und fliehen einander;
Aber alle beschränkt freundlich die glättere Bahn.

89.
Durcheinander gleiten sie her, die Schüler und Meister
Und das gewöhnliche Volk, das in der Mitte sich hält.

90.
Jeder zeigt hier, was er vermag; nicht Lob und nicht Tadel
Hielte diesen zurück, förderte jenen zum Ziel.

91.
Euch, Präkonen des Pfuschers, des Meisters Verkleinerer, wünscht ich,
Mit ohnmächtiger Wut stumm hier am Ufer zu sehn.

92.
Lehrling, du schwankest und zauderst und scheuest die glättere Fläche.
Nur gelassen! du wirst einst noch die Freude der Bahn.

93.
Willst du schon zierlich erscheinen, und bist nicht sicher? Vergebens!
Nur aus vollendeter Kraft blicket die Anmut hervor.

94.
Fallen ist der Sterblichen Los. So fällt hier der Schüler,
Wie der Meister; doch stürzt dieser gefährlicher hin.

95.
Stürzt der rüstigste Läufer der Bahn, so lacht man am Ufer,
Wie man bei Bier und Tabak über Besiegte sich hebt.

96.
Gleite fröhlich dahin, gib Rat dem werdenden Schüler,
Freue des Meisters dich, und so genieße des Tags.

97.
Siehe, schon nahet der Frühling; das strömende Wasser verzehret
Unten, der sanftere Blick oben der Sonne das Eis.

98.
Dieses Geschlecht ist hinweg, zerstreut die bunte Gesellscllaft
Schiffern und Fischern gehört wieder die wallende Flut.

99.
Schwimme, du mächtige Scholle, nur hin! und kommst du als Scholle
Nicht hinunter, du kommst doch wohl als Tropfen ins Meer.

ELEGIEN

II.

Bilder so wie Leidenschaften
Mögen gern am Liede haften.

Ach! unaufhaltsam strebet das Schiff mit jedem Momente
   Durch die schäumende Flut weiter und weiter hinaus!
Langhin furcht sich die Gleise des Kiels, worin die Delphine
   Springend folgen, als flöh ihnen die Beute davon.
Alles deutet auf glückliche Fahrt: der ruhige Bootsmann
   Ruckt am Segel gelind, das sich für alle bemüht;
Vorwärts dringt der Schiffenden Geist, wie Flaggen und Wimpel;
   Einer nur steht rückwärts traurig gewendet am Mast,
Sieht die Berge schon blau, die scheidenden, sieht in das Meer sie
   Niedersinken, es sinkt jegliche Freude vor ihm.
Auch dir ist es verschwunden, das Schiff, das deinen Alexis,
   Dir, o Dora, den Freund, ach! dir den Bräutigam raubt.
Auch du blickest vergebens nach mir. Noch schlagen die Herzen
   Füreinander, doch, ach! nun aneinander nicht mehr.
Einziger Augenblick, in welchem ich lebte, du wiegest
   Alle Tage, die sonst kalt mir verschwindenden, auf.
Ach! nur im Augenblick, im letzten, stieg mir ein Leben
   Unvermutet in dir, wie von den Göttern, herab.
Nur umsonst verklärst du mit deinem Lichte den Äther;
   Dein alleuchtender Tag, Phöbus, mir ist er verhaßt.
In mich selber kehr ich zurück; da will ich im stillen
   Wiederholen die Zeit, als sie mir täglich erschien.
War es möglich, die Schönheit zu sehn und nicht zu empfinden?
   Wirkte der himmlische Reiz nicht auf dein stumpfes Gemüt?
Klage dich, Armer, nicht an! – So legt der Dichter ein Rätsel,

Künstlich mit Worten verschränkt, oft der Versammlung ins Ohr;
Jeden freuet die seltne, der zierlichen Bilder Verknüpfung,
Aber noch fehlet das Wort, das die Bedeutung verwahrt.
Ist es endlich entdeckt, dann heitert sich jedes Gemüt auf
Und erblickt im Gedicht doppelt erfreulichen Sinn.
Ach, warum so spät, o Amor, nahmst du die Binde
Die du ums Aug mir geknüpft, nahmst sie zu spät mir hinweg!
Lange schon harrte befrachtet das Schiff auf günstige Lüfte;
Endlich strebte der Wind glücklich vom Ufer ins Meer.
Leere Zeilen der Jugend! und leere Träume der Zukunft!
Ihr verschwindet, es bleibt einzig die Stunde mir nur.
Ja, sie bleibt, es bleibt mir das Glück! ich halte dich, Dora,
Und die Hoffnung zeigt, Dora, dein Bild mir allein.
Öfter sah ich zum Tempel dich gehn, geschmückt und gesittet,
Und das Mütterchen ging feierlich neben dir her.
Eiligst warst du und frisch, zu Markte die Früchte zu tragen;
Und vom Brunnen, wie kühn! wiegte dein Haupt das Gefäß.
Da erschien dein Hals, erschien dein Nacken vor allen,
Und vor allen erschien deiner Bewegungen Maß.
Oftmals hab ich gesorgt, es möchte der Krug dir entstürzen –
Doch er hielt sich stet auf dem geringelten Tuch.
Schöne Nachbarin, ja, so war ich gewohnt dich zu sehen,
Wie man die Sterne sieht, wie man den Mond sich beschaut,
Sich an ihnen erfreut und innen im ruhigen Busen
Nicht der entfernteste Wunsch, sie zu besitzen, sich regt.
Jahre, so gingt ihr dahin! Nur zwanzig Schritte getrennet
Waren die Häuser, und nie hab ich die Schwelle berührt.
Und nun trennt uns die gräßliche Flut! Du lügst nur den Himmel,
Welle! dein herrliches Blau ist mir die Farbe der Nacht.
Alles rührte sich schon; da kam ein Knabe gelaufen
An mein väterlich Haus, rief mich zum Strande hinab:
Schon erhebt sich das Segel, es flattert im Winde, so sprach er,
Und gelichtet, mit Kraft, trennt sich der Anker vom Sand;
Komm, Alexis, o komm! Da drückte der wackere Vater
Würdig die segnende Hand mir auf das lockige Haupt;

Sorglich reichte die Mutter ein nachbereitetes Bündel:
Glücklich kehre zurück! riefen sie, glücklich und reich!
Und so sprang ich hinweg, das Bündelchen unter dem Arme,
An der Mauer hinab, fand an der Türe dich stehn
Deines Gartens. Du lächeltest mir und sagtest: Alexis,
Sind die Lärmenden dort deine Gesellen der Fahrt?
Fremde Küsten besuchest du nun, und köstliche Waren
Stehen war ich geblieben und fragte, nach Weise des Kaufmanns,
Erst nach Form und Gewicht deiner Bestellung genau.
Gar bescheiden erwogst du den Preis; da blickt ich indessen
Nach dem Halse, des Schmucks unserer Königin wert.
Heftiger tönte vom Schiff das Geschrei; da sagtest du freundlich:
Nimm aus dem Garten noch einige Früchte mit dir!
Nimm die reifsten Orangen, die weißen Feigen; das Meer bringt
Keine Früchte, sie bringt jegliches Land nicht hervor.
Und so trat ich herein. Du brachst nun die Früchte geschäftig,
Und die goldene Last zog das geschürzte Gewand.
Öfters bat ich: es sei nun genug! und immer noch eine
Schönere Frucht fiel dir, leise berührt, in die Hand.
Endlich kamst du zur Laube hinan; da fand sich ein Körbchen,
Und die Myrte bog blühend sich über uns hin.
Schweigend begannest du nun geschickt die Früchte zu ordnen:
Erst die Orange, die schwer ruht, als ein goldener Ball,
Dann die weichliche Feige, die jeder Druck schon entstellet;
Und mit Myrte bedeckt ward und geziert das Geschenk.
Aber ich hob es nicht auf; ich stand. Wir sahen einander
In die Augen, und mir ward vor dem Auge so trüb.
Deinen Busen fühlt ich an meinem! Den herrlichen Nacken,
Ihn umschlang nun mein Arm; tausendmal küßt ich den Hals.
Mir sank über die Schulter dein Haupt; nun knüpften auch deine
Lieblichen Arme das Band um den Beglückten herum.
Amors Hände fühlt ich: er drückt' uns gewaltig zusammen,
Und aus heiterer Luft donnert' es dreimal; da floß
Häufig die Träne vom Aug mir herab, du weintest, ich weinte,
Und vor Jammer und Glück schien uns die Welt zu vergehn.

Immer heftiger rief es am Strand; da wollten die Füße
  Mich nicht tragen, ich rief: Dora! und bist du nicht mein?
Ewig! sagtest du leise. Da schienen unsere Tränen,
  Wie durch göttliche Luft, leise vom Auge gehaucht.
Näher rief es: Alexis! Da blickte der suchende Knabe
  Durch die Türe herein. Wie er das Körbchen empfing!
Wie er mich trieb! Wie ich dir die Hand noch drückte! Zu Schiffe
  Wie ich gekommen? Ich weiß, daß ich ein Trunkener schien.
Und so hielten mich auch die Gesellen, schonten den Kranken;
  Und schon deckte der Hauch trüber Entfernung die Stadt.
Ewig! Dora, lispelst du; mir schallt es im Ohre
  Mit dem Donner des Zeus! Stand sie doch neben dem Thron,
Seine Tochter, die Göttin der Liebe; die Grazien standen
  Ihr zur Seiten! Er ist götterbekräftigt, der Bund!
O so eile denn, Schiff, mit allen günstigen Winden!
  Strebe, mächtiger Kid, trenne die schäumende Flut!
Bringe dem fremden Hafen mich zu, damit mir der Goldschmied
  In der Werkstatt gleich ordne das himmlische Pfand.
Wahrlich! zur Kette soll das Kettchen werden, o Dora!
  Neunmal umgebe sie dir, locker gewunden, den Hals.
Ferner schaff ich noch Schmuck, den mannigfaltigsten; goldne
  Spangen sollen dir auch reichlich verzieren die Hand:
Da wetteifre Rubin und Smaragd, der liebliche Saphir
  Stelle dem Hyazinth sich gegenüber, und Gold
Halte das Edelgestein in schöner Verbindung zusammen.
  O wie den Bräutigam freut, einzig zu schmücken die Braut!
Seh ich Perlen, so denk ich an dich; bei jeglichem Ringe
  Kommt mir der länglichen Hand schönes Gebild in den Sinn.
Tauschen will ich und kaufen; du sollst das Schönste von allem
  Wählen; ich widmete gern alle die Ladung nur dir.
Doch nicht Schmuck und Juwelen allein verschafft dein Geliebter:
  Was ein häusliches Weib freuet, das bringt er dir auch.
Feine wollene Decken mit Purpursäumen, ein Lager
  Zu bereiten, das uns traulich und weichlich empfängt;
Köstlicher Leinwand Stücke. Du sitzest und nähest und kleidest

Mich und dich und auch wohl noch ein drittes darein.
Bilder der Hoffnung, täuschet mein Herz! O mäßiget, Götter,
Diesen gewaltigen Brand, der mir den Busen durchtobt!
Aber auch sie verlang ich zurück, die schmerzliche Freude,
Wenn die Sorge sich kalt, gräßlich gelassen, mir naht.
Nicht der Erinnyen Fackel, das Bellen der höllischen Hunde
Schreckt den Verbrecher so in der Verzweiflung Gefild,
Als das gelaßne Gespenst mich schreckt, das die Schöne von fern mir
Zeiget: die Türe steht wirklich des Gartens noch auf!
Und ein anderer kommt! Für ihn auch fallen die Früchte!
Und die Feige gewährt stärkenden Honig auch ihm!
Lockt sie auch ihn nach der Laube? und folgt er? O macht mich, ihr Götte
Blind, verwischet das Bild jeder Erinnrung in mir!
Ja, ein Mädchen ist sie! und die sich geschwinde dem einen
Gibt, sie kehret sich auch schnell zu dem andern herum.
Lache nicht diesmal, Zeus, der frech gebrochenen Schwüre!
Donnere schrecklicher! Triff! – Halte die Blitze zurück!
Sende die schwankenden Wolken mir nach! Im nächtlichen Dunkel
Treffe dein leuchtender Blitz diesen unglücklichen Mast!
Streue die Planken umher und gib der tobendecn Welle
Diese Waren, und mich gib den Delphinen zum Raub! –
Nun, ihr Musen, genug! Vergebens strebt ihr zu schildern,
Wie sich Jammer und Glück wechseln in liebender Brust.
Heilen könnet die Wunden ihr nicht, die Amor geschlagen;
Aber Linderung kommt einzig, ihr Guten, von euch.

Der neue Pausias und sein Blumenmädchen

Pausias von Sicyon, der Maler, war als Jüngling in Glyceren, seine Mitbürgerin, verliebt, welche Blumenkänze zu winden einen sehr erfinderischen Geist hatte. Sie wetteiferten miteinander, und er brachte die Nachahmung der Blumen zur größten Mannigfaltigkeit. Endlich malte er seine Geliebte, sitzend, mit einem Kranze beschäftigt. Dieses Bild wurde für eins seiner besten gehalten und die Kranzwinderin oder Kranzhändlerin genannt, weil Glycere sich auf diese Weise als ein armes Mädchen ernährt hatte. Lucius Lucullus kaufte eine Kopie in Athen für zwei Talente.

Sie.
Schütte die Blumen nur her, zu meinen Füßen und deinen!
Welch ein chaotisches Bild holder Verwirrung du streust!

Er.
Du erscheinest als Liebe, die Elemente zu knüpfen;
Wie du sie bindest, so wird nun erst ein Leben daraus.

Sie.
Sanft berühre die Rose, sie bleib im Körbchen verborgen;
Wo ich dich finde, mein Freund, öffentlich reich ich sie dir.

Er.
Und ich tu, als kennt ich dich nicht, und danke dir freundlich;
Aber dem Gegengeschenk weichet die Geberin aus.

Sie.
Reiche die Hyazinthe mir nun und reiche die Nelke,
Daß die frühe zugleich neben der späteren sei.

Er.

Laß im blumigen Kreise zu deinen Füßen mich sitzen,
Und ich fülle den Schoß dir mit der lieblichen Schar

Sie.

Reiche den Faden mir erst; dann sollen die Gartenverwandten,
  Die sich von ferne nur sahn, nebeneinander sich freun.

Er.

Was bewundr' ich zuerst? was zuletzt? die herrlichen Blumen?
  Oder der Finger Geschick? oder der Wählerin Geist?

Sie.

Gib auch Blätter, den Glanz der blendenden Blumen zu mildern;
  Auch das Leben verlangt ruhige Blätter im Kranz.

Er.

Sage, was wählst du so lange bei diesem Strauße? Gewiß ist
  Dieser jemand geweiht, den du besonders bedenkst.

Sie.

Hundert Sträuße verteil ich des Tags und Kränze die Menge;
  Aber den schönsten doch bring ich am Abende dir.

Er.

Ach! wie wäre der Maler beglückt, der diese Gewinde
  Malte, das blumige Feld, ach! und die Göttin zuerst!

Sie.

Aber doch mäßig beglückt ist der, mich dünkt, der am Boden
  Hier sitzt, dem ich den Kuß reichend noch glücklicher bin.

Er.
Ach, Geliebte, noch einen! Die neidischen Lüfte des Morgens
Nahmen den ersten sogleich mir von den Lippen hinweg.

Sie.
Wie der Frühling die Blumen mir gibt, so geb ich die Küsse
Gern dem Geliebten; und hier sei mit dem Kusse
der Kranz.

Er.
Hätt ich das hohe Talent des Pausias glücklich empfangen:
Nachzubilden den Kranz, wär ein Geschäfte des Tags!

Sie.
Schön ist er wirklich. Sieh ihn nur an! Es wechseln die schönsten
Kinder Florens um ihn, bunt und gefällig, den Tanz.

Er.
In die Kelche versenkt ich mich dann und erschöpfte den süßen
Zauber, den die Natur über die Kronen ergoß.

Sie.
Und so fänd ich am Abend noch frisch den gebundenen Kranz hier;
Unverwelklich spräch uns von der Tafel er an.

Er.
Ach, wie fühl ich mich arm und unvermögend! wie wünscht ich
Festzuhalten das Glück, das mir die Augen versengt!

Sie.
Unzufriedener Mann! Du bist ein Dichter, und neidest
Jenes Alten Talent? Brauche das deinige doch!

Er.

Und erreicht wohl der Dichter den Schmelz der farbigen Blumen
Neben deiner Gestalt bleibt nur ein Schatten sein Wort!

Sie.

Aber vermag der Maler wohl auszudrücken: Ich liebe!
Nur dich lieb ich, mein Freund! lebe für dich nur allein!

Er.

Ach! und der Dichter selbst vermag nicht zu sagen: Ich liebe!
Wie du, himmlisches Kind, süß mir es schmeichelst ins Ohr.

Sie.

Viel vermögen sie beide; doch bleibt die Sprache des Kusses,
Mit der Sprache des Blicks, nur den Verliebten geschenkt.

Er.

Du vereinigest alles; du dichtest und malest mit Blumen:
Florens Kinder sind dir Farben und Worte zugleich.

Sie.

Nur ein vergängliches Werk entwindet der Hand sich des Mädchens
Jeden Morgen; die Pracht welkt vor dem Abende schon.

Er.

Auch so geben die Götter vergängliche Gaben und locken
Mit erneutem Geschenk immer die Sterblichen an.

Sie.

Hat dir doch kein Strauß, kein Kranz des Tages gefehlet
Seit dem ersten, der dich mir so von Herzen verband.

Er.

Ja, noch hängt er zu Hause, der erste Kranz, in der Kammer,
Welchen du mir, den Schmaus lieblich umwandelnd, gereicht.

Sie.

Da ich den Becher dir kränzte, die Rosenknospe hineinfiel,
Und du trankest und riefst: Mädchen, die Blumen sind Gift!

Er.

Und dagegen du sagtest: Sie sind voll Honig, die Blumen;
Aber die Biene nur findet die Süßigkeit aus.

Sie.

Und der rohe Timanth ergriff mich und sagte: Die Hummeln
Forschen des herrlichen Kelchs süße Geheimnisse wohl?

Er.

Und du wandtest dich weg und wolltest fliehen; es stürzten
Vor dem täppischen Mann Körbchen und Blumen hinab.

Sie.

Und du riefst ihm gebietend: Das Mädchen laß nur! die Sträuße,
So wie das Mädchen selbst, sind für den feineren Sinn.

Er.

Aber fester hielt er dich nur; es grinste der Lacher,
Und dein Kleid zerriß oben vom Nacken herab.

Sie.

Und du warfst in begeisterter Wut den Becher hinüber,
Daß er am Schädel ihm, häßlich vergossen, erklang.

Er.

Wein und Zorn verblendeten mich; doch sah ich den weißen
Nacken, die herrliche Brust, die du bedecktest, im Blick.

Sie.

Welch ein Getümmel ward und ein Aufstand! Purpurn das Blut lief,
Mit dem Weine vermischt, greulich dem Gegner vom Haupt.

Er.
Dich nur sah ich, nur dich am Boden kniend, verdrießlich;
Mit der einen Hand hieltst das Gewand du hinauf.

Sie.
Ach, da flogen die Teller nach dir! Ich sorgte, den edeln
Fremdling träfe der Wurf kreisend geschwungnen Metalls.

Er.
Und doch sah ich nur dich, wie rasch mit der anderen Hand du
Körbchen, Blumen und Kranz sammeltest unter dem Stuhl.

Sie.
Schützend tratest du vor, daß nicht mich verletzte der Zufall
Oder der zornige Wirt, weil ich das Mahl ihm gestört.

Er.
Ja, ich erinnre mich noch; ich nahm den Teppich, wie einer,
Der auf dem linken Arm gegen den Stier ihn bewegt.

Sie.
Ruhe gebot der Wirt und sinnige Freunde. Da schlüpft ich
Sachte hinaus; nach dir wendet ich immer den Blick.

Er.
Ach, du warst mir verschwunden! Vergebens sucht ich in allen
Winkeln des Hauses herum, sowie auf Straßen und Markt.

Sie.
Schamhaft blieb ich verborgen. Das unbescholtene Mädchen,
Sonst von den Bürgern geliebt, war nun das Märchen des Tags.

Er.
Blumen sah ich genug und Sträuße, Kränze die Menge;
Aber du fehltest mir, aber du fehltest der Stadt.

Sie.

Stille saß ich zu Hause. Da blätterte los sich vom Zweige
  Manche Rose, so auch dorrte die Nelke dahin.

Er.

Mancher Jüngling sprach auf dem Platz: Da liegen die Blumen!
  Aber die Liebliche fehlt, die sie verbände zum Kranz.

Sie.

Kränze band ich indessen zu Haus und ließ sie verwelken.
  Siehst du? da hangen sie noch, neben dem Herde, für dich.

Er.

Auch so welkte der Kranz, dein erstes Geschenk! Ich vergaß nicht
  Ihn im Getümmel, ich hing neben dem Bett mir ihn auf.

Sie.

Abends betrachtet ich mir die welkenden, saß noch und weinte,
  Bis in der dunkelen Nacht Farbe nach Farbe verlosch.

Er.

Irrend ging ich umher und fragte nach deiner Behausung;
  Keiner der Eitelsten selbst konnte mir geben Bescheid.

Sie.

Keiner hat je mich besucht, und keiner weiß die entlegne
  Wohnung; die Größe der Stadt birget die Ärmere leicht.

Er.

Irrend lief ich umher und flehte zur spähenden Sonne:
  Zeige mir, mächtiger Gott, wo du im Winkel ihr scheinst!

Sie.

Große Götter hörten dich nicht; doch Penia hört' es.
  Endlich trieb die Not nach dem Gewerbe mich aus.

Er.

Trieb nicht noch dich ein anderer Gott, den Beschützer zu suchen?
Hatte nicht Amor für uns wechselnde Pfeile getauscht?

Sie.

Spähend sucht ich dich auf bei vollem Markt, und ich sah dich!

Er.

Und es hielt das Gedräng keines der Liebenden auf.

Sie.

Schnell wir teilten das Volk, wir kamen zusammen, du standest,

Er.

Und du standest vor mir, ja! und wir waren allein.

Sie.

Mitten unter den Menschen! sie schienen nur Sträucher und Bäume,

Er.

Und mir schien ihr Getös nur ein Geriesel des Quells.

Sie.

Immer allein sind Liebende sich in der größten Versammlung;
Aber sind sie zu zwein, stellt auch der dritte sich ein.

Er.

Amor, ja! er schmückt sich mit diesen herrlichen Kränzen.
Schütte die Blumen nun doch fort, aus dem Schoße den Rest!

Sie.

Nun, ich schüttle sie weg, die schönen. In deiner Umarmung,
Lieber, geht mir auch heut wieder die Sonne nur auf.

Euphrosyne

Auch von des höchsten Gebirgs beeisten zackigen Gipfeln
  Schwindet Purpur und Glanz scheidender Sonne hinweg.
Lange verhüllt schon Nacht das Tal und die Pfade des Wandrers,
  Der, am tosenden Strom, auf zu der Hütte sich sehnt,
Zu dem Ziele des Tags, der stillen hirtlichen Wohnung;
  Und der göttliche Schlaf eilet gefällig voraus,
Dieser holde Geselle des Reisenden. Daß er auch heute
  Segnend kränze das Haupt mir mit dem heiligen Mohn!
Aber was leuchtet mir dort vom Felsen glänzend herüber
  Und erhellet den Duft schäumender Ströme so hold?
Strahlt die Sonne vielleicht durch heimliche Spalten und Klüfte?
  Denn kein irdischer Glanz ist es, der wandelnde, dort.
Näher wälzt sich die Wolke, sie glüht. Ich staune dem Wunder!
  Wird der rosige Strahl nicht ein bewegtes Gebild?
Welche Göttin nahet sich mir? und welche der Musen
  Suchet den treuen Freund selbst in dem grausen Geklüft?
Schöne Göttin! enthülle dich mir und täusche, verschwindend,
  Nicht den begeisterten Sinn, nicht das gerührte Gemüt!
Nenne, wenn du es darfst vor einem Sterblichen, deinen
  Göttlichen Namen; wo nicht: rege bedeutend mich auf,
Daß ich fühle, welche du seist von den ewigen Töchtern
  Zeus', und der Dichter sogleich preise dich würdig im Lied.
Kennst du mich, Guter, nicht mehr? Und käme diese Gestalt dir,
  Die du doch sonst geliebt, schon als ein fremdes Gebild?
Zwar der Erde gehör ich nicht mehr, und trauernd entschwang sich
  Schon der schaudernde Geist jugendlich frohem Genuß;
Aber ich hoffte mein Bild noch fest in des Freundes Erinnrung
  Eingeschrieben und noch schön durch die Liebe verklärt.
Ja, schon sagt mir gerührt dein Blick, mir sagt es die Träne:
  Euphrosyne, sie ist noch von dem Freunde gekannt.
Sieh, die Scheidende zieht durch Wald und grauses Gebirge,
  Sucht den wandernden Mann, ach! in der Ferne noch auf,
Sucht den Lehrer, den Freund, den Vater, blicket noch einmal

Nach dem leichten Gerüst irdischer Freuden zurück.
Laß mich der Tage gedenken, da mich, das Kind, du dem Spiele,
Jener täuschenden Kunst reizender Musen geweiht.
Laß mich der Stunde gedenken und jedes kleineren Umstands;
Ach, wer ruft nicht so gern Unwiederbringliches an!
Jenes süße Gedränge der leichtesten irdischen Tage,
Ach, wer schätzt ihn genug, diesen vereilenden Wert!
Klein erscheinet es nun, doch, ach! nicht kleinlich dem Herzen;
Macht die Liebe, die Kunst jegliches Kleine doch groß.
Denkst du der Stunde noch wohl, wie auf dem Brettergerüste
Du mich der höheren Kunst ernstere Stufen geführt?
Knabe schien ich, ein rührendes Kind, du nanntest mich Arthur
Und belebtest in mir britisches Dichtergebild,
Drohtest mit grimmiger Glut den armen Augen und wandtest
Selbst den tränenden Blick, innig getäuschet, hinweg.
Ach! da warst du so hold und schütztest ein trauriges Leben,
Das die verwegene Flucht endlich dem Knaben entriß.
Freundlich faßtest du mich, den Zerschmetterten, trugst mich von dannen,
Und ich heuchelte lang, dir an dem Busen, den Tod.
Endlich schlug die Augen ich auf und sah dich, in ernste,
Stille Betrachtung versenkt, über den Liebling geneigt.
Kindlich strebt ich empor und küßte die Hände dir dankbar,
Reichte zum reinen Kuß dir den gefälligen Mund;
Fragte: Warum, mein Vater, so ernst und hab ich gefehlet,
O so zeige mir an, wie mir das Beßre gelingt!
Keine Mühe verdrießt mich bei dir, und alles und jedes
Wiederhol ich so gern, wenn du mich leitest und lehrst.
Aber du faßtest mich stark und drücktest mich fester im Arme,
Und es schauderte mir tief in dem Busen das Herz.
Nein, mein liebliches Kind! so riefst du, alles und jedes,
Wie du es heute gezeigt, zeig es auch morgen der Stadt.
Rühre sie alle, wie mich du gerührt, und es fließen zum Beifall
Dir von dem trockensten Aug herrliche Tränen herab.
Aber am tiefsten trafst du doch mich, den Freund, der im Arm dich
Hält, den selber der Schein früherer Leiche geschreckt.

Ach, Natur, wie sicher und groß in allem erscheinst du!
Himmel und Erde befolgt ewiges, festes Gesetz;
Jahre folgen auf Jahre, dem Frühlinge reichet der Sommer,
Und dem reichlichen Herbst traulich der Winter die Hand.
Felsen stehen gegründet, es stürzt sich das ewige Wasser
Aus der bewölkten Kluft schäumend und brausend hinab.
Fichten grünen so fort, und selbst die entlaubten Gebüsche
Hegen im Winter schon heimliche Knospen am Zweig.
Alles entsteht und vergeht nach Gesetz; doch über des Menschen
Leben, dem köstlichen Schatz, herrschet ein schwankendes Los.
Nicht dem blühenden nickt der willig scheidende Vater,
Seinem trefflichen Sohn, freundlich vom Rande der Gruft;
Nicht der Jüngere schließt dem Älteren immer das Auge,
Das sich willig gesenkt, kräftig dem Schwächeren zu.
Öfter, ach! verkehrt das Geschick die Ordnung der Tage;
Hilflos klaget ein Greis Kinder und Enkel umsonst,
Steht, ein beschädigter Stamm, dem rings zerschmetterte Zweige
Um die Seiten umher strömende Schloßen gestreckt.
Und so, liebliches Kind, durchdrang mich die tiefe Betrachtung,
Als du zur Leiche verstellt über die Arme mir hingst;
Aber freudig seh ich dich mir in dem Glanze der Jugend,
Vielgeliebtes Geschöpf, wieder am Herzen belebt.
Springe fröhlich dahin, verstellter Knabe! Das Mädchen
Wächst zur Freude der Welt, mir zum Entzücken heran.
Immer strebe so fort, und deine natürlichen Gaben
Bilde, bei jeglichem Schritt steigenden Lebens, die Kunst.
Sei mir lange zur Lust, und eh mein Auge sich schließet,
Wünsch ich dein schönes Talent glücklich vollendet zu sehn. –
Also sprachst du, und nie vergaß ich der wichtigen Stunde;
Deutend entwickelt ich mich an dem erhabenen Wort.
O wie sprach ich so gerne zum Volk die rührenden Reden,
Die du, voller Gehalt, kindlichen Lippen vertraut!
O wie bildet ich mich an deinen Augen und suchte
Dich im tiefen Gedräng staunender Hörer heraus!
Doch dort wirst du nun sein und stehn, und nimmer bewegt sich

Euphrosyne hervor, dir zu erheitern den Blick.
Du vernimmst sie nicht mehr, die Töne des wachsenden Zöglings,
Die du zu liebendem Schmerz frühe, so frühe! gestimmt.
Andere kommen und gehn; es werden dir andre gefallen,
Selbst dem großen Talent drängt sich ein größeres nach.
Aber du, vergesse mich nicht! Wenn eine dir jemals
Sich im verworrnen Geschäft heiter entgegen bewegt,
Deinem Winke sich fügt, an deinem Lächeln sich freuet
Und am Platze sich nur, den du bestimmtest, gefällt,
Wenn sie Mühe nicht spart noch Fleiß, wenn tätig der Kräfte,
Selbst bis zur Pforte des Grabs, freudiges Opfer sie bringt,
Guter, dann gedenkest du mein und rufest auch spät noch:
Euphrosyne, sie ist wieder erstanden vor mir!
Vieles sagt ich noch gern; doch, ach! die Scheidende weilt nicht,
Wie sie wollte; mich führt streng ein gebietender Gott.
Lebe wohl! schon zieht mich's dahin in schwankendem Eilen.
Einen Wunsch nur vernimm, freundlich gewähre mir ihn:
Laß nicht ungerühmt mich zu den Schatten hinabgehn!
Nur die Muse gewährt einiges Leben dem Tod.
Denn gestaltlos schweben umher in Persephoneias
Reiche, massenweis, Schatten vom Namen getrennt;
Wen der Dichter aber gerühmt, der wandelt, gestaltet,
Einzeln, gesellet dem Chor aller Heroen sich zu.
Freudig tret ich einher, von deinem Liede verkündet,
Und der Göttin Blick weilet gefällig auf mir.
Mild empfängt sie mich dann und nennt mich; es winken die hohen,
Göttlichen Frauen mich an, immer die nächsten am Thron.
Penelopeia redet zu mir, die treuste der Weiber,
Auch Euadne, gelehnt auf den geliebten Gemahl.
Jüngere nahen sich dann, zu früh herunter gesandte,
Und beklagen mit mir unser gemeines Geschick.
Wenn Antigone kommt, die schwesterlichste der Seelen,
Und Polyxena, trüb noch von dem bräutlichen Tod,
Seh ich als Schwestern sie an und trete würdig zu ihnen;
Denn der tragischen Kunst holde Geschöpfe sind sie.

»Bildete doch ein Dichter auch mich; und seine Gesänge,
Ja, sie vollenden an mir, was mir das Leben versagt.«
Also sprach sie, und noch bewegte der liebliche Mund sich,
Weiter zu reden; allein schwirrend versagte der Ton.
Denn aus dem Purpurgewölk, dem schwebenden, immer bewegten,
Trat der herrliche Gott Hermes gelassen hervor;
Mild erhob er den Stab und deutete; wallend verschlangen
Wachsende Wolken, im Zug, beide Gestalten vor mir.
Tiefer liegt die Nacht um mich her; die stürzenden Wasser
Brausen gewaltiger nun neben dem schlüpfrigen Pfad.
Unbezwingliche Trauer befällt mich, entkräftender Jammer
Und ein moosiger Fels stützet den Sinkenden nur.
Wehmut reißt durch die Saiten der Brust; die nächtlichen Tränen
Fließen, und über dem Wald kündet der Morgen sich an.

Das Wiedersehn

Er.

Süße Freundin, noch einen, nur einen Kuß noch gewähre
Diesen Lippen! Warum bist du mir heute so karg?
Gestern blühte wie heute der Baum; wir wechselten Küsse
Tausendfältig; dem Schwarm Bienen verglichst du sie ja,
Wie sie den Blüten sich nahn und saugen, schweben und wieder
Saugen, und lieblicher Ton süßcn Genusses erschallt.
Alle noch üben das holde Geschäft. Und wäre der Frühling
Uns vorübergeflohn, eh sich die Blüte zerstreut?

Sie.

Träume, lieblicher Freund, nur immer; rede von gestern!
Gerne hör ich dich an, drücke dich redlich ans Herz.
Gestern, sagst du? – Es war, ich weiß, ein köstliches Gestern;
Worte verklangen im Wort, Küsse verdrängten den Kuß.

Schmerzlich war's, zu scheiden am Abende, traurig die lange
Nacht von gestern auf heut, die den Getrennten gebot.
Doch der Morgen kehret zurück. Ach, daß mir indessen
Zehnmal, leider! der Baum Blüten und Früchte gebracht!

Amyntas

Nikias, trefflicher Mann, du Arzt des Leibs und der Seele!
Krank, ich bin es fürwahr; aber dein Mittel ist hart.
Ach! mir schwanden die Kräfte dahin, dem Rate zu folgen;
Ja, und es scheinet der Freund schon mir ein Gegner zu sein.
Widerlegen kann ich dich nicht; ich sage mir alles,
Sage das härtere Wort, das du verschweigest, mir auch.
Aber, ach! das Wasser entstürzt der Steile des Felsens
Rasch, und die Welle des Bachs halten Gesänge nicht auf.
Rast nicht unaufhaltsam der Sturm? und wälzet die Sonne
Sich von dem Gipfel des Tags nicht in die Wellen hinab?
Und so spricht mir rings die Natur: Auch du bist, Amyntas,
Unter das strenge Gesetz ehrner Gewalten gebeugt.
Runzle die Stirne nicht tiefer, mein Freund, und höre gefällig,
Was mich gestern ein Baum dort an dem Bache gelehrt.
Wenig Äpfel trägt er mir nur, der sonst so beladne;
Sieh, der Efeu ist schuld, der ihn gewaltig umgibt.
Und ich faßte das Messer, das krummgebogene, scharfe,
Trennte schneidend und riß Ranke nach Ranken herab;
Aber ich schauderte gleich, als tief erseufzend und kläglich
Aus den Wipfeln zu mir lispelnde Klage sich goß:
O verletze mich nicht! den treuen Gartengenossen,
Dem du als Knabe, so früh, manche Genüsse verdankt.
O verletze mich nicht! du reißest mit diesem Geflechte,
Das du gewaltig zerstörst, grausam das Leben mir aus.
Hab ich nicht selbst sie genährt und sanft sie herauf mir erzogen?
Ist wie mein eigenes Laub nicht mir das ihre verwandt?
Soll ich nicht lieben die Pflanze, die, meiner einzig bedürftig,

Still mit begieriger Kraft mir um die Seite sich schlingt?
Tausend Ranken wurzelten an, mit tausend und tausend
Fasern senket sie fest mir in das Leben sich ein.
Nahrung nimmt sie von mir; was ich bedürfte, genießt sie,
Und so saugt sie das Mark, sauget die Seele mir aus.
Nur vergebens nähr ich mich noch; die gewaltige Wurzel
Sendet lebendigen Safts, ach! nur die Hälfte hinauf
Denn der gefährliche Gast, der geliebteste, maßet behende
Unterweges die Kraft herbstlicher Früchte sich an.
Nichts gelangt zur Krone hinauf; die äußersten Wipfel
Dorren, es dorret der Ast über dem Bache schon hin.
Ja, die Verräterin ist's! sie schmeichelt mir Leben und Güter,
Schmeichelt die strebende Kraft, schmeichelt die Hoffnung mir ab.
Sie nur fühl ich, nur sie, die umschlingende, freue der Fesseln,
Freue des tötenden Schmucks fremder Umlaubung mich nur.
Halte das Messer zurück, o Nikias! schone den Armen,
Der sich in liebender Lust, willig gezwungen, verzehrt!
Süß ist jedeVerschwendung; o laß mich der schönsten genießen!
Wer sich der Liebe vertraut, hält er sein Leben zu Rat?

Hermann und Dorothea

Also das wäre Verbrechen, daß einst Properz mich begeistert,
Daß Martial sich zu mir auch, der verwegne, gesellt?
Daß ich die Alten nicht hinter mir ließ, die Schule zu hüten,
Daß sie nach Latium gern mir in das Leben gefolgt ?
Daß ich Natur und Kunst zu schaun mich treulich bestrebe,
Daß kein Name mich täuscht, daß mich kein Dogma beschränkt?
Daß nicht des Lebens bedingender Drang mich, den Menschen, verändert,
Daß ich der Heuchelei dürftige Maske verschmäht?
Solcher Fehler, die du, o Muse, so emsig gepfleget,
Zeihet der Pöbel mich; Pöbel nur sieht er in mir.
Ja, sogar der Bessere selbst, gutmütig und bieder,

Will mich anders; doch du, Muse, befiehlst mir allein.
Denn du bist es allein, die noch mir die innere Jugend
Frisch erneuest und sie mir bis zu Ende versprichst.
Aber verdopple nunmehr, o Göttin, die heilige Sorgfalt!
Ach! die Scheitel umwallt reichlich die Locke nicht mehr:
Da bedarf man der Kränze, sich selbst und andre zu täuschen;
Kränzte doch Cäsar selbst nur aus Bedürfnis das Haupt.
Hast du ein Lorbeerreis mir bestimmt, so laß es am Zweige
Weiter grünen und gib einst es dem Würdigern hin;
Aber Rosen winde genug zum häuslichen Kranze;
Bald als Lilie schlingt silberne Locke sich durch.
Schüre die Gattin das Feuer, auf reinlichem Herde zu kochen;
Werfe der Knabe das Reis, spielend, geschäftig dazu!
Laß im Becher nicht fehlen den Wein! Gesprächige Freunde,
Gleichgesinnte, herein! Kränze, sie warten auf euch.
Erst die Gesundheit des Mannes, der, endlich vom Namen Homeros
Kühn uns befreiend, uns auch ruft in die vollere Bahn.
Denn wer wagte mit Göttern den Kampf? und wer mit dem Einen?
Doch Homeride zu sein, auch nur als letzter, ist schön.
Darum höret das neuste Gedicht! Noch einmal getrunken!
Euch besteche der Wein, Freundschaft und Liebe das Ohr.
Deutschen selber fuhr ich euch zu, in die stillere Wohnung,
Wo sich, nah der Natur, menschlich der Mensch noch erzieht;
Uns begleite des Dichters Geist, der seine Luise
Rasch dem würdigen Freund, uns zu entzücken, verband.
Auch die traurigen Bilder der Zeit, sie führ ich vorüber,
Aber es siege der Mut in dem gesunden Geschlecht.
Hab ich euch Tränen ins Auge gelockt und Lust in die Seele
Singend geflößt, so kommt, drücket mich herzlich ans Herz!
Weise denn sei das Gespräch! Uns lehret Weisheit am Ende
Das Jahrhundert; wen hat das Geschick nicht geprüft
Blicket heiterer nun auf jene Schmerzen zurücke,
Wenn euch ein fröhlicher Sinn manches entbehrlich erklärt!
Menschen lernten wir kennen und Nationen; so laßt uns,
Unser eigenes Herz kennend, uns dessen erfreun.

EPI STELN

Jetzt, da jeglicher liest und viele Leser das Buch nur
Ungeduldig durchblättern und, selbst die Feder ergreifend,
Auf das Büchlein ein Buch mit seltner Fertigkeit pfropfen,
Soll auch ich, du willst es, mein Freund, dir über das Schrciben
Schreibend, die Menge vermehren und meine Meinung verkünden,
Daß auch andere wieder darüber meinen und immer
So ins Unendliche fort die schwankende Woge sich wälze.
Doch so fährt der Fischer dem hohen Meer zu, sobald ihm
Günstig der Wind und der Morgen erscheint; er treibt sein Gewerbe,
Wenn auch hundert Gesellen die blinkende Fläche durchkreuzen.

Edler Freund, du wünschest das Wohl des Menschengeschlechtes,
Unserer Deutschen besonders und ganz vorzüglich des nächsten
Bürgers, und fürchtest die Folgen gefährlicher Bücher; wir haben
Leider oft sie gesehn. Was sollte man, oder was könnten
Biedere Männer vereint, was könnten die Herrscher bewirken?
Ernst und wichtig erscheint mir die Frage, doch trifft sie mich eben
In vergnüglicher Stimmung. Im warmen heiteren Wetter
Glänzet fruchtbar die Gegend, mir bringen liebliche Lüfte
Über die wallende Flut süß duftende Kühlung herüber.
Und dem Heitern erscheint die Welt auch heiter, und ferne
Schwebt die Sorge mir nur in leichten Wölkchen vorüber.

Was mein leichter Griffel entwirft, ist leicht zu verlöschen,
Und viel tiefer präget sich nicht der Eindruck der Lettern,
Die, so sagt man, der Ewigkeit trotzen. Freilich an viele
Spricht die gedruckte Kolumne; doch bald, wie jeder sein Antlitz,
Das er im Spiegel gesehen, vergißt, die behaglichen Züge,
So vergißt er das Wort, wenn auch von Erze gestempelt.
Reden schwanken so leicht herüber, hinüber, wenn viele
Sprechen und jeder nur sich im eigenen Worte, sogar auch

Nur sich selbst im Worte vernimmt, das der andere sagte.
Mit den Büchern ist es nicht anders. Liest doch nur jeder
Aus dem Buch sich heraus, und ist er gewaltig, so liest er
In das Buch sich hinein, amalgamiert sich das Fremde.
Ganz vergebens strebst du daher, durch Schriften des Menschen
Schon entschiedenen Hang und seine Neigung zu wenden;
Aber bestärken kannst du ihn wohl in seiner Gesinnung,
Oder, wär er noch neu, in dieses ihn tauchen und jenes.

Sag ich, wie ich es denke, so scheint durchaus mir: es bildet
Nur das Leben den Mann, und wenig bedeuten die Worte.
Denn zwar hören wir gern, was unsre Meinung bestätigt,
Aber das Hören bestimmt nicht die Meinung; was uns zuwider
Wäre, glaubten wir wohl dem künstlichen Redner; doch eilet
Unser befreites Gemüt, gewohnte Bahnen zu suchen.
Sollen wir freudig horchen und willig gehorchen, so mußt du
Schmeicheln. Sprichst du zum Volke, zu Fürsten und Königen, allen
Magst du Geschichten erzählen, worin als wirklich erscheinet,
Was sie wünschen und was sie selber zu leben begehrten.

Wäre Homer von allen gehört, von allen gelesen,
Schmeichelt' er nicht dem Geiste sich ein, es sei auch der Hörer,
Wer er sei, und klinger nicht immer im hohen Palaste,
In des Königes Zelt, die Ilias herrlich dem Helden?
Hört nicht aber dagegen Ulyssens wandernde Klugheit
Auf dem Markte sich besser, da wo sich der Bürger versammelt?
Dort sieht jeglicher Held in Helm und Harnisch, es sieht hier
Sich der Bettler sogar in seinen Lumpen veredelt.
Also hört ich einmal am wohlgepflasterten Ufer
Jener neptunischen Stadt, allwo man geflügelte Löwen
Göttlich verehrt, ein Märchen erzählen. Im Kreise geschlossen,
Drängte das horchende Volk sich um den zerlumpten Rhapsoden.
Einst, so sprach er, verschlug mich der Sturm ans Ufer der Insel,
Die Utopien heißt. Ich weiß nicht, ob sie ein andrer
Dieser Gesellschaft jemals betrat; sie lieget im Meere,

Links von Herkules' Säulen. Ich ward gar freundlich empfangen;
In ein Gasthaus führte man mich, woselbst ich das beste
Essen und Trinken fand und weiches Lager und Pflege.
So verstrich ein Monat geschwind. Ich hatte des Kummers
Völlig vergessen und jeglicher Not; da fing sich im stillen
Aber die Sorge nun an: wie wird die Zeche dir leider
Nach der Mahlzeit bekommen? Denn nichts enthielte der Säckel.
Reiche mir weniger! bat ich den Wirt; er brachte nur immer
Desto mehr! Da wuchs mir die Angst, ich konnte nicht länger
Essen und sorgen und sagte zuletzt: Ich bitte, die Zeche
Billig zu machen, Herr Wirt! Er aber mit finsterem Auge
Sah von der Seite mich an, ergriff den Knüttel und schwenkte
Unbarmherzig ihn über mich her und traf mir die Schultern,
Traf den Kopf und hätte beinah mich zu Tode geschlagen.
Eilend lief ich davon und suchte den Richter; man holte
Gleich den Wirt, der ruhig erschien und bedächtig versetzte:

Also müß es allen ergehn, die das heilige Gastrecht
Unserer Insel verletzen und, unanständig und gottlos,
Zeche verlangen vom Manne, da sie doch höflich bewirtet.
Sollt ich solche Beleidigung dulden im eigenen Hause?
Nein! es hätte fürwahr statt meines Herzens ein Schwamm nur
Mir im Busen gewohnt, wofern ich dergleichen gelitten.

Darauf sagte der Richter zu mir: Vergesset die Schläge,
Denn Ihr habt die Strafe verdient, ja, schärfere Schmerzen;
Aber wollt Ihr bleiben und mitbewohnen die Insel,
Müsset Ihr Euch erst würdig beweisen und tüchtig zum Bürger.
Ach ! versetzt ich, mein Herr, ich habe leider mich niemals
Gerne zur Arbeit gefügt. So hab ich auch keine Talente,
Die den Menschen bequemer ernähren; man hat mich im Spott nur
Hans Ohnsorge genannt und mich von Hause vertrieben.

Oh, so sei uns gegrüßt! versetzte der Richter; du sollst dich
Oben setzen zu Tisch, wenn sich die Gemeine versammelt,

Sollst im Rate den Platz, den du verdienest, erhalten.
Aber hüte dich wohl, daß nicht ein schändlicher Rückfall
Dich zur Arbeit verleite, daß man nicht etwa das Grabscheit
Oder das Ruder bei dir im Hause finde, du wärest
Gleich auf immer verloren und ohne Nahrung und Ehre.
Aber auf dem Markte zu sitzen, die Arme geschlungen
Über dem schwellenden Bauch, zu hören lustige Lieder
Unserer Sänger, zu sehn die Tänze der Mädchen, der Knaben
Spiele, das werde dir Pflicht, die du gelobest und schwörest.

So erzählte der Mann, und heiter waren die Stirnen
Aller Hörer geworden, und alle wünschten des Tages
Solche Wirte zu finden, ja, solche Schläge zu dulden.

Zweite Epistel

Würdiger Freund, du runzelst die Stirn; dir scheinen die Scherze
Nicht am rechten Orte zu sein; die Frage war ernsthaft,
Und besonnen verlangst du die Antwort; da weiß ich, beim Himmel!
Nicht, wie eben sich mir der Schalk im Busen bewegte.
Doch ich fahre bedächtiger fort. Du sagst mir: So möchte
Meinetwegen die Menge sich halten im Leben und Lesen,
Wie sie könnte; doch denke dir nur die Töchter im Hause,
Die mir der kuppelnde Dichter mit allem Bösen bekannt macht.

Dem ist leichter geholfen, versetz ich, als wohl ein andrer
Denken möchte. Die Mädchen sind gut und machen sich gerne
Was zu schaffen. Da gib nur dem einen die Schlüssel zum Keller,
Daß es die Weine des Vaters besorge, sobald sie, vom Winzer
Oder vom Kaufmann geliefert, die weiten Gewölbe bereichern.
Manches zu schaffen hat ein Mädchen, die vielen Gefäße,
Leere Fässer und Flaschen in reinlicher Ordnung zu halten.
Dann betrachtet sie oft des schäumenden Mostes Bewegung,
Gießt das Fehlende zu, damit die wallenden Blasen

Leicht die Öffnung des Fasses erreichen, trinkbar und helle
Endlich der edelste Saft sich künftigen Jahren vollende.
Unermüdet ist sie alsdann, zu füllen, zu schöpfen,
Daß stets geistig der Trank und rein die Tafd belebe.

Laß der andern die Küche zum Reich; da gibt es, wahrhaftig!
Arbeit genug, das tägliche Mahl durch Sommer und Winter
Schmackhaft stets zu bereiten und ohne Beschwerde des Beutels.
Denn im Frühjahr sorget sie schon, im Hofe die Küchlein
Bald zu erziehen und bald die schnatternden Enten zu füttern.
Alles, was ihr die Jahrszeit gibt, das bringt sie beizeiten
Dir auf den Tisch und weiß mit jeglichem Tage die Speisen
Klug zu wechseln, und reift nur eben der Sommer die Früchte,
Denkt sie an Vorrat schon für den Winter. Im kühlen Gewölbe
Gärt ihr der kräftige Kohl und reifen im Essig die Gurken;
Aber die luftige Kammer bewahrt ihr die Gaben Pomonens.
Gerne nimmt sie das Lob vom Vater und allen Geschwistern,
Und mißlingt ihr etwas, dann ist's ein größeres Unglück,
Als wenn dir ein Schuldner entläuftund den Wechsel zurückläßt.
Immer ist so das Mädchen beschäftigt und reifet im stillen
Häuslicher Tugend entgegen, den klugen Mann zu beglücken.
Wünscht sie dann endlich zu lesen, so wählt sie gewißlich ein Kochbuch,
Deren Hunderte schon die eifrigen Pressen uns gaben.

Eine Schwester besorget den Garten, der schwerlich zur Wildnis,
Deine Wohnung romantisch und feucht zu umgeben, verdammt ist,
Sondern in zierliche Beete geteilt, als Vorhof der Küche,
Nützliche Kräuter ernährt und jugendbeglückende Früchte.
Patriarchalisch erzeuge so selbst dir ein kleines gedrängtes
Königreich und bevölkre dein Haus mit treuem Gesinde.
Hast du der Töchter noch mehr, die lieber sitzen und stille
Weibliche Arbeit verrichten, da ist's noch besser; die Nadel
Ruht im Jahre nicht leicht; denn, noch so häuslich im Hause,
Mögen sie öffentlich gern als müßige Damen erscheinen.
Wie sich das Nähen und Flicken vermehrt, das Waschen und Bügeln,

Hundertfältig, seitdem in weißer arkadischer Hülle Sich das Mädchen gefällt, mit langen Röcken und
Schleppen Gassen kehret und Gärten und Staub erreget im Tanzsaal.
Wahrlich! wären mir nur der Mädchen ein Dutzend im Hause,
Niemals wär ich verlegen um Arbeit, sie machen sich Arbeit
Selber genug, es sollte kein Buch im Laufe des Jahres
Über die Schwelle mir kommen, vom Bücherverleiher gesendet.

SEINER-ZEIT-GENOSSEN

Als Anhang finden Sie hier eine kleine Auswahl lobender, kritischer und parodierender Verse zum Thema »Goethe«.

Goethe, der Götter Güte

Von August Wilhelm Schlegel

Bewundert nur die feingeschnitzten Götzen,
Und laßt als Meister, Führer, Freund uns Goethen:
Euch wird nach seines Geistes Morgenröten
Apollos goldner Tag nicht mit ergötzen.

Der lockt kein frisches Grün aus dürren Klötzen,
Man haut sie um, wo Feurung ist vonnöten.
Einst wird die Nachwelt all die Unpoeten
Korrekt versteinert sehn zu ganzen Flözen.

Die Goethen nicht erkennen, sind nur Goten,
Die Blöden blendet jede neue Blüte,
Und, Tote selbst, begraben sie die Toten.

Uns sandte, Goethe, dich der Götter Güte,
Befreundet mit der Welt durch solchen Boten,
Göttlich von Namen, Blick, Gestalt, Gemüte.

Vom göttlichen Goethe

von Gottfried August Bürger

Wer sollt es aber wagen,
Vom göttlichen Goethe zu sagen,
In Dramen ihm gleich zu sein?
Er baut auf wächserne Flügel,
Ich geb ihm Brief und Siegel,
Er fällt ins Wasser hinein!

Nicht unfehlbar

von Friederike Kempner

Auch Goethe war nicht unfehlbar,
Was auch die Goethe-Jünger meinen:
Was sich nicht schickt, schickt sich für keinen,
Für jeden das, was recht und wahr!

Will auch gelebet sein

von Franz Grillparzer

Wo du stehst im Kreis der Wesen,
Stellt er sich als Führer ein;
Doch will er nicht bloß gelesen,
Er will auch gelebet sein.

Friederike von Sesenheim

von Moritz August Nobbe

Nicht schmücket dich der Zauber der Antike,
Der uns berückt die schönheitstrunknen Sinne –
Im sanftren Lichte treuer Frauenminne
Erscheinst du unsern Blicken, Friederike.

Enttäuscht in deinem Hoffen, deinem Lieben,
Hast du des Glückes Hinfall still ertragen,
Und hast in mildem, rührendem Entsagen
Des Frauenleides volle Bahn umschrieben.

Warum auch mußte dein Geschick dich führen
Heraus aus deines Friedens stillem Kreise?
Warum auch mußten deine Lebensgleise
Die Sonnenbahn des Genius berühren?

Zwar ein Moment nur war's, dann trennten wieder
Die Bahnen sich; die seine, sonnig-heiter,
Erhob in kühnem Schwung sich prachtvoll weiter –
Die deine senkte sich bescheiden nieder.

Dir aber war genug geschehn für immer!
Zu blendend war des Augenblickes Helle;
Wie hätte auch für den, der in die Quelle
Des Lichts geblickt, die Welt noch Glanz und Schimme

O wäre nie der holden Dämmrung Hülle,
Die dich umgab, vom Glanz des Lichts betroffen –
O hätte sich dein Lieben und dein Hoffen
Entfalten dürfen ungesehn und stille!

Zwar der Unsterblichkeit geweihter Orden,
Er würde nimmer deine Brust dann schmücken;
Du würdest keine Herzen mehr entzücken –
Doch glaub' ich, du wärst glücklicher geworden!

Freier Goethe, du

von Johann Heinrich Voß

Wo du edel entbrannt, wo hochgelahrte
Diener Justinians Banditen zogen
Die in Roms Labyrinthen
Würgen das Recht der Vernunft;

Freier Goethe, du darfst die goldne Fessel
Aus des Griechen Gesang geschmiedet, höhnen!
Shakespeare durft' es und Klopstock.
Söhne, gleich ihm, der Natur!

Mag doch Heinrichs Homer, im trägen Mohnkranz,
Mag der große Corneill' am Aristarchen-
Throne knieend, das Klatschen
Staunender Leutlein erflehn!

Deutsch und eisern, wie Götz, sprich Hohn den Schurken
Mit der Fessel im Arm! Des Sumpfes Schreier
Schmäht der Leu zu zerstampfen
Wandelt durch Wälder und herrscht!

Herz, mein Herz

von Ludwig Eichrodt

Herz, mein Herz, was ficht dich an,
Daß dir's flumrig ist?
Sprich, warum, wieso, wie wann,
Wo dich das verdrießt?

Ach, ob auch schon tausendmal
Lieschen ich geküßt,
Ueber aller Zahlen Zahl
Schwindelt mein Gelüst (. . .)

Ach, dem Monde zürn' ich, der
Ihr an's Lager schleicht,
Und – säh' ich sie nimmer mehr,
Stürbe ich vielleicht!

Erlkönigs Tochter

von Johann Gottfried Herder

Herr Oluf reitet spät und weit,
Zu bieten auf seine Hochzeitleut;

Da tanzen die Elfen auf grünem Land,
Erkönigs Tochter reicht ihm die Hand.

»Willkommen, Herr Oluf! Was eilst von hier?
Tritt her in den Reigen und tanz mit mir.«

»Ich darf nicht tanzen, nicht tanzen ich mag,
Frühmorgen ist mein Hochzeittag.«

»Hör an, Herr Oluf, tritt tanzen mit mir,
Zwei güldne Sporne schenk ich dir.

Ein Hemd von Seide so weiß und fein,
Meine Mutter bleicht's mit Mondenschein.«

»Ich darf nicht tanzen, nicht tanzen ich mag,
Frühmorgen ist mein Hochzeittag.«

»Hör an, Herr Oluf, tritt tanzen mit mir,
Einen Haufen Goldes schenk ich dir.«

»Einen Haufen Goldes nähm ich wohl;
Doch tanzen ich nicht darf noch soll.«

»Und willt, Herr Oluf, nicht tanzen mit mir,
Soll Seuch und Krankheit folgen dir.«

Sie tät einen Schlag ihm auf sein Herz,
Noch nimmer fühlt er solchen Schmerz.

Sie hob ihn bleichend auf sein Pferd.
»Reit heim nun zu dein'm Fräulein wert.«

Und als er kam vor Hauses Tür,
Seine Mutter zitternd stand dafür.

»Hör an, mein Sohn, sag an mir gleich,
Wie ist dein' Farbe blaß und bleich?«

»Und sollt sie nicht sein blaß und bleich.
Ich trat in Erlenkönigs Reich.«

»Hör an, mein Sohn, so lieb und traut,
Was soll ich nun sagen deiner Braut?«

»Sag ihr, ich sei im Wald zur Stund,
Zu proben da mein Pferd und Hund.«

Frühmorgen und als es Tag kaum war,
Da kam die Braut mit der Hochzeitschar.

Sie schenkten Met, sie schenkten Wein;
»Wo ist Herr Oluf, der Bräutigam mein?«

»Herr Oluf, er ritt in den Wald zur Stund,
Er probt allda sein Pferd und Hund.«

Die Braut hob auf den Scharlach rot,
Da lag Herr Oluf und war tot.

Girre nicht wie Werther!

Von Heinrich Heine

Deutscher Sänger! sing und preise
Deutsche Freiheit, daß dein Lied
Unsrer Seelen sich bemeistre
Und zu Taten uns begeistre,
In Marseillerhymnenweise.

Girre nicht mehr wie ein Werther,
Welcher nur für Lotten glüht –
Was die Glocke hat geschlagen,
Sollst du deinem Volke sagen,
Rede Dolche, rede Schwerter!

Sei nicht mehr die weiche Flöte,
Das idyllische Gemüt –
Sei des Vaterlands Posaune,
Sei Kanone, sei Kartaune,
Blase, schmettre, donnre, töte!

Blase, schmettre, donnre täglich,
Bis der letzte Dränger flieht –
Singe nur in dieser Richtung,
Aber halte deine Dichtung
Nur so allgemein als möglich.

An einen ehemaligen Goetheaner

von Heinrich Heine

Hast du wirklich dich erhoben
Aus dem müßig kalten Dunstkreis,
Womit einst der kluge Kunstgreis
Doch von Weimar aus umwoben?

G'nügt dir nicht mehr die Bekanntschaft
Seiner Klärchen, seiner Gretchen?
Fliehst du Serlos keusche Mädchen
Und Ottiliens Wahlverwandtschaft?

Nur Germanien willst du dienen,
Und mit Mignon ist's vorbei heut,
Und du strebst nach größrer Freiheit,
Als du fandest bei Philinen?

Für des Volkes Oberhoheit
Lünebürgertümlich kämpfst du,
Und mit kühnen Worten dämpfst du
Der Despoten Bundesroheit!

In der Fern' hör' ich mit Freude,
Wie man voll von deinem Lob ist,
Und wie du der Mirabeau bist
Von der Lüneburger Heide.

Das projektierte Denkmal Goethes zu Frankfurt a.M.

von Heinrich Heine

Hört zu, ihr deutschen Männer, Mädchen, Frauen,
Und sammelt Subskribenten unverdrossen!
Frankfurts Bewohner haben jetzt beschlossen,
Ein Ehrenmal Goethen zu erbauen.

Zur Meßzeit wird der fremde Krämer schauen –
So denken sie -, daß wir des Manns Genossen,
Daß unserm Boden solche Blum' entsprossen,
Und blindlings wird man uns im Handel trauen.

O laßt dem Dichter seine Lorbeerreiser,
Ihr Handelsherrn! Behaltet euer Geld.
Ein Denkmal hat sich Goethe selbst gesetzt.

In Windeln war er einst euch nah; doch jetzt
Trennt euch von Goethe eine ganze Welt
Euch, die ein Flüßlein trennt vom Sachsenhäuser.

Der neue Alexander

von Heinrich Heine

Es ist ein König in Thule, der trinkt
Champagner, es geht ihm nichts drüber;
Und wenn er seinen Champagner trinkt,
Dann gehen die Augen ihm über.

Die Ritter sitzen um ihn her,
Die ganze historische Schule;
Ihm aber wird die Zunge schwer,
Es lallt der König von Thule:

Als Alexander, der Griechenheld,
Mit seinem kleinen Haufen
Erobert hatte die ganze Welt,
da gab er sich ans Saufen.

Und hatten so durstig gemacht der Krieg
Und die Schlachten, die er geschlagen;
Er soff sich zu Tode nach dem Sieg,
Er konnte nicht viel vertragen.

Ich aber bin ein stärkerer Mann
Und habe mich klüger besonnen:
Wie jener endete, fang' ich an,
Ich hab' mit dem Trinken begonnen.

Im Rausche wird der Heldenzug
Mir später weit besser gelingen;
Dann werde ich, taumelnd von Krug zu Krug,
Die ganze Welt bezwingen.

Ich denke dein

von Theodor Körner

Ich denke dein im Morgenlicht des Maien
Im Sonnenglanz;
Ich denke dein, wenn mich die Sterne freuen
Am Himmelskranz.

Ich sorg' um dich, wenn in des Berges Wettern
Der Donner lauscht;
Du schwebst vor mir, wenn in den dunkeln Blättern
Der Zephir rauscht.

Ich höre dich, wenn bei des Abends Gluten
Die Lerche schwirrt;
Ich denke dein, wenn durch des Deiches Fluten
Der Nachen irrt.

Wir sind vereint, uns raubt der Tod vergebens
Der Liebe Lust;
O, laß mich ruhn, du Sonne meines Lebens
An deiner Brust!

Ich denke dein

von Eginhardt

Ich denke dein, wenn aus den Wolken oben
Der Donner kracht!
Oft hast du's ja, mit Schelten und mit Toben,
Ihm nachgemacht.

Ich sehe dich, wenn unser Weiberspittel
Spazieren geht.
Wenn um die Säbelbeine flott der Kittel
Im Weste weht.

Ich höre dich, wenn heis're Raben krächzen,
Beim Flug' zur Rast;
Wenn unsere dicken Nudelgänse ächzen,
Zerplatzend fast.

Ich bin bei dir, ertönt auch in der Schenke
Manch' lust'ges Wort;
Ich kehre bang' nach Hause dann, und denke:
Ach wär sie fort!

Kennst du das Land

von Clemens Brentano

O wär' ich dieser Welt doch los
Los von den vielen Dingen
Und säß' in kühlem Felsenschoß
Zu schweigen oder singen.
Ja, schweigen oder singen
Oder was es soll sein,
Du müßtest vollbringen
Du wüßtest's allein.

Kennst du das Land ...

von Franz Dingelstedt

Kennst du das Land, wo Einheitsphrasen blühn,
In dunkler Brust Trennungsgelüste glühn,
Ein kühler Wind durch Zeitungsblätter weht,
Der Friede still und hoch die Zwietracht steht?
Kennst du es wohl? Dahin! Dahin
Möcht ich mit dir, o mein Geliebter, ziehn.

Kennst du das Haus? Auf Säulen ruht sein Dach,
Es hallt der Saal, die Galerie hallt nach,
Und Volksvertreter stehn und sehn dich an:
»Was haben wir fürs arme Volk getan?«
Kennst du es wohl? Dahin! Dahin
Möcht ich mit dir, o mein Beschützer, ziehn!

Wanderlust

von Ludwig Eichrodt

Nach Italien, nach Italien,
Möcht ich Alter jetzt einmaligen!
Wo die Pomeranze wohnt,
Wo die wunderschönen Mädchen
Unter süßen Triolettigen
Singen, wandelnd unterm Mond –
Dahin, Alter, laß mich ziehn!

Nach Sizilien, nach Sizilien,
Sollst du in die Reise willigen!
Wo von Wolken nicht die Spur,
Wo die Menschen müßig gehen,
Wo die Augen ewig sehen
In das himmlische Azur –
Dahin, Alter, laß mich ziehn!

Allzusehr die ewigen Gefühle

von Joseph von Eichendorff

Ach, von dem weichen Pfühle,
Was treibt dich irr umher?
Bei meinem Saitenspiele
Schlafe, was willst du mehr?

Bei meinem Saitenspiele
Heben dich allzusehr
Die ewigen Gefühle;
Schlafe, was willst du mehr?

Die ewigen Gefühle,
Schnupfen und Husten schwer,
Ziehn durch die nächtge Kühle;
Schlafe, was willst du mehr?

Ziehn durch die nächtge Kühle
Mit den Verliebten her,
Hoch auf schwindlige Pfühle;
Schlafe, was willst du mehr?

Hoch auf schwindligem Pfühle
Zähle der Sterne Heer;
Und so dir das mißfiele:
Schlafe, was willst du mehr?

Schlafe! Was willst du mehr?

von Hoffmann von Fallersleben

Wo sind noch Würm' und Drachen,
Riesen mit Schwert und Speer?
Was kannst du weiter machen?
Schlafe! was willst du mehr?

Du hast genug gelitten
Qualen im Kampf und Strauß;
Du hast genug gestritten –
Schlafe, mein Volk, schlaf aus!

Wo sind noch Würm' und Drachen,
Riesen mit Schwert und Speer?
Die Volksvertreter wachen:
Schlafe, was willst du mehr?

Wiegenlied

von Georg Herwegh

Deutschland – auf weichem Pfühle
Mach dir den Kopf nicht schwer!
Im irdischen Gewühle
Schlafe, was willst du mehr?

Laß jede Freiheit dir rauben,
Setze dich nicht zur Wehr,
Du behältst ja den christlichen Glauben:
Schlafe, was willst du mehr?

Und ob man dir alles verböte,
Doch gräme dich nicht zu sehr,
Da hast ja Schiller und Goethe:
Schlafe, was willst du mehr?

Dein König beschützt die Kamele
Und macht sie pensionär,
Dreihundert Taler die Seele:
Schlafe, was willst du mehr?

Es fechten dreihundert Blätter
Im Schatten, ein Sparterheer;
Und täglich erfährst du das Wetter:
Schlafe, was willst du mehr?

Kein Kind läuft ohne Höschen
Am Rhein, dem freien, umher:
Mein Deutschland, mein Dornröschen,
Schlafe, was willst du mehr? –

Zu Goethes westöstlichem Diwan

von Friedrich Rückert

Wollt ihr kosten
Reinen Osten
Müßt ihr gehn von hier zum selben Manne,
Der vom Westen
Auch den besten
Wein von jeher schenkt' aus voller Kanne.
Als der West war durchgekostet,
Hat er nun den Ost entmostet.
Seht, dort schwelgt er auf der Ottomane.

Abendröthen
Dienten Goethen
Freudig als dem Stern des Abendlandes;
Nun erhöhten
Morgenröthen
Herrlich zum Herrn des Morgenlandes.
Wo die beiden glühn zusammen,
Muß der Himmel blühn in Flammen,
Ein Diwan voll lichten Rosenbrandes.

Könnt ihr merken
An den Stärken
Dieses Arms, wie lang' er hat gefochten?
Dem das Alter
Nicht den Psalter
Hat entwunden, sondern neu umflochten.
Aus rian'schen Naftabronnen
Schöpft der Greis itzt, was die Sonnen
Einst Italiens ihm, dem Jüngling, kochten.

Jugendhadern
In den Adern,
Zorn und Gluth und Mild' und süßes Kosen;
Alles Lieben
Jung geblieben,
Seiner Stirne stehen schön die Rosen.
Wenn nicht etwa ew'ges Leben
Im verliehn ist, sei gegeben
Langes ihm von uns gewognen Loosen.

Ja von jenen
Selbst, mit denen
Du den neuen Jugendbund errichtet,
Sei mit Brünsten
Unter Künsten
Aller Art, in der auch unterrichtet,
Wie Saadi in jenem Orden
Über hundert Jahr alt worden,
Und Dschami hat nah daran gedichtet.

Inhalt

NACH ANTIKEM VORBILD

AN BEKANNTE ADRESSEN

EPIGRAMME

SEINERZEITGENOSSEN

Johann Wolfgang von Goethe
GESAMMELTE GEDICHTE

Inhalt
alphabetisch

A

B

C

D

E

F

G

H

I

J

K

L

M

N

O

P

R

S

T

U

V

W

Z